数据科学的方法与应用丛书

复杂调查设计与建模

李 扬 著

本成果受到中国人民大学 2022 年度"中央高校建设世界一流大学（学科）和特色发展引导专项资金"支持

科学出版社

北 京

内 容 简 介

本书着眼于数据科学时代现实复杂情形下调查研究中的设计与分析问题，针对大规模调查的拆分设计与估计展开研究与讨论，围绕调查数据的缺失处理、变量选择、区隔分析、潜变量建模等问题展开讨论。全书共七章，分别从问题剖析、方法讲解、实例分析的角度展开。

本书可作为统计学、社会学、管理学等相关领域研究者的方法参考书，也可以作为市场研究相关行业从业者的工具参考书。

图书在版编目(CIP)数据

复杂调查设计与建模/李扬著. —北京：科学出版社, 2024.6
（数据科学的方法与应用丛书）
ISBN 978-7-03-078306-6

Ⅰ.①复… Ⅱ.①李… Ⅲ.①抽样调查设计 Ⅳ.①C811

中国国家版本馆 CIP 数据核字(2024) 第 060533 号

责任编辑：陈会迎 / 责任校对：贾伟娟
责任印制：赵 博 / 封面设计：有道设计

科 学 出 版 社 出版
北京东黄城根北街 16 号
邮政编码：100717
http://www.sciencep.com

北京中科印刷有限公司印刷
科学出版社发行 各地新华书店经销

*

2024 年 6 月第 一 版 开本：720×1000 1/16
2025 年 1 月第二次印刷 印张：11 3/4 插页：1
字数：240 000
定价：**136.00 元**
(如有印装质量问题，我社负责调换)

数据科学的方法与应用丛书
编委会成员名单

"数据科学的方法与应用丛书"序

伴随着大数据时代的发展，数据采集、存储和处理能力获得极大提升，数据驱动型决策成为各领域的制胜法宝，数据科学逐渐成为重要发展方向。数据科学以不同领域知识为基础，结合统计学与信息科学的方法、系统和过程，通过分析结构化或非结构化数据提供客观世界的洞察。另外，作为数据科学发展的基础与原型，统计学为数据科学方法提供了基于随机变量的数据描述、建模思路和理论保障。

数据科学具有广泛的应用领域，从政府治理看，政府部门积累的海量数据资产，有待进一步开发，提高治理效能、打造数字政府是数据科学时代下政府治理创新的新路径；从企业发展看，在数字经济发展的浪潮下，数据已成为重要的基础性战略资源，数据科学方法的运用也已成为企业制胜的关键，以数据科学驱动企业发展，是助力企业在数据科学时代下长期向好发展的有效"利器"；从个人生活看，通过运用数据科学方法分析与个体相关联的数据，可以挖掘个人选择偏好，跟踪个人行为轨迹，为个体提供更加精准的个性化服务，满足个体的多元价值需求。当然，数据科学方法的应用价值远不止于此，医学、金融、生态等多个领域都有数据科学方法的应用痕迹。

一直以来，中国人民大学统计学院坚持"以统计与数据科学为引领，理论方法与应用实践研究并重"的"一体两翼"发展思路，集中优势力量，把握统计与数据科学发展的时代脉搏。本次组织编撰"数据科学的方法与应用丛书"，旨在从不同角度讨论数据科学的理论、原理及方法，促进交流、引发思考，为方法研究者与实践分析者提供参考，实现数据科学方法的有效应用与价值转化。数据科学的方法与应用包罗万象，本丛书无法面面俱到。希望通过本丛书的尝试与探索，为创新推进"一体两翼"的发展模式提供良好的范式。期待与更多的研究者携手并进，共同为数据科学方法与应用的发展贡献力量。

前　言

　　抽样调查是研究者获取信息的科学手段，是国家及时了解经济发展动态的重要渠道。随着大数据概念的深入及其在各行业的广泛应用，抽样调查的必要性受到一定程度的质疑。2013 年，Mayer-Schönberger 和 Cukier 提出抽样调查是在技术有限的特定时期解决特定问题的传统老方法。在大数据时代坚持使用随机样本，就像在摩托化时代坚持骑马。尽管大数据相对于调查数据有着获取更快速、形式更多样、结构更复杂的特点，但这并不意味着抽样调查会被大数据分析完全取代。

　　随着研究的深入，越来越多的研究者认识到大数据自身存在的不足：一方面，大的数据量并不意味着样本就能代表总体，有偏的大规模样本反而会导致局部错误结论的放大。另一方面，大数据中存在着大比例的噪声信号，甚至会掩盖真实信息。基于上述原因，来自谷歌团队的 Callegaro 和 Yang 在 2018 年撰文指出："虽然未来调查研究一定程度上会被大数据分析替代，但由于研究目的和数据质量的差异，二者是互补的关系。"因此，研究适合数据科学时代背景的抽样调查设计与分析技术，是统计科学研究领域亟待解决的重要问题，对国家经济社会建设具有战略意义。

　　本书着眼于现实复杂情形下调查研究中的设计与分析问题，针对大规模调查的拆分设计与估计展开研究，并围绕调查数据的缺失处理、变量选择、区隔分析、潜变量建模等问题展开讨论。每个章节从问题剖析、方法讲解、实例分析的角度展开，可作为相关领域研究者的方法参考书，也可以作为市场研究相关行业从业者的工具参考书。

　　历经数载，本书终于付梓。感谢研究生彭镜夫、祁乐、杨昊宇、李嵘、吴明聪、徐少东、王钒付出的努力，特别感谢宋辰一直以来的认同与支持，限于作者的认知，终究难免有不足之处，望海涵，本人亦将不断完善。下面一段文字，与君共享，盼志同道合者携手从点滴做起：

　　"为无为，事无事，味无味。大小多少。报怨以德。图难于其易，为大于其细；天下难事，必作于易；天下大事，必作于细。"

李　扬

2024 年 2 月于新中关

目　　录

第 1 章　问卷拆分设计与分析

大数据可以对人群消费偏好、出行习惯等方面的信息进行系统化刻画，产生了巨大的经济效益与社会价值。然而，这种被动度量 (passive measurement) 的数据采集模式在数据收集类别上具有局限性。例如，大数据难以对人群主观认知等信息进行有效收集。因此，传统的问卷调查方式仍必不可少。

表 1.1 展示了欧洲社会调查 (European Social Survey, ESS) 的一个精简版示例。该项目始于 2001 年，是每两年进行一轮的大型社会调查，旨在了解欧洲地区居民家庭基本情况、媒体和社会信任度等诸多方面信息，为欧洲各国的经济学家、社会学家和政治家的政策制定提供重要的数据支撑。在传统调查设计下，调查组织机构通常采用完整问卷设计的方式对问卷中各个模块的信息进行全面收集。在这种调查模式下，完整问卷被随机分配给受访者作答。

表 1.1　完整问卷设计

受访者编号	模块 A		模块 B			模块 C			模块 D		
	年龄	性别	经济满意度	$\cdots$	政府满意度	婚姻观	$\cdots$	生育观	家庭收入	$\cdots$	求职公平度
1	✓	✓	✓	$\cdots$	✓	✓	$\cdots$	✓	✓	$\cdots$	✓
2	✓	✓	✓	$\cdots$	✓	✓	$\cdots$	✓	✓	$\cdots$	✓
3	✓	✓	✓	$\cdots$	✓	✓	$\cdots$	✓	✓	$\cdots$	✓
$\vdots$	$\vdots$	$\vdots$	$\vdots$		$\vdots$	$\vdots$		$\vdots$	$\vdots$		$\vdots$
n	✓	✓	✓	$\cdots$	✓	✓	$\cdots$	✓	✓	$\cdots$	✓

然而，伴随调查问卷中题目数量的增长，调查管理成本逐年攀高，完整问卷设计面临严峻的挑战。首先，题目数量增加导致调查时间变长，给受访者带来更大负担，中途拒访现象增加。相关研究表明，问卷的长度与回答率之间存在明显的负相关 (Andreadis and Kartsounidou, 2020)。问卷越长，受访者在中途退出调查的概率也将越大 (Ganassali, 2008)。其次，根据心理学的满意度理论 (Krosnick, 1991)，当人们处于疲劳状态或者失去兴趣和动机时，他们对调查问题的反馈会变得不积极和不彻底。因此，通过长问卷收集到的数据质量会大打折扣，并影响后续统计推断的真实性和有效性。

为解决上述问题，研究者提出问卷拆分设计 (split questionnaire design, SQD)。在问卷拆分设计中，只有一小部分受访者回答完整问卷，绝大部分受访者只回答完整问卷中的某些问题。表 1.2 给出一个问卷拆分设计的简要例子。该例将完整问卷拆分为三份不同的子问卷：子问卷 1 由模块 A 和模块 B 中的问题组成，分配给 n_1 名受访者；子问卷 2 由模块 A 和模块 C 中的问题组成，分配给 n_2 名受访者；以此类推。特别地，该设计中 n_0 名受访者回答完整问卷。基于调查成本的考虑，n_0 将远小于回答子问卷的受访者人数。在该问卷拆分设计中，由于大部分受访者回答了更少的问题，受访者负担将大大降低。与此同时，问卷的回答率和数据的质量也将明显提高 (Toepoel and Lugtig, 2022)。

表 1.2　问卷拆分设计

受访者编号	模块 A		模块 B			模块 C			模块 D		
	年龄	性别	经济满意度	⋯	政府满意度	婚姻观	⋯	生育观	家庭收入	⋯	求职公平度
1	✓	✓	✓	⋯	✓	✓	⋯	✓	✓	⋯	✓
⋮	⋮	⋮	⋮		⋮	⋮		⋮	⋮		⋮
n_0	✓	✓	✓	⋯	✓	✓	⋯	✓	✓	⋯	✓
$n_0 + 1$	✓	✓	✓	⋯	✓						
$n_0 + 2$	✓	✓	✓	⋯	✓						
⋮	⋮	⋮	⋮		⋮						
$\sum_{m=0}^{1} n_m$	✓	✓	✓	⋯	✓						
$\sum_{m=0}^{1} n_m + 1$	✓	✓				✓	⋯	✓			
$\sum_{m=0}^{1} n_m + 2$	✓	✓				✓	⋯	✓			
⋮	⋮	⋮				⋮		⋮			
$\sum_{m=0}^{2} n_m$	✓	✓				✓	⋯	✓			
$\sum_{m=0}^{2} n_m + 1$	✓	✓							✓	⋯	✓
$\sum_{m=0}^{2} n_m + 2$	✓	✓							✓	⋯	✓
⋮	⋮	⋮							⋮		⋮
$\sum_{m=0}^{3} n_m$	✓	✓							✓	⋯	✓

1.1　研究背景和数据结构

1.1.1　研究背景

问卷拆分设计具有降低受访者负担、降低调查机构成本以及提高调查数据质量等诸多优势，但其采集到的数据具有成组观测 (block-wise observed) 的特征，如表 1.2 所示。具体来看，对于回答子问卷的非完整观测样本，研究者只能采集到一个或两个模块中的信息，而大部分模块的信息都处于缺失状态。这种数据结构为后续统计分析带来挑战。本章基于 SQD 采集的数据集讨论回归分析问题，构建具备优秀预测能力的统计模型。

1.1.2　数据结构

矩阵抽样 (matrix sampling) (Shoemaker, 1973; Gonzalez and Eltinge, 2007) 是一类经典的问卷拆分设计方法。其基本思想是将完整问卷拆分为多个互不相交的子问卷, 然后将子问卷随机分配给受访者作答。由于每一位受访者回答较少的问题, 所以矩阵抽样可以大大节约调查时间, 起到减轻受访者负担、提高回答率和提高数据质量的作用。基于矩阵抽样收集到的数据通常用于估计总体均值或总值等总体特征。但是, 由于子问卷间互不相交, 使用矩阵抽样数据估计变量间相关性的效率将大打折扣 (Raghunathan and Grizzle, 1995)。

本章提出一种可用于回归模型估计的矩阵抽样改进版本, 一方面尽量保留矩阵抽样在减轻受访者负担方面的实际效益, 另一方面又可以提高后续统计分析的有效性。其数据结构如下: 首先, 假设所有受访者都能观察到响应变量信息; 其次, 将剩余调查问题划分成 $M+1$ 个子集, 其中包括一个公共集 Δ_0 和 M 个部分集 $\Delta_m(m = 1, 2, \cdots, M)$。公共集中包含所有受访者都将作答的问题或者所有受访者都有的基础信息 (如性别、年龄等) (Rhemtulla and Hancock, 2016)。特别地, Δ_0 可能只包含截距项, 或者是一个不包含任何信息的空集 $\varnothing$。对于 $m \geqslant 1$, 假设子集 Δ_m 分别包含了 p_m 个变量。

假设 n_0 位受访者回答了包含所有问题的完整问卷, 记回答完整问卷的受访者指标集为 S_0。每一部分 $\Delta_m(m = 1, 2, \cdots, M)$ 构成 M 份子问卷, 分别分配给 n_m 位受访者作答。特别地, 每一份子问卷中都包含公共集 Δ_0。记回答第 m 份子问卷的受访者指标集为 S_m。对于任意 S_m 和 Δ_k, 定义 $y_{S_m} = (y_i : i \in S_m)^{\mathrm{T}} \in \mathbb{R}^{n_m \times 1}$, $\varepsilon_{S_m} = (\varepsilon_i : i \in S_m)^{\mathrm{T}} \in \mathbb{R}^{n_m \times 1}$ 和 $X_{S_m \Delta_k} = (x_{ij} : i \in S_m, j \in \Delta_k) \in \mathbb{R}^{n_m \times p_k}$。在这些记号中, 当 $m \geqslant 1$, $k \geqslant 1$ 且 $m \neq k$ 时, $X_{S_m \Delta_k}$ 是一个空矩阵。于是, 问卷拆分设计的数据结构如图 1.1 所示, 图中的块代表观察到的数据。

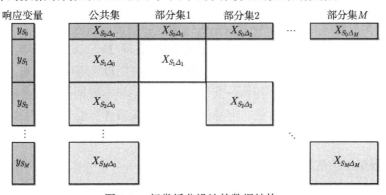

图 1.1　问卷拆分设计的数据结构

图 1.1 所示的问卷拆分设计的数据结构主要有以下两方面特征。第一，基于调查成本方面的考虑，实际回答完整问卷的人数将远小于回答子问卷的人数。所以，该问卷拆分数据有着极高的缺失率 (high missing rate)。第二，该问卷拆分数据具有分块缺失 (block-missing) 的特征，每一位回答子问卷的受访者只能观测到来自公共集 Δ_0 和其中一个部分集的信息。换言之，回答不同子问卷的样本提供了关于总体特征互补的信息。本章将重点讨论如何构建回归模型，利用分块缺失的问卷拆分数据对连续型响应变量进行预测。

1.2　成组观测数据的最优整合学习

1.2.1　相关方法概述

既往研究中对 SQD 数据集的统计分析大都聚焦于常见的总体特征，如总体均值、总体方差等 (Renssen and Nieuwenbroek, 1997; Gelman et al., 1998; Merkouris, 2004)，以及如何高效地拆分数据 (Adigüzel and Wedel, 2008; Chipperfield and Steel, 2009; Stuart and Yu, 2022)。针对分块缺失结构和高缺失率特点，基于 SQD 数据集的回归函数估计和预测是一大挑战。

完整样本分析 (complete cases analysis, CCA, 一般用 CC) 是最直观的预测模型构建方法。但由于没有利用大量不完整样本的信息，其估计有效性将大打折扣。另一个思路是使用缺失数据处理方法，如全信息极大似然估计 (full information maximum likelihood, FIML) (Ibrahim et al., 1999) 和多重插补 (multiple imputation, MI) (Rubin, 1996)。虽然这些方法可以利用所有样本的信息，但是在数据成块缺失时估计缺乏稳定性。另外，FIML 和 MI 都依赖特定的模型假设来计算似然或进行插补。当实际数据与假设背离时，预测结果会存在明显的偏差。

模型平均也是一个解决方案，其思想是利用已有的数据估计多个备选模型，然后通过一个权重计算准则对备选模型进行加权。当协变量缺失时，Zhang (2013) 提出了一种基于 Mallows 准则的模型平均方法 (简称 IMP-MMA)。该方法使用 0 对缺失值进行插补后再进行模型平均，所以当缺失变量真实值在 0 附近时较为有效。Fang 等 (2017) 提出利用留一交叉验证在完整样本数据进行备选模型的权重计算 (简称 CC-JMA) 的方法，但是该方法中的权重计算准则忽略了大量的不完整观测样本信息。

1.2.2　模型平均估计

本节基于模型平均的思想对响应变量进行预测。考虑使用以下模型刻画协变量和响应变量之间的关系

$$Y = \mu(X) + \varepsilon \tag{1.2.1}$$

其中，Y 是响应变量，$X = (X_1, X_2, \cdots, X_p)^{\mathrm{T}}$ 是 p 维协变量向量，ε 是随机误差项，满足 $E(\varepsilon) = 0$ 和具有有限方差 $E(\varepsilon^2) < \infty$，$\mu(x)$ 是给定协变量 $X = x$ 后响应变量 Y 的条件期望。

将问卷拆分数据集分成 $M + 2$ 个子数据块 $\{D_m\}_{m=0}^{M+1}$，其中 $D_0 = \left[y_{S_0}, X_{S_0, \bigcup_{m=0}^M \Delta_m} \right]$，$D_1 = \left[y_{\bigcup_{m=1}^M S_m}, X_{\bigcup_{m=1}^M S_m, \Delta_0} \right]$，$D_{m+1} = [y_{S_m}, X_{S_m \Delta_m}]$，$m \geqslant 1$。基于这 $M + 2$ 个子数据块，可以构造 $M + 2$ 个备选模型，定义 $\hat{\mu}(x; D_m)$ 为利用数据块 D_m 得到的备选模型。

文献中有许多方法可用来估计备选模型，由于完整样本数据块 D_0 的样本量较少，本节考虑使用最小二乘估计得到 $\hat{\mu}(x; D_0)$。对于其他利用不完整数据块 $\hat{\mu}(x; D_m)$ $(m \geqslant 1)$ 的备选模型，研究者可以考虑使用线性估计，即 $\hat{\mu}(x; D_1) = \psi_1^{\mathrm{T}}(x; X_{\bigcup_{m=1}^M S_m, \Delta_0}) y_{\bigcup_{m=1}^M S_m}$，$\hat{\mu}(x; D_{m+1}) = \psi_{m+1}^{\mathrm{T}}(x; X_{S_m \Delta_m}) y_{S_m}$，$m \geqslant 1$。其中 ψ_1 是一个 $\sum_{m=1}^M n_m$ 维的向量，ψ_{m+1} 是一个 n_m 维的向量。这类线性估计包括最小二乘估计、岭估计、Nadaraya-Watson 估计、样条估计等常见的回归方法。

在已有的文献中，也有许多方法利用不完全样本数据来构建备选模型，但是这些备选模型使用的协变量为 $\Delta_0 \cup \Delta_m$ (Xiang et al., 2014; Fang et al., 2017)。这些方法中的备选模型和本方法中备选模型的最大区别在于它们重复使用 Δ_0 中的协变量很多次，而 $\hat{\mu}(x; D_m)$ $(1 \leqslant m \leqslant M + 1)$ 的估计则基于具有不同协变量的 $M + 1$ 个不完整观测数据块。一个简单的例子可以辅助理解本方法中的备选模型。

例 1.1　假设回归函数是线性的并且协变量相互独立

$$\mu(X) = \beta_0 X_0 + \beta_1 X_1 + \beta_2 X_2$$

其中，$\beta_0 = \beta_1 = \beta_2 = 1$，误差项 $\varepsilon \sim N(0, 1)$。假设 $\Delta_j = \{j\}$，$j = 0, 1, 2$。在本例中考虑四个通过最小二乘估计得到的线性备选模型。容易发现，$\hat{\mu}(x; D_0)$ 是无偏的，但由于 n_0 较小，该估计的方差较大；而 $\hat{\mu}(x; D_m)$ $(m \geqslant 1)$ 是有偏的，但是由于 n_m 较大，其方差较小。直观地，在这些备选模型的基础上，设置 $w_0 \to 0, w_m \to 1$，$m \geqslant 1$，可以完全恢复回归函数中的信号。然而，当 Δ_0 包含到所有备选模型时 (即已有方法构造的备选模型)，只有 $w_0 \to 1, w_m \to 0$，$m \geqslant 1$，才能抵消各个备选估计量的偏差。但由于完整样本的数量较小，基于该备选模型集合的模型平均估计的方差较大。图 1.2 给出了基于两个不同候选集选择权重的结果。当 $n_0 = 20, n_1 = n_2 = 200$ 时，基于本方法的备选模型集合和另一种备选模型集合的模型平均估计量的风险分别为 $0.088(0.120^{①})$ 和 $0.268(0.203)$。这个模拟结果清楚地显示了在构建备选模型时将 Δ_0 与其他块分离的必要性，以及允许权值在总和上不受约束的好处。

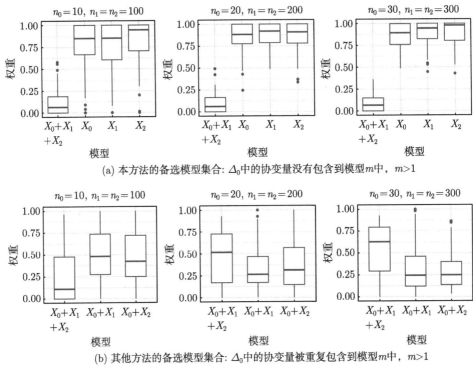

(a) 本方法的备选模型集合：Δ_0 中的协变量没有包含到模型 m 中，$m>1$

(b) 其他方法的备选模型集合：Δ_0 中的协变量被重复包含到模型 m 中，$m>1$

图 1.2　有限样本下权重的分配

令权重向量 $w = (w_0, w_1, \cdots, w_{M+1})^{\mathrm{T}}$ 在集合 Q_n 中取值，其中 $Q_n = \{w \in [0,1]^{M+2} : 0 \leqslant w_m \leqslant 1\}$。那么基于 $M+2$ 个备选模型的模型平均估计为

$$\hat{\mu}(w) = \sum_{m=0}^{M+1} w_m \hat{\mu}(x; D_m) \tag{1.2.2}$$

该估计的核心问题是如何计算备选模型的权重。为了将权重计算准则详细地写出来，首先引入一些记号。令 $H_0 = X_{S_0, \cup_{m=0}^{M} \Delta_m}(X_{S_0, \cup_{m=0}^{M} \Delta_m}^{\mathrm{T}} X_{S_0, \cup_{m=0}^{M} \Delta_m})^{-1} \cdot X_{S_0, \cup_{m=0}^{M} \Delta_m}^{\mathrm{T}}$。定义 $\tilde{H}_0 = G(H_0 - I_{n_0}) + I_{n_0}$，其中 G 是一个 $n_0 \times n_0$ 对角阵，其第 α 个对角元素等于 $(1 - h_\alpha)^{-1}$，h_α 是矩阵 H_0 的第 α 个对角元。令 $\tilde{H}_1$ 为

---

① : 括号内是标准差，是通用写法

$n_0 \times (\sum_{m=1}^{M} n_m)$ 的矩阵, 其第 i 行是 $\psi_m^{\mathrm{T}}(x_{S_0^i \Delta_0}; X_{\cup_{m=1}^{M} S_m, \Delta_0})$, $\tilde{H}_{m+1}$ $(m \geqslant 1)$ 表示一个 $n_0 \times n_m$ 的矩阵, 其第 i 行是 $\psi_{m+1}^{\mathrm{T}}(x_{S_0^i \Delta_m}; X_{S_m \Delta_m})$, 其中 $x_{S_0^i \Delta_m}^{\mathrm{T}}$ 表示 $X_{S_0 \Delta_m}$ 的第 i 行。令 $\tilde{\mu}_{S_0}(w) = w_0 \tilde{H}_0 y_{S_0} + w_1 \tilde{H}_1 y_{\cup_{m=1}^{M} S_m} + \sum_{m=2}^{M+1} w_m \tilde{H}_m y_{S_{m-1}}$。那么, 权重计算准则可以写为

$$\hat{w} = \arg \min_{w \in Q_n} [y_{S_0} - \tilde{\mu}_{S_0}(w)]^{\mathrm{T}} [y_{S_0} - \tilde{\mu}_{S_0}(w)] \tag{1.2.3}$$

该准则的基本思想是在完整数据上使用留一交叉验证评价最小二乘估计 $\hat{\mu}(x; D_0)$ 的重要性, 然后用完整数据评价其他线性备选模型预测 y_{S_0} 时的相对贡献。最终的回归模型估计为

$$\hat{\mu}(\hat{w}) = \sum_{m=0}^{M+1} \hat{w}_m \hat{\mu}(x; D_m) \tag{1.2.4}$$

由于本方法基于模型平均估计思想, 所以将其称为分组问卷平均回归估计 (split-questionnaire averaged regression estimation, SQUARE)。

　　为了评价得到的模型平均估计量的表现, 定义以下损失函数和风险函数

$$L_n(w) = \|\mu_{S_0} - \hat{\mu}_{S_0}(w)\|^2$$

和

$$R_n(w) = E\{L_n(w)|X\}$$

其中, $\|\cdot\|$ 表示欧氏范数, μ_{S_0} 是一个 n_0 维的向量。该向量的第 i 个元素是 $\mu(x_{S_0^i, \cup_{m=0}^{M} \Delta_m})$, 其中 $x_{S_0^i, \cup_{m=0}^{M} \Delta_m}$ 是 $X_{S_0, \cup_{m=0}^{M} \Delta_m}$ 的第 i 行。定义 $\hat{\mu}_{S_0}(w)$ 为 μ_{S_0} 基于式 (1.2.2) 的估计, 是一个 n_0 维的向量。该向量的第 i 个元素是 $\sum_{m=0}^{M+1} w_m \hat{\mu} \cdot (x_{S_0^i, \cup_{m=0}^{M} \Delta_m}^{\mathrm{T}}; D_m)$。

　　定理 1.1　令 $\zeta_n = \inf_{w \in Q_n} R_n(w)$, $\bar{n}_M = \sup_{1 \leqslant m \leqslant M} n_m$。假设

(C1) $\sup_{i \geqslant 1} E(\varepsilon_i^4) < \infty$,

(C2) $\frac{1}{p} \bar{\lambda}\{H_0\} = O(n_0^{-1})$,

(C3) $\sup_{m \geqslant 1} \lambda_{\max}(\tilde{H}_m \tilde{H}_m^{\mathrm{T}}) = O(1)$,

(C4) $\frac{p^2}{n_0 \zeta_n^2} \to 0$ 和 $\frac{(M+1)^6 p \bar{n}_M}{\zeta_n^2} \to 0$,

其中, $\bar{\lambda}(\cdot)$ 表示矩阵的最大对角元, $\lambda_{\max}(\cdot)$ 表示最大的特征值。那么, 有

$$\frac{L_n(\hat{w})}{\inf_{w \in Q_n} L_n(w)} \to_p 1 \tag{1.2.5}$$

这里的 $\to_p$ 表示依概率收敛。

该定理从理论上保证了在给定的正则条件下，SQUARE 模型平均估计量的表现在 L_2 损失上和最优的平均模型的表现渐近一致。由于 L_2 损失和估计量的预测误差相关联，所以能够实现最小 L_2 损失的方法，其在预测误差上也将最小。因此，本定理也从侧面证明了 SQUARE 模型具有良好的预测能力。

在定理 1.1 中，条件 (C1) 与误差项矩的性质有关。当误差项服从正态分布时，该条件显然可以满足。条件 (C2) 排除了完整样本数据中极不平衡的设计矩阵。在完整的观测数据下，Li (1987) 也假定了类似的条件。条件 (C3) 涉及 SQD 数据结构，它要求 $n \to \infty$ 时，$\tilde{H}_m$ 与投影矩阵有类似的性质，尽管 $\tilde{H}_m$ $(m \geqslant 1)$ 本身并不是投影矩阵。特别地，如果所有备选估计量都是最小二乘估计，并且 $n_0 = O(n_m)$，则 $n_0^{-1} X_{S_0 \Delta_m}^{\mathrm{T}} X_{S_0 \Delta_m}$ 和 $n_m^{-1} X_{S_m \Delta_m}^{\mathrm{T}} X_{S_m \Delta_m}$ 都收敛于一个相同的矩阵 Ω_m。显然，条件 (C3) 可以得到满足。条件 (C4) 的一个先决条件是 $\zeta_n \to \infty$，它在许多模型选择和模型平均研究中都是一个常见假设 (Li, 1987; Hansen, 2007; Hansen and Racine, 2012)。正如 Hansen (2007) 所指出的，这个先决条件假定没有偏差为零的备选模型。具体来看，当 p 和 M 固定时，条件 (C4) 只设置了 $\bar{n}_M$ 与 ζ_n 比率的上界。当 $\bar{n}_M$ 是 n_0 的常数倍时，这个上界容易满足。更详细的讨论可参考 Wan 等 (2010)、Ando 和 Li (2014)、Fang 等 (2017) 的相关研究。

推论 1.1 在和定理 1.1 相同的假设条件下，有

$$\frac{R_n(\hat{w})}{\inf_{w \in Q_n} R_n(w)} \to_p 1 \tag{1.2.6}$$

另外，如果假设 $[L_n(w) - \zeta_n] \zeta_n^{-1}$ 一致可积，那么

$$\frac{EL_n(\hat{w})}{\inf_{w \in Q_n} R_n(w)} \to 1 \tag{1.2.7}$$

推论 1.1 给出了渐近最优性质的另外两种表述。该推论表明，SQUARE 方法平均估计量的风险与最优的风险渐近等价。具体而言，式 (1.2.6) 和式 (1.2.7) 之间也存在细微的差别。式 (1.2.6) 中 $\hat{w}$ 直接代入分子中的风险函数，所以其分子依然是一个随机变量。式 (1.2.7) 的分子中 $\hat{w}$ 的随机性被期望积分，因此其分子是一个确定型变量，反映各种权重估计下风险的平均水平。

以上渐近最优理论表明，SQUARE 方法在不同的真实参数情形下都能够收敛到最优的估计。当 CC 模型是最优的时，SQUARE 方法会给 CC 模型权重赋 1。当真实回归模型能够通过几个部分子模型逼近时，SQUARE 方法可以得到 $w_0 = 0, w_m = 1$，$m \geqslant 1$。下一节将通过几个例子阐述以上性质。

1. SQUARE 和 CC 的比较

在推论 1.1 中建立的渐近最优性质允许研究者在不同情形下比较 SQUARE 和其他估计方法。通常的做法是将其他方法的风险和 SQUARE 的最优风险进行比较。本小节分别在线性回归函数和非线性回归函数情形下比较 SQUARE 和 CC 的最优风险。

1) 线性情形

假设数据产生于模型 (1.2.1)，其中 $\mu(X) = \sum_{j=1}^{p} X_j \beta_j$。为满足 $\zeta_n \to \infty$ 条件，假设公共集 $\Delta_0 = \varnothing$，子集 Δ_1 和 Δ_2 中的协变量用于估计回归函数 $\mu(X)$，剩下在集合 $\Delta_3 = \{1, 2, \cdots, p\} \setminus \Delta_1 \cup \Delta_2$ 中的变量不纳入估计过程中，其中 $\Delta_1 \cup \Delta_2 \subset \{1, 2, \cdots, p\}$，$\Delta_1 \cap \Delta_2 = \varnothing$，$|\Delta_1| = p_1$，$|\Delta_2| = p_2$。每一个子集中的信号被定义为 $s_k = \sum_{j \in \Delta_k} \beta_j^2 > 0$，$k = 1, 2, 3$。假设每一个数据块的样本量满足 $n_1 = n_2, n_0 = o(n_1)$。假设备选模型都通过最小二乘进行估计。定义投影矩阵 $H_0 = X_{S_0, \Delta_1 \cup \Delta_2} \left(X_{S_0, \Delta_1 \cup \Delta_2}^{\mathrm{T}} X_{S_0, \Delta_1 \cup \Delta_2} \right)^{-1} X_{S_0, \Delta_1 \cup \Delta_2}^{\mathrm{T}}$，$H_m = X_{S_0 \Delta_m} \left(X_{S_m \Delta_m}^{\mathrm{T}} X_{S_m \Delta_m} \right)^{-1} X_{S_m \Delta_m}^{\mathrm{T}}$，$m = 1, 2$。那么 SQUARE 的风险函数为

$$R_1(w) = \left\| \mu_{S_0} - \sum_{m=0}^{2} w_m H_m \mu_{S_m} \right\|^2 + w_0^2 (p_1 + p_2) \sigma^2 + \sum_{m=1}^{2} \frac{n_0}{n_m} w_m^2 p_m \sigma^2 \quad (1.2.8)$$

为了简化计算，考虑对于 $m = 0, 1, 2$ 和 $k, l = 1, 2, 3$ 有 $n_m^{-1} X_{S_m \Delta_k}^{\mathrm{T}} X_{S_m \Delta_l} = \delta_{kl} I_{kl}$，其中 δ_{kl} 是克罗内克 (Kronecker) 记号，I_{kl} 是一个 $p_k \times p_l$ 在位置 (i, i) 为 1 的矩阵。基本的代数运算表明 $w_0^{\mathrm{opt}} = 0, w_1^{\mathrm{opt}} = w_2^{\mathrm{opt}} = 1$，于是可以得到 SQUARE 的最优风险的收敛速度将与基于 n_1 完整样本得到的最小二乘估计的风险相当。又由于 $n_0 = o(n_1)$，可以发现 SQUARE 比 CC 具有更好的风险。

下面考虑另外一种情形 $\Delta_1 \cap \Delta_2 = \Delta^*$ 和 $s^* = \sum_{j \in \Delta^*} \beta_j^2 > 0$。这意味着由于 Δ^* 的存在，两个子集之间存在较强的相关性。基于类似的代数计算，不难得到 $w_0^{\mathrm{opt}} = 1, w_1^{\mathrm{opt}} = w_2^{\mathrm{opt}} = 0$。因此，在这种情形中，CC 本来就是最好的方法，可以发现 SQUARE 同样可以自适应地实现最优备选模型的表现。

2) 非线性情形

假设真实的回归函数是 $\mu(X) = \mu_1(X_1) + \mu_2(X_2)$，其中 μ_1 和 μ_2 是两个关于样本点相互正交的函数，并且属于索伯列夫 (Sobolev) 函数类

$$\mathcal{F}(\alpha, L) = \left\{ \mu \in [0, 1] \to R : \mu^{(\alpha-1)} \text{ 是绝对连续的，以及 } \int_0^1 (\mu^{(\alpha)}(x))^2 \mathrm{d}x \leqslant L^2 \right\}$$

在此情形下，有 $\Delta_1 = \{1\}$ 和 $\Delta_2 = \{2\}$。定义两个不完整的数据块 $X_{S_m \Delta_m} (m = 1, 2)$

和一组基函数 $\{\phi_1, \cdots, \phi_k, \cdots\}$。定义 $I_m = \{i_{m,1}, i_{m,2}, \cdots, i_{m,k_m}\} \in \Gamma$，其中 Γ 是一个 $\{1, 2, \cdots\}$ 中的有限子集。对于 $m = 1, 2$，定义 $\Phi_{I_m} = \big(\phi_{i_{m,1}}(X_{S_m\Delta_m}),$ $\cdots, \phi_{i_{m,k_m}}(X_{S_m\Delta_m})\big)$。构造两个备选模型 $\hat{\mu}_{m,I_m}(x) = \sum_{j=1}^{k_m} \hat{\theta}_{i_{m,j}} \phi_{i_{m,j}}(x)$ $(m = 1, 2)$，其中 $\hat{\theta}_{i_{m,j}}$ 是最小二乘估计 $(\Phi_{I_m}^{\mathrm{T}} \Phi_{I_m})^{-1} \Phi_{I_m}^{\mathrm{T}} y_{S_m}$ 的第 j 个元素。使用 ABC 准则 (Yang, 1999) 选择 $I_m, m = 1, 2$。在此情形下，风险函数和式 (1.2.8) 有相同的表达，除了 $H_m = \Phi_{I_m}(\Phi_{I_m}^{\mathrm{T}} \Phi_{I_m})^{-1} \Phi_{I_m}^{\mathrm{T}}$ 和 $p_m = k_m$。

在对 H_m $(m = 1, 2)$ 的正交假设下，$\hat{\mu}_{m,I_m}(x)$ 将以 $n_m^{-2\alpha/(2\alpha+1)}$ 的速度收敛到 $\mu_m(x)$ (Yang, 1999, 定理 5)。但因为每一个模型都丢失了部分信号，不能收敛到 $\mu(x)$。在此情形下，依然可以得到 $w_0^{\mathrm{opt}} = 0, w_1^{\mathrm{opt}} = w_2^{\mathrm{opt}} = 1$，因为 $\hat{\mu}_{m,I_m}(x)$ $(m = 1, 2)$ 中的信号刚好互补。于是，SQUARE 将有收敛速率 $n_1^{-2\alpha/(2\alpha+1)}$，但是 CC 方法在非线性情形下并不收敛，于是 SQUARE 在非线性情形下相比 CC 方法具有明显的优势。

2. SQUARE 和 CC-JMA 的比较

SQUARE 方法的一个重要性质是允许每一个模型的权重在 0 和 1 之间自由变化，而不是要求权重求和为 1。与标准的权重约束方法相比，放松权重约束能够带来更多的优势。Fang 等 (2017) 给出了一个在标准权重约束下的模型平均方法，该方法在 CC 数据上利用留一交叉验证确定最优权重，简称为 CC-JMA。本小节在前面的线性模型框架下，容易得到以下结论。

引理 1.1 令 $R_1^* = \inf_{w \in Q_1} R_1(w_0, w_1, w_2)$ 和 $R_2^* = \inf_{w \in Q_2} R_2(w_0, w_1, w_2)$ 分别表示 SQUARE 的最优风险和 CC-JMA 的最优风险，其中 $Q_1 = \big\{(w_0, w_1, w_2)^{\mathrm{T}} \in [0,1]^3 : 0 \leqslant w_m \leqslant 1\big\}$ 和 $Q_2 = \{(w_0, w_1, w_2)^{\mathrm{T}} \in [0,1]^3 : w_0 + w_1 + w_2 = 1\}$。

情形 **1**: 如果 $s_1 > 0$ 和 $s_2 = 0$，则有 $R_1^* - R_2^* = o(1)$。

情形 **2**: 如果 $s_1 > 0$ 和 $s_2 > 0$，则有 $R_1^* < R_2^*$ 以及 $R_2^* - R_1^* \sim (p_1 + p_2)\sigma^2$，其中 $a_n \sim b_n$ 意味着 $\lim a_n/b_n \to 1$。

另外，在两种情形下，SQUARE 有着相同的收敛速度。

1.3 ESS 数据分析

欧洲社会调查 (ESS) 始于 2001 年，是一项以学术驱动的大型社会调查，采集了大量关于欧洲国家人民潜在态度、价值观和行为的数据。然而，近年实证研究表明，ESS 的回答率在近几轮存在着明显的下降 (Stoop et al., 2010; Koen et al., 2018)。逐渐下降的回答率增加了 ESS 的管理成本，降低了数据质量并给后续统计推断带来不利影响。为应对上述挑战，研究人员可以使用问卷拆分设计收集调查数据，将子问卷分配给不同的受访者回答。本节以完整采集的 ESS 数据为基础，探索 SQUARE 方法在实证研究中的表现。

具体分析中，考虑民主满意度 (satisfaction with democracy, SWD) 为响应变量的回归模型。其中，SWD 是一个 11 维的利克特量表测量，取值为 0 到 10。正如许多社会研究所做的 (Moore, 2006; Wu and Leung, 2017)，本章将利克特量表测量作为连续型变量处理。模型中考虑 29 个协变量，划分为 A 至 D 四个模块，每个模块包含受访者不同方面的信息。比如，模块 A 包含三个基础变量——年龄、性别和教育状态；模块 B 包含 15 个与政治、社会认知相关的协变量。表 1.3 给出了这 29 个协变量的详细定义。去除掉缺失值后，共有 27341 个完整观测样本。

表 1.3　协变量的定义

模块	变量	定义
A	X_1	完成全日制教育的年限
	X_2	受访者年龄
	X_3	性别
B	X_4	对法律制度的信任度
	X_5	对警察的信任度
	X_6	对国家议会的信任度
	X_7	对政党的信任度
	X_8	对联合国的信任度
	X_9	对欧洲议会的信任度
	X_{10}	对政客的信任度
	X_{11}	对国内经济现状的满意程度
	X_{12}	当今国家的教育状况
	X_{13}	对国民政府的满意程度
	X_{14}	政治制度允许人们对政府所作所为有发言权
	X_{15}	政治制度允许人们对政治产生影响
	X_{16}	国家的政治制度确保每个人都有公平的参与政治的机会
	X_{17}	国家政府考虑到所有公民的利益
	X_{18}	国家政治的决定是透明的
C	X_{19}	是否赞成某人选择永不生孩子
	X_{20}	是否赞成某人与未婚的伴侣同居
	X_{21}	是否赞成某人与未婚伴侣有孩子
	X_{22}	是否赞成某人在有 3 岁以下儿童期间有全职工作
	X_{23}	是否赞成某人在有 12 岁以下的孩子时离婚
D	X_{24}	家庭所有来源的净收入
	X_{25}	与国内其他人相比，我找工作的机会公平度
	X_{26}	你高兴吗
	X_{27}	影响国家招聘决策的因素是人的知识和技能
	X_{28}	与国内其他人相比，寻求教育的公平程度
	X_{29}	对现在家庭收入的感受

图 1.3 (a) 显示，子问卷模块结构也对应着变量中的相关结构：同一个模块中的变量比不同模块间的变量具有更强的线性相关程度。事实上，模块内相关性的平均值是 0.40，而模块间的相关性的平均值是 0.13。在本例的 SQD 结构中，模块 A 中的协变量为共同集，其余 26 个变量根据模块结构分配为三个子集。因此，本例中共划分为三个子问卷。回答完整问卷和子问卷的受访者数量分别为 $n_0 = 50$，$n_1 = n_2 = n_3 = 1000$。完整数据中的参与者被随机抽取出来并分配到子问卷中的一个，剩余样本作为验证集评价各个方法的表现。为避免特殊性，该过程重复进行 100 次。

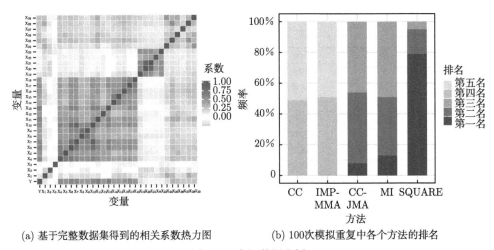

(a) 基于完整数据集得到的相关系数热力图   (b) 100次模拟重复中各个方法的排名

图 1.3   实际数据分析

五种方法经过 100 次重复的平均预测误差分别为：CC 7.048 (1.881)、MI 3.093 (0.114)、IMP-MMA 6.531 (0.172)、CC-JMA 3.206 (0.466) 和 SQUARE 2.886 (0.211)。为了比较，同样计算了基于 3050 个不带有缺失的完整训练样本的估计结果，其平均预测误差为 2.702 (0.012)。不难发现，SQUARE 方法在 SQD 数据的分析上比四个备选方法表现更优，但是其表现比使用完整观测的结果略差。进一步，在每一次重复中，将所有的预测方法进行排序，排序的结果展示在图 1.3(b) 中。在 100 次重复中，SQUARE 方法排在第一名的比例约占 78%，排在前两名的比例高达 96%。这意味着在绝大多数重复中，SQUARE 方法都能够带来最小的预测误差。

三种模型平均方法的权重估计值展示如图 1.4 所示。SQUARE 方法考虑了五个备选模型，包含模块 B 的备选模型拥有最大的权重。这意味着模块 B 中的变量与响应变量 SWD 最为相关，该结论与图 1.3 (a) 所展示的响应变量和协变量之间的相关性吻合。同时，模块 B 中的变量大都与受访者的社会和政治信任度有关，所以也理应与响应变量 SWD 相关。与 SQUARE 方法类似，CC-JMA 方法也给包含模块 A 和 B 的备选模型分配最大的权重，但是 IMP-MMA 方法将最大的权重给了包含模块 A 和 C 的模型。可能因为使用 0 替换缺失数据给 IMP-MMA 方法带来了估计偏差，导致 IMP-MMA 方法呈现出不同的权重结果以及更差的预测表现。

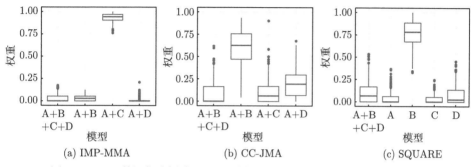

(a) IMP-MMA　　　　　(b) CC-JMA　　　　　(c) SQUARE

图 1.4　ESS 数据集分析结果：三种模型平均方法对备选模型权重的估计

1.4　小结与评述

1.4.1　方法小结

问卷拆分设计是现代调查中相对新颖的设计工具，具有降低调查负担、提高回答率以及提高调查数据质量等优势。本章介绍了一种基于模型平均思路的 SQUARE 估计方法，其主要功能是利用 SQD 数据对回归函数进行估计，提高对响应变量的预测效果。SQUARE 方法的核心思想是利用 SQD 数据中不同的数据块估计多个备选模型，然后利用完整数据去评价这些备选模型的预测表现，预测能力更强的模型将会被分配更大的权重。与传统的缺失数据分析方法不同，本章提出的方法可以避免使用插补方法去处理缺失数据，所以相对更加稳健，且具有较低的计算成本。同时，SQUARE 和已有的缺失数据模型平均方法 (Zhang, 2013; Fang et al., 2017) 也有较大的区别。SQUARE 囊括了更广泛的备选模型集合，从而能够使回归函数的估计更加灵活。另外，SQUARE 允许模型权重在 0 到 1 之间自由变化，去掉了传统模型平均方法中权重求和为 1 的限制。因此，不同模型中的互补信息可以得到更加有效的整合，也可以最大限度地消除备选模型中的偏差。SQUARE 方法的渐近最优理论可以为其相对于其他方法的自适应性提供强有力的基础。数值结果和实证研究均表明 SQUARE 方法相较于其他方法具有更加明显的优势。

1.4.2 未来展望

SQUARE 方法还有多个后续研究方向。本章的重点是一种最简单的 SQD 数据结构，其中协变量的某一个部分集只能在数据的不同子样本中观察到。进一步的研究可以考虑更一般的 SQD 数据结构。例如，观察数据块在样本和变量中存在更多的重叠。此外，本章主要关注回归函数的估计，假设协变量的数量是固定的，并且小于 n_0。一个很自然的问题是如何基于这样的 SQD 数据进行高维变量选择。特别地，聚类分析等无监督统计模型也常用于调查数据分析，其在 SQD 结构数据中的估计方法亦有待后续研究。

1.5 附   录

本附录通过数值模拟比较 SQUARE 和常用对比方法的表现差异。第一种方法是完整样本分析 (CC) 方法，该方法只利用完整观测数据估计回归模型。第二种方法是多重插补 (MI) 法，研究者首先利用 R 包mice对缺失数据进行插补，然后在多个插补数据上估计回归模型并对其进行整合。第三种方法是基于零值插补数据的 IMP-MMA 方法 (Zhang, 2013)，该方法首先用 0 对缺失数据进行插补，然后使用 Mallows 模型平均准则计算权重。第四种方法是 Fang 等 (2017) 提出的 CC-JMA 方法，该方法利用留一交叉验证在完整数据上计算权重，然后用所有观察到的数据构造备选模型，并且要求权重求和为 1。

1.5.1 模拟设置

模拟数据产生于线性回归模型

$$Y = \mu(X) + \varepsilon = \sum_{j=1}^{1000} X_j \beta_j + \varepsilon \tag{1.5.1}$$

其中，随机误差项 ε 服从正态分布 $N(0, \sigma^2)$，通过调整方差 σ^2 使得 $R^2 = \mathrm{var}(\mu(X))/\mathrm{var}(Y)$ 在 $0.1 \sim 0.9$ 变化。备选模型基于前 p 个协变量 $X_\Delta = (X_1, X_2, \cdots, X_p)^{\mathrm{T}}$，令 $\Delta \in \{1, 2, \cdots, p\}$。当 $j > p$ 时，X_j 独立同分布地产生于标准正态分布，相应的系数设置为 $\beta_j = 1/j$。对于前 p 个协变量，假设其有以下两种不同的模块结构。模块结构 I: $p = 28$, $M = 5$, $p_0 = 3$, $p_1 = \cdots = p_M = 5$。模块结构 II: $p = 28$, $M = 3$, $p_0 = 3$, $p_1 = 15$, $p_2 = 5$, $p_3 = 5$。

假定同一个模块中的协变量比不同模块间的协变量更加相关，定义 $X_\Delta = (X_0^{\mathrm{T}}, X_1^{\mathrm{T}}, \cdots, X_M^{\mathrm{T}})^{\mathrm{T}}$ 和 $\beta_\Delta = (\beta_0^{\mathrm{T}}, \beta_1^{\mathrm{T}}, \cdots, \beta_M^{\mathrm{T}})^{\mathrm{T}}$，其中 X_m 是一个 p_m 维向量，包含了子集 Δ_m 中的协变量，β_m 是对应的回归系数向量。截距项在公共集 Δ_0

中，令 $X_1 = 1$。为了生成剩余的协变量，首先从均值为 $\mathbf{1}_{p-1}$、协方差为 Ω 的 $p-1$ 维正态分布中生成一个随机变量 Z，其中

$$\Omega = \begin{pmatrix} \Omega_{00} & \Omega_{01} & \cdots & \Omega_{0M} \\ \Omega_{10} & \Omega_{11} & \cdots & \Omega_{1M} \\ \vdots & \vdots & & \vdots \\ \Omega_{M0} & \Omega_{M1} & \cdots & \Omega_{MM} \end{pmatrix}$$

其中，Ω_{00} 和 Ω_{mm} $(m > 1)$ 分别是 $(p_0 - 1) \times (p_0 - 1)$ 和 $p_m \times p_m$ 的方阵。它们的对角元为 1，非对角元分别为 λ_1 和 λ_2。当 $m \geqslant 1$，$k \geqslant 1$ 且 $m \neq k$ 时，$\Omega_{m0} = \Omega_{0m}^{\mathrm{T}}$ 是一个 $p_m \times (p_0 - 1)$ 的矩阵，其元素是 λ_1，$\Omega_{mk} = \Omega_{km}^{\mathrm{T}}$ 是一个 $p_m \times p_k$ 的矩阵，其元素是 λ_2。设置 $\lambda_1 = 0.1$，$\lambda_2 = 0.3$，$\lambda_3 = 0.1$。为了同时生成连续型和离散型协变量，令 $X_i = 1\{Z_i \geqslant 0.885\}$，$i \in \{3, 8, 12, 16, 20, 24\}$ 和 $X_i = Z_i$。

关于回归系数 β_Δ 的设定，考虑以下三种情形。

情形 1：$(\beta_0^{\mathrm{T}}, \beta_1^{\mathrm{T}}, \cdots, \beta_M^{\mathrm{T}})^{\mathrm{T}} = c_1 \left(1, \dfrac{1}{3}\mathbf{1}_{p_0-1}^{\mathrm{T}}, \dfrac{1}{3}\mathbf{1}_{p_1}^{\mathrm{T}}, \dfrac{1}{3}\mathbf{1}_{p_2}^{\mathrm{T}}, \cdots, \dfrac{1}{3}\mathbf{1}_{p_M}^{\mathrm{T}} \right)^{\mathrm{T}}$。

情形 2：$(\beta_0^{\mathrm{T}}, \beta_1^{\mathrm{T}}, \cdots, \beta_M^{\mathrm{T}})^{\mathrm{T}} = c_2 \left(1, \dfrac{1}{3}\mathbf{1}_{p_0-1}^{\mathrm{T}}, f_{p_1}^{\mathrm{T}}, f_{p_2}^{\mathrm{T}}, \cdots, f_{p_M}^{\mathrm{T}} \right)^{\mathrm{T}}$。

情形 3：$(\beta_0^{\mathrm{T}}, \beta_1^{\mathrm{T}}, \cdots, \beta_M^{\mathrm{T}})^{\mathrm{T}} = c_3 \left(1, \dfrac{1}{3}\mathbf{1}_{p_0-1}^{\mathrm{T}}, g_{p_1}^{\mathrm{T}}, \dfrac{1}{2}g_{p_2}^{\mathrm{T}}, \cdots, \dfrac{1}{M}g_{p_M}^{\mathrm{T}} \right)^{\mathrm{T}}$。

其中，$\mathbf{1}_d$ 是一个 d 维的向量，其每一个元素都是 1，f_d 和 g_d 是两个 d 维向量，其 k 个元素分别是 $\dfrac{1}{2(k-1)+1}$ 和 $\dfrac{1}{k}$。为了方便不同情形间的比较，调整 c_1，c_2，c_3 使得 $\mathrm{var}(\mu) = 10$。

本模拟研究产生的 SQD 数据包含 n_0 个随机抽取的完整观测样本和 n_m $(m \geqslant 1)$ 个随机产生的不完整观测样本，但是只有子集 Δ_0 和 Δ_m 中的协变量能够观察到。设置 $n_1 = \cdots = n_M$，n_0 在 40、50 和 60 之间变化，n_1 在 100、150 和 200 之间变化。对于每个情形分别进行 $B = 1000$ 次模拟重复。为了评价不同方法的预测表现，在每一次重复中产生一个样本量为 $n_{\mathrm{test}} = 10000$ 的独立完整测试集，并在测试集上计算 μ 的预测值，模型的预测精度由均方误差 (mean square error, MSE) 度量：

$$\mathrm{MSE} = \frac{1}{n_{\mathrm{test}}} \|\hat{\mu} - \mu\|^2$$

其中，$\hat{\mu}$ 是 μ 的预测值。进一步，B 次重复的 MSE 的平均值可以分解为 variance 和 bias^2 两部分，其中

$$\text{variance} = \frac{1}{Bn_{\text{test}}} \sum_{b=1}^{B} \left\| \hat{\mu}^{(b)} - \bar{\hat{\mu}} \right\|^2, \quad \text{bias}^2 = \frac{1}{n_{\text{test}}} \left\| \bar{\hat{\mu}} - \mu \right\|^2$$

其中，$\bar{\hat{\mu}} = \frac{1}{B} \sum_{b=1}^{B} \hat{\mu}^{(b)}$ 和 $\hat{\mu}^{(b)}$ 是在第 b 次重复中 μ 的估计。该分解意味着 MSE 由两部分组成，一部分衡量估计量的变异性，另一部分衡量估计量的偏差。

1.5.2 模拟结果

在模块结构 I 和模块结构 II 情形下不同方法的 MSE 中位数分别见图 1.5 和

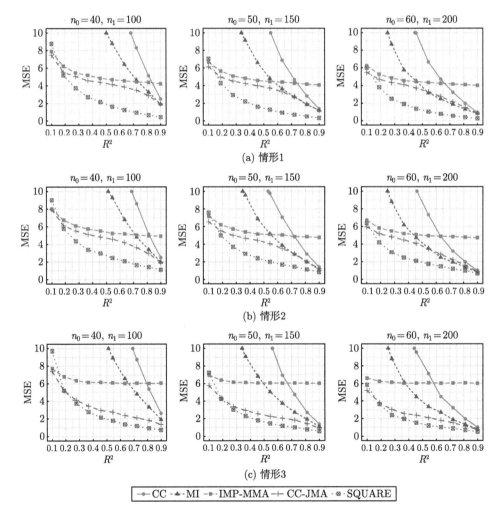

图 1.5　在模块结构 I 下不同方法 MSE 的比较

图 1.6。当 $n_0 = 50, n_1 = 150$ 时，图 1.7 和图 1.8 对 MSE 中的偏差部分和方差部分进行比较。当 R^2 较小时，MI 和 CC 方法的 MSE 明显大于其他方法，因此这两种方法的线条并没有完整展示在图中。

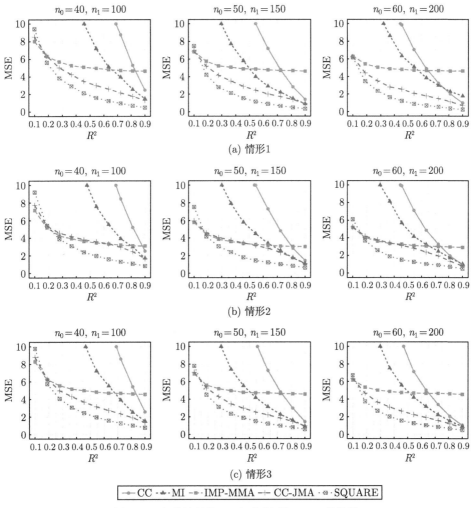

(a) 情形1

(b) 情形2

(c) 情形3

— CC ·▲· MI ·■· IMP-MMA ·+· CC-JMA ·⊠· SQUARE

图 1.6 在模块结构 II 下不同方法 MSE 的比较

从图 1.5 可以看出，在几乎所有 R^2 水平下，SQUARE 方法相比于其他几种方法都具有明显的优势。比如，在情形 1 和情形 2 下，当 $n_0 = 50, n_1 = 150, R^2 = 0.5$ 时，CC、MI、IMP-MMA、CC-JMA、SQUARE 五种方法的 MSE 的中位数分别为 11.05、5.52、4.51、3.93、1.30 和 10.23、5.18、5.13、4.15、2.05。但是对于情形 3，SQUARE 方法相较于 CC-JMA 的优势减小，这与引理 1.1 所描述的结

果吻合。事实上，模拟设定中情形 3 各协变量的系数设置与引理 1.1 中的情形 1 更加接近，模拟设定中的情形 1 和情形 2 更接近引理 1.1 中的情形 2，即所有模块都重要的情形。另外，当 R^2 相对较小时，SQUARE 通常会比 IMP-MMA 和 CC-JMA 表现得稍微差一些。导致这一现象的主要原因是 SQUARE 放松了权重约束，这虽然给 SQUARE 方法在模型偏差上带来了优势，但是当 R^2 较小时，也会带来更大的方差。从图 1.7 可以看出，当 $R^2 = 0.2$ 时，SQUARE 的方差部分占了 MSE 的绝大部分，其方差明显比其他两个模型平均方法的方差大。但是在绝大多数实际应用中，研究者不会过多关注 R^2 较小的情形。

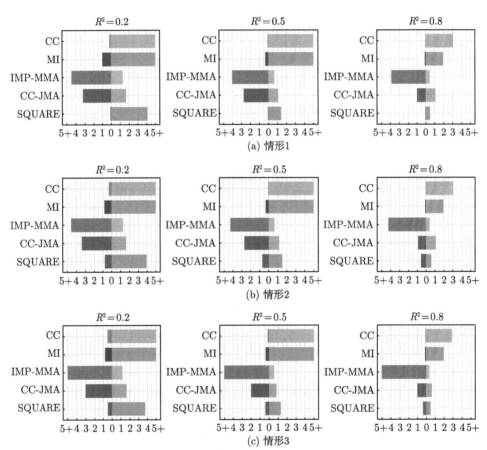

图 1.7　当 $n_0 = 50, n_1 = 150$ 时，在模块结构 I 时不同方法偏差 (深色) 和方差 (浅色) 的比较

　　图 1.7 提供了关于各个方法 MSE 构成的更多信息，也为不同方法的比较提供了更全面的视角。从图 1.7 可以观察到偏差和方差之间存在着明显的权衡，即偏差越小的方法方差越大，反之亦然。如图 1.7 所示，尽管 CC 和 MI 方法具有

更小的偏差, 但是它们的方差在 $R^2 = 0.2$ 时将会更大。而对于三种模型平均方法, 模拟结果显示 IMP-MMA 方法具有较小的方差, 但是其偏差更大。这主要是由于该方法使用了更多的数据训练权重, 所以稳定性更高, 但是该方法通过用 0 对数据进行插补, 在缺失值非 0 时会给估计带来明显的偏差。

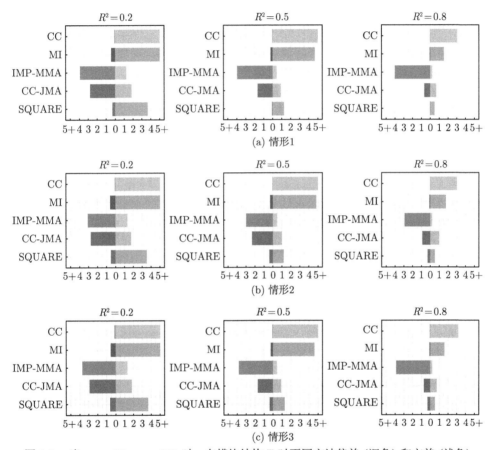

图 1.8　当 $n_0 = 50, n_1 = 150$ 时, 在模块结构 II 时不同方法偏差 (深色) 和方差 (浅色) 的比较

模块结构 II 下的模拟结果展示在图 1.6 和图 1.8 中。与模块结构 I 不同, 模块结构 II 下每一个模块的大小不一, 这主要是为了模拟 ESS 数据的模块结构。从图 1.6 可以看出, SQUARE 方法的表现仍然优于其他几种对比方法, 并且其方差和偏差的优势与在模块结构 I 下类似。

第 2 章　整合调查设计与分析

大规模调查的问卷拆分设计除降低受访者负担、提升数据质量的考量，还需要考虑减少调查总成本的现实问题。事实上，当多种调查设计均满足估计量绝对误差小于临界值时，调查成本是衡量调查设计优劣的重要指标。目前文献中关于成本函数的定义大多为与样本量成正比的线性函数。比如，Chipperfield 和 Steel (2011) 将调查总成本划分为两部分：一部分是固定成本 $c_0 n$，其中 c_0 为单位成本，n 为总样本量，固定成本与调查收集信息量无关；另一部分是与收集信息量相关的变动成本 $\sum_{i=1}^{q} c_j n_j$，其中 c_j、n_j 为第 j 份子问卷的调查成本与样本量，c_j 的大小取决于第 j 份子问卷中包含题目的调查成本之和。又如，Ioannidis 等 (2016) 假定问卷的调查成本包含与样本量无关的固定成本和与样本量线性相关的边际成本，且总调查成本可由各子问卷的调查成本相加得到，即 $C = \sum_{i=1}^{q} (C_j^{(f)} + \alpha_j n_j)$，其中 $C_j^{(f)}$ 为第 j 份子问卷的固定成本，单位问卷调查成本 $\alpha_j = \beta_0 + \beta_1 \sum_{\gamma=1}^{p} l_\gamma$ 为受访者调查负担的线性函数，l_γ 为第 γ 个问题模块的受访者调查负担，通过受访者在该模块中回答的问题数量进行测算。β_0 表示调查一个样本的固定成本，当假定不同题目对受访者调查负担的影响相同时，β_1 表示受访者调查负担的单位成本。此外，Schouten 等 (2013) 同样将调查成本划分为固定成本与变动成本两部分，与前人研究不同的是，其将变动成本部分定义为与人群分布、调查策略以及问卷分配概率相关的函数形式。

除了调查成本，基于问卷拆分设计的数据分析也一直是学界关注的重点。对于这种有计划缺失 (planned missing) 数据，Chipperfield 和 Steel (2009)、Merkouris (2015) 提出针对总体总值、总体均值的估计量。Fay (1996)、Rao (1996)、Shao 和 Sitter (1996) 对插补后的问卷拆分设计数据分析进行讨论。此外，吕萍 (2009)、朱钰和陈晓茹 (2014) 以提升精度为目标，将小域估计的方法应用于问卷拆分设计采集的数据中，解决样本量不足情况下的参数估计问题。特别地，朱钰和陈晓茹 (2014) 通过数值模拟比较小域估计与基于多重插补的估计的优劣。然而，上述针对问卷拆分设计的数据分析方法只讨论总体某个或某些参数的估计问题，缺少针对回归模型估计与解释的研究。虽然研究者可以利用插补方法 (Rubin, 1996; Cai et al., 2010; Mazumder et al., 2010) 将问卷拆分设计采集的数据填补为完整数据后建立统计模型，但该思路受缺失比例的影响表现不够稳定。此外，第 1 章讨论的 SQUARE 方法及相关组合估计方法 (Han and Li, 2011; Zhang, 2013; Fang et al., 2017) 主要
从预测角度展开讨论，缺少对参数估计解释的关注。因此，从回归模型的估计和解
释角度深入探讨问卷拆分设计的数据分析方法是一个亟待解决的问题。

　　欧洲社会调查 (ESS) 是一项大规模学术性调查，于 2001 年由位于伦敦的国
家社会研究中心发起，每两年在欧洲进行一次。该调查衡量了不同人群的态度、信
仰和行为模式。2018 年，来自欧洲 31 个国家的 4 万余名受访者接受了抽样调查。
调查问卷中包含了 500 多个问题，这意味着进行如此大规模、长达一小时的面对
面采访需要花费大量的时间和资源。此外，较长的问卷往往意味着受访者需要承
受更大的受访负担，通常会导致问卷回答率较低、数据测量误差较高的问题。另
外，由于受访者体量大、问卷题目多，ESS 还面临调查成本巨大的挑战。

　　针对上述问题，本章首先从调查成本角度出发研究改进的问卷拆分设计，并
从回归模型系数估计的解释性角度讨论针对问卷拆分设计数据的一般线性回归模
型估计方法。

2.1　整合调查设计

　　与第 1 章的研究思路不同，整合调查设计有三方面研究目标：其一，降低调查
总成本；其二，保证拆分结果可以满足后续的分析需求；其三，确保回答每一个问
题的受访者数量能够满足其估计量的精度要求 (通过估计量的相对误差、绝对误差
等要求体现)。因此，整合调查设计借鉴优化思想，将调查的总成本表示为问卷拆分
方式的函数，通过在一定的约束条件下对调查的成本函数进行优化，得到最优的问
卷拆分设计。整合调查设计流程见图 2.1。本节将从图示中的三个方面展开讨论。

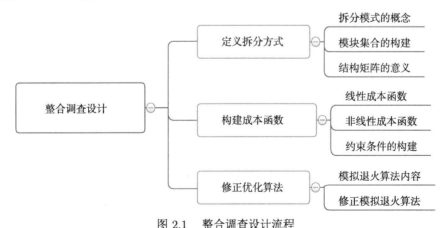

图 2.1　整合调查设计流程

2.1.1　定义拆分方式

假设完整问卷 Q 由 M 个互斥的问题模块 $M_i(i = 1, 2, \cdots, M)$ 组成。为了减轻受访者的调查负担，整合调查设计方法试图将问卷 Q 拆分成 q 份不同的子问卷 $Q_j(j = 1, 2, \cdots, q)$。不同子问卷之间可以包含相同的问题模块。因此，可以通过一个元素为 0 或者 1 的结构矩阵 A 对不同的拆分方式进行刻画：

$$A = \begin{bmatrix} 1 & 0 & \cdots & 1 \\ 0 & 1 & \cdots & 0 \\ \vdots & \vdots & & \vdots \\ 0 & 1 & \cdots & 1 \end{bmatrix}_{M \times q}$$

以矩阵 A 为例，行表示不同的问题模块 $M_i(i = 1, 2, \cdots, M)$，列表示不同的子问卷 $Q_j(j = 1, 2, \cdots, q)$。如果 A 中的第 2 行第 1 列元素为 1，则问题模块 M_2 在子问卷 Q_1 中出现。如果该元素取值为 0，则 M_2 不在子问卷 Q_1 中出现。

特别地，在实际研究中研究者往往还需要考虑更多、更复杂的因素。比如，问卷中部分问题模块间常常具有内在联系，还有一些模块需要同时调查才有分析意义。例如，在社会调查中，如果研究者想要研究受访对象的收入与医疗消费情况的关系。为保证可比性、满足该项分析需求，模块 A "家庭情况"、模块 G "医疗消费情况"、模块 H "就医观念与行为"需要在同一份子问卷中出现，这为问卷拆分提出了更为复杂的约束条件。考虑到这种需要综合多个模块数据才能展开分析的情况，针对具有上述相依关系的问题模块定义数量为 g 的模块集合 $G_k(k = 1, 2, \cdots, g)$，则完整问卷 Q 的不同拆分方式可表示为

$$A = \begin{bmatrix} 1 & 0 & \cdots & 1 & 0 \\ 0 & 1 & \cdots & 0 & 1 \\ \vdots & \vdots & & \vdots & \vdots \\ 0 & 1 & \cdots & 1 & 0 \\ 1 & 1 & \cdots & 0 & 1 \end{bmatrix}_{(M+g) \times q}$$

在该矩阵中，当模块集合 G_2 对应某行某列元素为 1 时，问题模块集合中包含的所有模块应同时出现在相应子问卷中。

由于不同问卷拆分方式对调查成本和受访者调查负担的影响不同，研究者需要基于结构矩阵 A 构建成本函数并在一定的约束条件下进行优化，从而得到满足估计精度要求与分析需求的最优问卷拆分设计。

2.1.2　构建成本函数

调查的总成本应同时考虑到经济方面的花费与受访者承受的负担。假定调查总成本 C 可以通过各子问卷调查成本 C_j $(j = 1, 2, \cdots, q)$ 加和得到，而 C_j 又由与样本量无关的固定成本 C_j^f 和与样本量相关的变动成本 $n_j\alpha_j$ 两部分组成。调查的总成本函数可以表示为

$$C = \sum_{i=1}^{q} C_j = \sum_{i=1}^{q} (C_j^f + n_j\alpha_j)$$

其中，单位成本 α_j $(j = 1, 2, \cdots, q)$ 表示由调查组织者支付给回答第 j 份问卷每个受访者的费用，它与被调查人员的受访负担密切相关。理论上讲，第 j 份子问卷包含的问题数量越多，单位成本越高。对单位成本的不同定义，将会导致目标函数存在差异。下面分别介绍两种单位成本定义下的总成本函数形式。

1. 线性成本函数

针对单位成本 α_j $(j = 1, 2, \cdots, q)$ 最直观的一种定义方式，就是将其看作受访者负担的线性函数。这意味着，不同题目对受访者负担的影响是相同的。因此受访者负担可以由每份子问卷包含的题目数量进行测算。在上述设定下，成本函数可以定义为

$$C(A, n(A)) = \sum_{i=1}^{q} (C_j^f + n_j\alpha_j) \tag{2.1.1}$$

$$\alpha_j = B_0 + B_1 \sum_{i \in H_j} L_i$$

其中，L_i 为第 i 个问题模块涵盖的问题数量，H_j $(j = 1, 2, \cdots, q)$ 表示第 j 份子问卷中包含的问题模块集合。同时，B_0 为调查一个受访者所花费的固定成本，这部分成本与其回答的问题数量并不相关；B_1 表示受访者每回答一个问题，单位成本的平均增量。

这种定义方式暗含着一个假设，即问卷每增加一题，对受访者负担的影响是相同的。然而，在实际中这种假设往往并不成立，α_j 并不是简单地随 L_j 线性增加。为了更好地刻画单位成本与问卷中题目数量的关系，本节提出了非线性成本函数的定义。

2. 二次成本函数

事实上，实施一项调查的前期成本主要由招募与培训调查人员的过程决定。其中，招募调查人员的花费可以随着不同的问卷长度 L_j 而变化，因为题目数量越多的问卷意味着招募受访者面临的难度更大；培训调查人员的花费可以认为与问卷题目数量 L_j 无关，是一个常量。当问卷中题目数量 L_j 足够小且不大于某个临界点时，招募调查人员非常容易，该项花费通常可以忽略不计。此时，研究者可以认为主要由培训调查人员花费构成的前期成本保持不变。此时，随着题目数量继续增加，固定的前期成本被越来越多的问题所分担，单位成本 α_j 在问题数量 L_j 低于临界点时就会出现下降的趋势。当 L_j 超过临界点时，随着招募调查人员难度的增加，单位成本也会随着 L_j 的增加而提高。因此，α_j 与第 j 份子问卷题目数量 L_j 呈二次函数关系，如下

$$\alpha_j = B_2 L_j^2 + B_1 L_j + B_0, \ j = 1, 2, \cdots, q$$

其中，$B_i \ (i = 0, 1, 2)$ 表示二次函数中对应的系数。由于该函数实际含义的限制，要求 $B_2 > 0$。若令 $B_2 = 0.1, B_1 = -1, B_0 = 10$，则 L_j 和 α_j 的关系如图 2.2 所示。可以看出，点 H 作为单位成本函数曲线与 Y 轴的交点，表示 $L_j = 0$ 时所花费的成本，这也是系数 B_0 的确切含义。点 M 是单位成本的最低点，其横坐标表

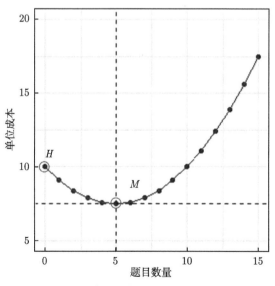

图 2.2   单位成本与题目数量的关系

示 $L_j = 5$ 的临界点。这意味着，当题目数量超过 5 题时，单位成本将随着题目数量的增加呈现上升趋势。而点 H 与 M 之间的垂直距离则表示由于调查的合理组织，而在成本花费方面获得的增益。

当单位成本与题目数量呈现出二次函数关系时，成本函数可以定义为

$$C(A, n(A)) = \sum_{i=1}^{q} (C_j^f + n_j \alpha_j) \qquad (2.1.2)$$

$$\alpha_j = B_2 L_j^2 + B_1 L_j + B_0$$

为进一步探究基于二次成本函数整合调查设计的优势，本节以欧洲社会调查 (ESS) 数据集为例，结合表 2.2 中除变量民主满意度 (stfdem) 外的变量作为自变量 (在问卷包含的 500 多个问题中，将与回答相关度最大的 87 个问题纳入后续的整合设计过程。这些问题根据不同的侧重点划分为四个模块 $(M_1, M_2, \cdots, M_4)$，通过普通线性回归模型生成 Y。其中几种对比方法如下所示。

(1) Proposed: 研究设定 $B_2 = 1, B_1 = -10, B_0 = 40$ 的非线性基于成本的设计，且固定设计成本 C_j^f $(j = 1, 2, \cdots, q)$ 设为 0。

(2) Linear: 表示 Ioannidis 等 (2016) 提出的调查设计方法。其中矩阵 A 是基于线性成本函数得到的。具体来说，单位成本 α_j 定义为

$$\alpha_j = B_1' L_j + B_0', \quad j = 0, 1, \cdots, q$$

其中，B_1' 表示 L_j 的边际成本，B_0' 是 $L_j = 0$ 时的固定成本。总成本 $C(A, n(A))$ 等于式 (2.1.2)。为了便于比较，研究者设 $B_0 = B_0' = 40$，以保证当 $L_j = 0$ 时，线性成本函数下的设计与非线性成本函数下的设计具有相同的成本。对于 B_1' 的取值，研究者首先考虑完整问卷 $L_j = 87$ 时的单位成本，并且 $B_1' = 77$ 产生与非线性设计相同的最大单位成本，当 $L_j = 87$ 时，两种设计的单位成本均为 $\alpha_j = 6739$。然后研究者从 $(0, 77)$ 中寻找 B_1' 的最优值，即在给定精度要求 $e_j = 0.03$ 的情况下，总线性成本最小，最后得到 $B_1' = 29$。

(3) 3-Form: 在 Rhemtulla 和 Little (2012) 的研究中提及的调查设计方法。

在此设定上，研究者主要考虑了两种情况：① 假设真实单位成本函数在情形 1 为 $\alpha_j = L_j^2 - 10l_j + 40$ 的二次函数；②假设 $\alpha_j = 29L_j + 40$ 为线性函数。无论 Linear 还是 3-Form，完整问卷 Q_1 的样本量设为 $n_1 = 39$，与基于二次成本函数的设计方案相同。对于所有的设计，第一个模块 M_1 均出现在所有的子问卷中，因为它包含了人口统计特征的信息，且易收集。在 3-Form 设计中，每个子问卷

由第一个模块 M_1 以及其他三个模块中的两个组成。本节比较了不同精度要求下的总成本和受访者负担。

总成本对比见图 2.3。结果表明，在这两种情况下，所有设计的总成本都随着相对误差的增加而降低。当真实单位成本为二次函数时，在不同精度要求下，本节提出的整合调查设计方法 (Proposed) 总成本最低，而 Linear 与 Proposed 的总成本差距随相对误差的增大而减小。在相同精度要求下，3-Form 设计的总成本大于完整问卷调查 (Complete)，主要是因为每个子问卷的样本量必须满足 3-Form 设计中包含模块的最大要求，这会带来大量的额外成本。当真实单位成本为线性函数时，基于二次成本函数整合调查设计的总成本可与 Linear 设计相媲美，远低于完整问卷调查及 3-Form 设计。

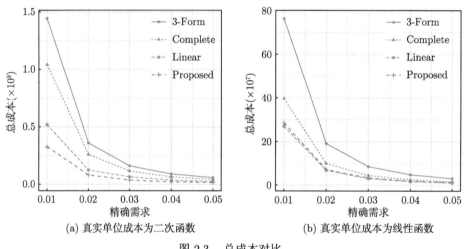

(a) 真实单位成本为二次函数   (b) 真实单位成本为线性函数

图 2.3   总成本对比

为了测量受访者的负担，在精度要求 $e_j = 0.03$ 的情况下，计算受访者平均回答的问题数 $\bar{L} = \sum_{j=1}^{q} n_j$，结果如下：Proposed 为 37.97、Linear 为 58.80、3-Form 为 62.58、Complete 为 87。由此可见，基于二次成本函数的整合调查设计方法使得每位受访者需要回答的问题数量最少。当 $e_j = 0.01, 0.02, 0.04$ 和 0.05 时，研究者也计算了 $\bar{L}$。与完整问卷调查设计 (每个受访者平均回答的问题数始终是 87 个) 相比，基于二次成本函数的整合调查设计方法平均减少了 53% 的受访者负担。此外，3-Form 和 Linear 的受访者平均题目数量分别减少了 28% 和 32%。总体而言，基于二次成本函数的整合调查设计方法在总成本和受访者负担方面较其他设计更具优势。

3. 约束条件的构建

整合调查设计在降低成本花费的同时，也需要保证各问题模块的样本量可以满足参数估计的精度要求。因此，在成本函数定义的基础上，需要添加约束条件

$$A \times n(A) > n^*$$

其中，n^* 为每个问题模块或者模块集合的最小样本量要求。该最小样本量要求可以通过公式 $\max_i \left(\dfrac{z_{1-\alpha}^2 \sigma_i^2}{e_i^2} \right), i = 1, 2, \cdots, L_m; m = 1, 2, \cdots, M$ 计算得出，其中 L_m 为第 m 个模块中的题目数量，$z_{1-\alpha}$ 表示正态分布的 $1-\alpha$ 分位数，而 e_i、σ_i^2 分别是第 i 个题目估计量的相对误差要求和方差。$n(A)$ 为各子问卷对应的样本量向量，可从目标函数中优化得出。

特别地，为了便于在回归模型的框架下实现对回归系数的合理估计，应当使得拆分结果中包含 n_0 个样本回答完整问卷 Q。同时，这部分样本的数量应不少于 P。由于数据质量、调查成本的原因，样本量 n_0 不宜过多。此时，目标函数可以定义为

$$\min_{A, n(A)} C(A, n(A))$$

$$\text{s.t.} \, R * n(A) > n^{**}$$

其中，矩阵 $R_{(M+1)}$ 比矩阵 A 多一行，该行中除第一个元素为 1 以外，其余元素均为 0；n^{**} 在 n^* 的基础上额外添加了一个元素如 $P + 10$ 以限制 n_0。

2.1.3 修正优化算法

不论针对线性成本函数还是非线性成本函数，研究者均可以采用模拟退火算法进行优化求解。同时，为减少拆分过程对后续分析带来的限制，在拆分设计中研究者需要保留一部分回答完整问卷的样本，以更好地实现对估计的纠偏作用。考虑问卷长度会影响受访者回答的数据质量，这部分样本的数量不能太多。因此对于模拟退火算法也需要进行相应修正以保证拆分结果中包含相应的样本，详见算法 2.1。

算法 2.1　修正的模拟退火算法

输入：初始化结构矩阵 $A^{(t)}$；迭代次数 $t = 0$；调整参数 $0 \leqslant r \leqslant 1$；参数

$T_t = r/\log 2(t + t_0 + 1)$；成本函数 $C(A^{(t+1)}) = C(A^{(t)}) + 2\varepsilon$ 停止标准 $\varepsilon > 0$。

输出：最优结构矩阵 A^*；最优样本量 $n(A^*)$。

while $\;C(A^{(t+1)}) - C(A^{(t)}) \geqslant \varepsilon$ **do**

  从矩阵 $A^{(t)}$ 中选择一列元素作为完整问卷的表示；

  除完整问卷的列元素外，随机抽取 $A^{(t)}$ 的某行某列元素，添加随机扰动得到矩阵 $A^{(t+1)}$

  if $A^{(t+1)}$ 不可识别 **then**

   | $A^{(t+1)} = A^{(t)}$

  end

  计算样本量 $n^{(t+1)} = n(A^{(t+1)})$ 与成本 $C(A^{(t+1)}) = (A^{(t+1)}, n(A^{(t+1)}))$；

  if $C(A^{(t+1)}) < C(A^{(t)})$ **then**

   | 接受 $A^{(t+1)}$

  else if $\exp -(C(A^{(t+1)}) - C(A^{(t)}))/T_t > \mathrm{rand}(0, 1)$ **then**

   | 接受 $A^{(t+1)}$

  end

  if 接受 $A^{(t+1)}$ **then**

   | $n^{(t+1)} = n(A^{(t+1)})$

  end

end

2.2　分块加权最小二乘估计

2.2.1　数据结构与模型形式

基于整合调查设计得到的数据结构具有"块状缺失"(blockwise-missing) 特点。本章针对这种数据结构在回归模型框架下提出了参数的分块加权最小二乘 (block weighted least squares，BWLS) 估计。

假定一份完整的问卷 Q 共包含 P 道题目，这 P 道题目可以根据研究主题划分为 M 个互不交叉的问题模块 (module)，每个问题模块 M_i $(i = 1, 2, \cdots, M)$ 着重于调查与研究主题相关的不同侧面。2.1 节中的整合调查设计，是在一定的条件约束下以最小化成本函数为目标，得到每个问题模块 M_i 在不同子问卷中的分布情况以及每份子问卷对应的样本量 $n(A)$。为了更清晰地展示基于整合调查设计的数据结构，本小节给出了一个简单的示例，见图 2.4。图中不同底纹的行表示子问卷 Q_j $(j = 0, 1, \cdots, q)$，列表示 M 个问题模块。带有底纹表示该问题模块在该份子问卷中进行调查，反之则不调查。此处，因变量 Y 在全部样本上都有测量。由

于只有 n_j 位受访者回答子问卷 Q_j 包含的 L_j 问题，设计矩阵 X 呈现块状缺失的特点。参照缺失数据的设定，本节采用符号 r_{ij} 表示缺失状态的示性变量。如果第 i 位受访者回答了第 j 项问题，则 $r_{ij} = 1$，否则 $r_{ij} = 0$。对于 $j = 1, 2, \cdots, q$，令 Ω_j 表示子问卷 Q_j 中包含问题的指标集合，如 $\Omega_j = \{1, 3, 7, 10\}$ 表示第 1 题、第 3 题、第 7 题与第 10 题在子问卷 Q_j 中出现。此处令 $\Omega_1 = \{1, 2, \cdots, p\}$ 表示 Q_1 为完整问卷。同时，$n = \sum_{j=1}^{q} n_j$ 为总样本量，$\mathcal{S}_j = \{1 \leqslant i \leqslant n : r_{ij} = 1, j \in \Omega_j\}$ 表示回答 Ω_j 中包含问题的样本指标集合，因此 $\mathcal{S}_1$ 表示回答完整问卷的样本集合。此外，定义集合 $\mathcal{S}_j^*$ 表示回答子问卷 Q_j 的样本集合。对于相同的 j，$\mathcal{S}_j^*$ 可能比集合 $\mathcal{S}_j$ 更小。若令 $|\mathcal{S}|$ 代表集合 $\mathcal{S}_j$ 的基数，则有 $n_j = |\mathcal{S}_j^*| \leqslant |\mathcal{S}_j|$。定义 $Y_{(j)} = (Y_i : i \in \mathcal{S}_j)$，$X_{(j)} = (X_{ik} : i \in \mathcal{S}_j, k \in \Omega_j)$，子问卷 Q_j 收集的数据 $\mathcal{D}_j = \{Y_{(j)}, X_{(j)}\}$，$j = 1, 2, \cdots, q$。这里假定 $X_{i1} = 1, i = 1, 2, \cdots, n$。特别地，由于数据质量和成本的关系，$n_1$ 不能太大，但至少应大于变量维数 P。读者可以发现，在经过整合调查设计后，不同的子问卷之间可能会存在问题模块重叠的现象。

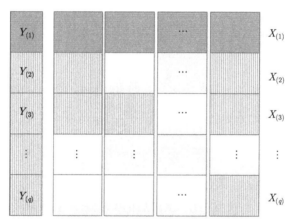

图 2.4　基于整合调查设计的数据结构

假定真实的回归模型为

$$Y = X\beta + \epsilon, \quad \epsilon \sim N(0, \sigma^2 I_n)$$

其中，Y 是研究者关注的因变量，X 表示相应的设计矩阵。随机误差 ϵ 服从正态分布。在估计系数 β 的过程中，如果只用数据 $\mathcal{D}_1$，由于调查成本、数据质量的限制，样本量 n_1 较小，在此基础上得到的估计方差会比较大。同时，由于忽略了子问卷获取的数据，容易造成信息的大量浪费。另外，子问卷调查获取的数据 $\mathcal{D}_i$ 样本量 n_i 虽然较大，但是考虑到不同子问卷中均剔除了一部分题目，当这部分被剔除的题目与其他问题模块间的相关性较高时，利用子问卷数据得到的估计系数的偏差较高。因此，为了既能充分利用数据信息，又能得到从 MSE 角度获得精度较高的估计，本节结合数据结构特征提出了分块加权最小二乘 (BWLS) 算法。

2.2.2 分块加权最小二乘算法

基于完整观测数据集 $\mathcal{D}_1$，可以得到最小二乘估计 (记为 CC 估计量):

$$\hat{\beta}_{cc} = (X_{(1)}^{\mathrm{T}} X_{(1)})^{-1} X_{(1)}^{\mathrm{T}} Y_{(1)}$$

由于 $\hat{\beta}_{cc}$ 的有效性较差，首先基于数据集 $\mathcal{D}_1$ 得到一个改进的估计量 $\hat{\beta}_{Icc}$，然后在改进估计量基础上利用所有观测数据计算分块加权最小二乘估计。

需要注意的是，估计量 $\hat{\beta}_{cc}$ 的协方差矩阵为 $\sigma^2 \left(X_{(1)}^{\mathrm{T}} X_{(1)} \right)^{-1}$。因为 $p/n_1 < 1$，样本协方差矩阵 $S_{xx} = X_{(1)}^{\mathrm{T}} X_{(1)} / n_1$ 是可逆的，但由于 n_1 不宜过多，该矩阵可能在数值上是病态的 (ill-conditioned)，可能增加估计的误差。因此，这里借鉴 Ledoit 和 Wolf (2004) 提出的优良协方差矩阵 (well-conditioned covariance matrix) 估计来代替样本协方差矩阵 S_{xx}。具体来看，考虑如下形式的协方差矩阵估计:

$$\hat{\Sigma}_{xx} = \hat{a}_1 I_p + \hat{a}_2 S_{xx}$$

其中，I_p 表示大小为 $p \times p$ 的单位矩阵，而 $\hat{a}_1$ 和 $\hat{a}_2$ 是由 Ledoit 和 Wolf (2004) 中优化问题 (4) 得出的系数，且有 $\hat{a}_1 = \dfrac{\alpha_n b_n^2}{d_n^2}$，$\hat{a}_2 = \dfrac{\alpha_n^2}{d_n^2}$。上述两式中，$\alpha_n = \mathrm{tr}(S_{xx})/p$，$d_n^2 = \|S_{xx} - \alpha_n I_p\|_n^2$，$b_n^2 = \min\{d_n^2, \dfrac{1}{n_1^2} \sum_{i=1}^{n_1} \|X_{(1),i} X_{(1),i}^{\mathrm{T}} - S_{xx}\|_n^2\}$，$a_n^2 = d_n^2 - b_n^2$，同时 $X_{(1),i}$ 表示矩阵 $X_{(1)}$ 的第 i 列。对于一个大小为 $p \times p$ 的矩阵 A，$\|A\|_n^2 = \mathrm{tr}(AA^{\mathrm{T}})/p$。因此，改进后的 CC 估计量可以通过下式计算得出:

$$\hat{\beta}_{Icc} = S_{xx}^{-1} S_{xy}$$

其中，$S_{xy} = X_{(1)}^{\mathrm{T}} Y_{(1)}$。虽然利用优良协方差矩阵使 $\hat{\beta}_{Icc}$ 具有更好的性能，但它没有利用全部观测信息，忽略了子问卷部分数据，需要进一步改进。

为了充分利用各子问卷的数据，研究者可以采用加权最小二乘估计思想。基于完整问卷 Q_1 中的完整观测数据 $\mathcal{D}_1$ 可以得到一个具有较大方差的无偏估计量。而子问卷数据 $\mathcal{D}_j$ $(j = 2, 3, \cdots, q)$ 虽然数据量较高，但由于存在很大比例的块状缺失数据，得到的估计量方差较小但具有较大偏差。因此，在估计线性回归模型时，应区别对待来自不同问卷的样本。此处，研究者为不同的样本分配不同的权重，以平衡来自不同问卷的信息。如果子问卷 Q_j 提供了重要的信息，即它产生较小的残差和, 那么样本 $\mathcal{S}_j$ 应该被赋予较大的权重。定义 Π_j 为一个大小为 $L_j \times p$ 的投影矩阵, 使 $\Pi_j \beta = \beta_{(j)}$ 成立。其中 $\beta_{(j)} = (\beta_k : k \in \Omega_j)^{\mathrm{T}}$, 样本集合 $\mathcal{S}_j$ 对应的权重由下式给出:

$$w_j = \frac{|\mathcal{S}_j|}{\sum_{i \in \mathcal{S}_j} \left(Y_i - X_{(j)} \prod_j \hat{\beta}_{Icc}\right)^2}$$

直观上看, $\frac{1}{|\mathcal{S}_j|} \sum_{i \in \mathcal{S}_j} \left(Y_i - X_{(j)} \prod_j \hat{\beta}_{Icc}\right)^2$ 测度了子问卷 Q_j 缺失的信息, 如果子问卷缺失了较多的信息, 研究者就需要削弱相应样本的权重, 反之则应增大权重。基于这样的考量, 可以通过最小化如下加权损失函数以得到最终的估计量:

$$L(\beta) = \sum_{j=1}^{q} w_j \sum_{i \in \mathcal{S}_j^*} (Y_i - \tilde{X}_i^{\mathrm{T}} \beta)^2, \quad j = 1, 2, \cdots, q$$

其中, $\tilde{X}$ 是由块状缺失的设计矩阵 X 插补每个变量的均值得到的, $\tilde{X}_i$ 表示矩阵 $\tilde{X}$ 的第 i 行。在此设定下, 最终的分块加权最小二乘估计量具有显式表达:

$$\hat{\beta} = (\tilde{X}^{\mathrm{T}} W \tilde{X})^{-1} \tilde{X}^{\mathrm{T}} W Y$$

此处的 $W = \mathrm{diag}(w_1 I_{n_1}, w_2 I_{n_2}, \cdots, w_q I_{n_q})$ 是权重矩阵。

显然, 最终的估计量 $\hat{\beta}$ 充分利用了受访者的全部可得信息, 并依据不同子问卷的信息损失为样本分配不同的权重, 既可以减少由于块状缺失带来的偏差, 也可以通过减少估计的方差以改善 CC 估计量。

2.3　ESS 数据分析

欧洲社会调查 (ESS) 涵盖范围十分广泛, 测度了各国家不同人群的态度、信仰和行为模式, 覆盖来自欧洲 30 多个国家的 4 万余名受访者, 问题数量总和超过 500 题。考虑到问卷长度对调查成本和数据质量带来的不良影响, 本节将以 ESS 数据为基础, 结合 2.2 节提出的整合调查设计方法进行重新设计, 对比讨论整合调查设计的优势。同时, 利用 2018 年调研数据, 基于重新设计结果生成具有块状缺失结构的数据, 并在此基础上讨论简单参数的估计与线性回归框架下回归系数的估计问题。

2.3.1　整合调查设计

本小节首先对 ESS 进行整合调查设计。假定研究关注的重点是受访者对民主制度的满意度，在超过 500 个问题变量中，研究者结合边际回归分析结果将与因变量 (对民主制度的满意度) 相关性最大的 87 个问题考虑进整合设计过程。这些问题可以根据不同的侧重点划分为四个模块 $M_1, M_2, \cdots, M_4$。

为了便于演示，将均值估计量的绝对误差限设置为 0.05，并且令 $B_2 = 1, B_1 = -10, B_0 = 40$，固定成本 C_j^f $(j = 1, 2, \cdots, q)$ 设为零。这意味着在二次成本函数中，当第 j 份子问卷包含的题目数量 $L_j = 0$ 时，常数成本 B_0 为 40 个单位的花费；当题目数量超过临界点 $-B_1/2B_2 = 5$ 时，单位成本 α_j 随题目数量的增加而增加；此时，最小单位成本 $\alpha_{\min} = 15$。

在上述设定下，利用非线性成本函数对 ESS 进行整合调查设计，得到结构矩阵如表 2.1 所示。其中，不同行表示不同的模块 M_i $(i = 1, 2, 3, 4)$，列表示子问卷 Q_j $(j = 1, 2, 3, 4)$。行 n_j 代表子问卷 Q_j 的实际调查样本量，其包含的问题数量用 L_j 表示；而列 n_i^* 是在给定的绝对误差限下，第 i 个模块 M_i 所需的最小样本量，n_i^{**} 是模块 M_i 基于整合调查设计的实际调查样本量。

由表 2.1 可见，从问题模块的角度看，在相应结构矩阵对应的整合调查设计下，每个模块的最低样本量要求均得到满足；从子问卷的角度看，一方面每份子问卷的问题数量均有不同程度的下降，这意味着受访者所需要承担的受访负担有所减轻，另一方面，包含问题数量较多的子问卷对应的样本量相对较少，在一定程度上有利于调查成本的减少。

表 2.1　结构矩阵

	Q_1	Q_2	Q_3	Q_4	n_i^*	n_i^{**}
M_1	1	1	1	1	6186	6186
M_2	1	0	1	0	4095	4095
M_3	1	1	0	1	2063	2130
M_4	1	1	1	0	4329	4329
n_j	39	234	4056	1857	—	—
L_j	87	46	79	16	—	—

2.3.2　简单参数估计

2.3.1 节利用非线性成本函数对 ESS 部分问题进行了整合调查设计。但是在实际中，研究者不但关心实施调查的成本、调查数据的质量，还关注基于整合调查设计收集到的数据是否能进行科学、高效、准确的估计与分析。如果估计结果不甚理想, 那么整合调查设计的必要性也将受到质疑。因此, 本小节与 2.3.3 小节将分别以简单参数估计与回归模型参数估计为例, 对这一问题进行讨论。

实例分析研究的重点是探查受访者对欧盟民主制度的满意度及影响因素。相关研究表明, 经济运行机制及其质量在解释人们对民主制度的满意程度方面应该大有裨益, 个体对政治与生活的态度也会对满意情况产生影响。因此, 本小节研究四个模块中 29 个协变量对因变量 (对民主制度的满意度) 的影响, 详情见表 2.2。具体来看, 模块 M_1 由年龄、性别、受教育年限三个与受访者背景有关的变量组成。M_2、M_3 和 M_4 分别包含人口对政治和社会的态度、人口对婚姻关系和子女

表 2.2　变量名称及编码

模块	变量名称	含义
因变量	stfdem	对国家的民主制度的满意度
M_1	agea	受访者的年龄
	gndr	受访者的性别
	eduyrs	完成全日制教育的年限
M_2	trstprl	对国家议会的信任
	trstlgl	对国家法律体系的信任
	trstplc	对警察的信任
	trstprt	对政党的信任
	trstun	对联合国的信任
	trstplt	对政治家的信任
	trstep	对欧洲议会的信任
	stfeco	对对国家目前的经济状况的满意度
	stfedu	国家现在的教育状况
	stfgov	对国家政府的满意度
	psppsgva	政治制度允许人民对政府的行为有发言权
	psppipla	政治制度允许人们对政治有所作为, 产生影响
	frprtpl	国家的政治制度确保每个人都有公平参与政治的机会
	gvintcz	国家政府考虑所有公民的利益
	poltran	国家的政治决策是透明的
M_3	anvcld	赞成一个人永远不要孩子的决定
	alvgptn	赞成一个人与其伴侣在没有结婚的前提下生活
	acldnmr	赞成一个人与其伴侣在没有结婚的前提下孕育孩子
	aftjbyc	赞成一个人可以同时拥有一份全职工作与一个三岁以下的孩子
	advcyc	赞成在子女 12 岁以前离婚
M_4	hinctnta	所有来源下的家庭总收入
	ifrjob	和其他国家的人相比, 我拥有公平的找工作的机会
	happy	个人的幸福程度
	recskill	个人的知识与技能对找工作的影响
	ifredu	与其他国家的人相比, 实现我追求的教育水平的机会是公平的
	hincfel	对当前的家庭收入的感受

的态度以及个人对生活的感受问题。以上述变量为素材，本小节讨论基于整合调查设计数据的总体均值估计和总体总值估计，并比较其与完整数据估计间的差异。

　　表 2.3 给出了 30 个变量的均值估计和总值估计，其中 $mean_{all}$ 和 Σ_{all} 代表基于完整数据的估计，$mean_{sub}$ 和 Σ_{sub} 代表基于整合调查设计数据的估计。特别的，为计算表 2.3 括号中估计的标准误差，整合调查设计重复了 100 次。不难看出，基于整合调查设计的估计与基于完整数据的估计相差不大。

表 2.3　简单参数估计汇总表

变量	$mean_{all}$	$mean_{sub}$	Σ_{all}	Σ_{sub}
stfdem	6.116	6.114 (0.032)	167227	167162.874 (200.353)
eduyrs	13.384	13.377 (0.048)	365935	365740.557 (296.390)
agea	51.083	51.074 (0.181)	1396664	1396414.23 (1122.367)
gndr	1.515	1.516 (0.006)	41427	41448.9560 (35.165)
trstlgl	6.275	6.270 (0.038)	171567	171428.070 (156.478)
trstplc	7.355	7.352 (0.034)	201084	201011.032 (139.756)
trstprl	5.458	5.451 (0.040)	149233	149035.791 (165.291)
trstprt	4.510	4.509 (0.039)	123297	123280.569 (159.643)
trstun	6.081	6.081 (0.039)	166273	166260.621 (158.080)
trstep	5.414	5.411 (0.042)	148030	147942.151 (170.064)
trstplt	4.532	4.529 (0.038)	123896	123827.389 (153.796)
stfeco	6.173	6.166 (0.034)	168785	168584.606 (141.095)
stfedu	6.691	6.688 (0.034)	182937	182856.608 (140.481)
stfgov	5.289	5.279 (0.036)	144594	144333.139 (148.935)
psppsgva	1.274	1.276 (0.013)	34832	34887.116 (51.720)
psppipla	1.218	1.220 (0.013)	33295	33356.020 (51.563)
frprtpl	1.741	1.741 (0.016)	47591	47600.681 (63.532)
gvintcz	1.534	1.533 (0.013)	41935	41913.753 (53.251)
poltran	1.416	1.416 (0.012)	38727	38714.856 (49.922)
anvcld	2.174	2.173 (0.023)	59442	59411.993 (48.334)
alvgptn	2.650	2.649 (0.021)	72466	72426.309 (45.790)
acldnmr	2.627	2.627 (0.020)	71822	71824.807 (41.701)
aftjbyc	2.536	2.535 (0.020)	69342	69309.435 (43.376)
advcyc	2.161	2.160 (0.024)	59073	59056.560 (50.977)
hinctnta	4.416	4.421 (0.034)	120728	120874.561 (147.506)
ifrjob	6.807	6.805 (0.038)	186122	186055.505 (162.701)
happy	8.369	8.369 (0.024)	228812	228816.829 (105.666)
recskill	2.840	2.838 (0.017)	77648	77593.758 (74.130)
ifredu	7.919	7.914 (0.035)	216506	216376.674 (153.257)
hincfel	3.058	3.057 (0.010)	83599	83581.437 (44.721)

2.3.3　回归模型估计

除了简单参数，研究人员往往也会基于数据进行建模分析。本小节将在线性回归模型的框架下，以受访者对民主制度的满意度为因变量，以表 2.2 中其余 29 个变量为自变量，结合 BWLS 算法构建模型并对参数进行估计，分析其在估计与预测方面的效果。

1. 数据的预处理

对于 2018 年欧洲社会调查的数据首先进行了预处理，如去除掉前后逻辑不一致的数据，删除在所选取的变量上存在大比例缺失的观测等，最终得到包含 27341 个有效案例的完整数据集，数据概况见表 2.2。

为了进一步了解变量间的相关性，计算了 29 个自变量间的皮尔逊相关系数，并画出数据相关系数的热力图，见图 2.5。图中颜色的深浅表示相关性的强弱。

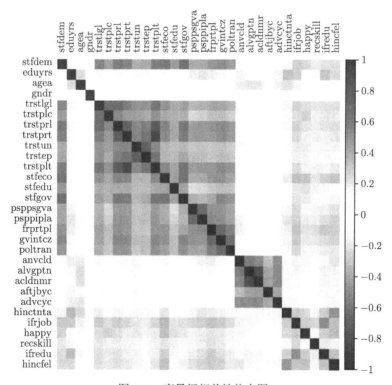

图 2.5　变量间相关性热力图

由图 2.5 可见，对角线上的方格颜色最深，表示各个自变量与自身的相关性最高且取值为 1；其余非对角线方格的颜色深浅呈现出分块的特点，这与四个问题模块侧重点不同密切相关。例如，模块 M_1 主要侧重对受访者背景信息的调查；M_2、M_3 和 M_4 分别侧重于受访者对政治和社会的态度、对婚姻关系和子女的态度以及个人对生活的感受等。

2. 对比方法

为了进一步显示 BWLS 算法在估计回归模型参数时的优势，研究者从预测误差 (PE) 与估计系数两方面将其与四种前人的估计方法进行了对比。

(1) CC：只利用问卷拆分设计数据中的完整观测数据对参数进行估计 (可利用的样本较少)。

(2) SI-LS：利用插补方法将数据补齐后，结合补齐后的数据对参数进行估计。

(3) MA-CV：基于模型平均的思想，利用带有缺失的数据估计模型参数。

(4) Standard：利用完整数据 (即用以生成问卷拆分设计数据前的原始数据) 直接对参数进行估计。

3. 回归模型的构建

根据表 2.1 的结构矩阵，以及四份分问卷的样本量分配情况生成具有相应缺失结构的数据。其中 6186 个样本作为训练数据，剩余 21155 个样本用于测试。对于训练数据集，样本被随机分配到四份子问卷中的一份。在训练数据上，分别用 BWLS、CC、MA-CV 和 SI-LS 方法估计回归系数。为较准确地展示几种方法的对比情况，研究者从数据中随机抽取训练集进行估计、在测试集上进行预测，并重复该过程 100 次，计算并比较几种方法的估计结果与预测效果。四种方法估计系数的具体取值见表 2.4。

表 2.4 显示了使用训练数据的系数估计，以及测试数据的预测误差 (PE)，括号中包含了 100 次重复的标准差。总体来说，BWLS 的预测误差 PE 值在五种方法中是最小的。PE 的标准误差较小也说明了 BWLS 的优越性。进一步地，研究者关注了这部分变量系数估计的解释性。首先，当经济运行表现良好，或者至少在受访者认为经济状况良好时，其对民主制度运作的满意度就会增加。在不同的估计方法下，变量 stfeco 的系数都是正的，也恰恰说明了这一点。此外，当公众认为国家的政治机构和公职人员可以公开、公平、公正地处理相关事务时，人们对民主制度的满意度也会上升。正如 "没有人想要一个糟糕的经济，但是每个人都想要一个好的政府"，这也意味着在第二个模块 M_2 中的大多数变量的符号应该是正的。结果表明，与 SI-LS 和 BWLS 相比，CC、SI-LS 和 MA-CV 的估计结果中包含更多的与实际相反的估计系数，这说明 BWLS 的估计量更具有可解

释性, 更符合经济意义。由于 BWLS 的 PE 的标准差是五种方法中最低的, 因此它同样是一种更有效的估计方法。

表 2.4　重复 100 次的系数估计平均值与预测误差 (括号中的值是 100 次估计的标准误差)

变量	CC	SI-LS	MA-CV	Standard	BWLS
agea	0.003(0.142)	−0.170(0.041)	0.016(0.029)	−0.001(0.079)	0.011(0.007)
gndr	0.005(0.033)	−0.007(0.002)	0.003(0.012)	0.002(0.019)	0.002(0.001)
eduyrs	0.031(1.156)	−0.042(0.045)	−0.073(0.248)	0.000(0.093)	−0.082(0.048)
trstprl	0.127(0.362)	0.093(0.018)	0.063(0.089)	0.107(0.125)	0.092(0.018)
trstlgl	0.058(0.314)	0.013(0.018)	0.024(0.092)	0.081(0.123)	0.038(0.017)
trstplc	0.096(0.396)	0.065(0.020)	0.036(0.064)	0.070(0.143)	0.065(0.020)
trstprt	0.104(0.525)	−0.003(0.024)	0.015(0.142)	0.065(0.133)	0.028(0.023)
trstun	−0.007(0.412)	0.027(0.015)	0.017(0.093)	0.025(0.141)	0.034(0.015)
trstplt	0.034(0.389)	0.010(0.015)	0.002(0.086)	0.024(0.123)	0.014(0.016)
trstep	−0.132(0.567)	−0.015(0.022)	−0.008(0.148)	0.015(0.128)	−0.005(0.024)
stfeco	0.170(0.386)	0.170(0.016)	0.111(0.087)	0.161(0.141)	0.172(0.016)
stfedu	0.132(0.269)	0.089(0.016)	0.074(0.086)	0.112(0.108)	0.119(0.014)
stfgov	0.293(0.366)	0.257(0.019)	0.186(0.099)	0.251(0.124)	0.307(0.018)
psppsgva	0.163(0.819)	0.111(0.043)	0.086(0.222)	0.057(0.106)	0.098(0.040)
psppipla	−0.060(0.923)	0.128(0.044)	−0.007(0.284)	0.056(0.107)	0.073(0.039)
frprtpl	0.016(0.755)	0.175(0.039)	0.075(0.229)	0.081(0.118)	0.131(0.040)
gvintcz	0.181(0.812)	0.116(0.047)	0.081(0.151)	0.085(0.095)	0.108(0.049)
poltran	0.082(0.863)	0.024(0.037)	0.028(0.248)	0.066(0.107)	0.057(0.037)
anvcld	0.079(0.613)	0.074(0.051)	0.111(0.205)	0.024(0.132)	0.236(0.067)
alvgptn	0.182(1.277)	0.026(0.075)	0.055(0.427)	0.005(0.109)	0.095(0.103)
acldnmr	−0.232(1.144)	−0.105(0.083)	−0.088(0.346)	−0.001(0.096)	−0.147(0.109)
aftjbyc	0.075(0.559)	−0.023(0.045)	0.055(0.149)	0.007(0.126)	0.062(0.064)
advcyc	0.028(0.713)	−0.056(0.054)	0.007(0.216)	0.008(0.120)	0.033(0.069)
hinctnta	−0.004(0.201)	0.01(0.015)	−0.007(0.044)	0.004(0.115)	−0.008(0.012)
ifrjob	0.007(0.246)	0.004(0.013)	0.025(0.057)	0.015(0.122)	0.015(0.012)
happy	0.011(0.358)	0.039(0.019)	0.028(0.116)	0.037(0.123)	0.053(0.018)
recskill	0.054(0.503)	0.086(0.022)	0.063(0.145)	0.039(0.115)	0.069(0.021)
ifredu	0.032(0.290)	0.031(0.018)	0.014(0.086)	0.028(0.117)	0.011(0.012)
hincfel	0.053(0.754)	0.079(0.041)	0.064(0.175)	0.031(0.113)	0.042(0.037)
PE	12.398(6.704)	3.212(0.083)	4.150(2.102)	3.862(0.436)	2.783(0.039)

2.4 小结与评述

2.4.1 方法小结

本章提出了一个两阶段的大规模调查设计的框架, 研究者不但通过问卷拆分设计解决了大数据时代背景下大规模社会调查面临的高成本、数据质量低的问题, 还利用问卷拆分设计收集得到调查数据, 进一步讨论了简单参数的估计问题, 并基于其块状缺失结构的特点在线性回归框架下探究了回归系数的估计问题。

在第一阶段, 研究者首先构建了调查的成本与不同拆分方式间的函数关系, 并以此作为目标函数, 然后借助优化思想最小化目标函数以得到使得调查成本最低的拆分方式。在该阶段中, 主要考虑了线性函数和二次函数两种形式。数值研究的结果显示, 所提出的设计在降低调查成本和受访者负担方面具有一定的竞争力, 同时由于问卷拆分设计降低了受访者回答的问题数量, 在一定程度上也有利于调查数据质量的提升。

在第二阶段, 本章从估计的角度出发, 基于第一阶段得到的问卷拆分设计数据分别讨论了简单参数与回归系数的估计问题。在线性回归框架下, 研究者提出了一种分块加权最小二乘 (BWLS) 算法, 其主要思想是充分利用完整问卷观测到的样本数据以及子问卷观测到的非完整数据, 但结合数据结构的不同特征赋予样本不同的权重, 对于缺失比较重要信息的样本而言赋予较小的权重, 反之则赋予样本较大的权重。从数值模拟及案例分析来看, 在问题模块间相关性较弱, 问题模块内相关性较强的前提下, 分块加权最小二乘 (BWLS) 算法对回归系数估计的效果均表现良好, 其主要优势体现在估计系数比较稳定, 估计具有更小的方差。这意味着分块加权最小二乘 (BWLS) 算法更加适用于基于问题模块拆分的问卷拆分设计数据。这是由于基于问题模块进行问卷拆分, 可以有效继承问题模块内高相关性、问题模块间低相关性的特征, 进而有利于充分发挥估计在方差上的优势, 一定程度上回避模块间高相关性给估计带来较大偏差的劣势。

2.4.2 未来展望

当然, 本章提出的两阶段调查设计框架也存在一定的不足, 在此基础上未来还可以进行许多研究。

(1) 在构建调查成本与不同拆分方式间的函数关系时, 本章主要讨论了线性形式与二次函数形式。二次函数形式的考量是来自对成本现实变化情况的判断。事实上, 函数关系并不局限于以上两种形式, 可以探究用其他不同的函数形式来刻画两者间的关系。此外, 调查成本是本章调查设计时关注的核心, 但是其他因素如问卷的回答率、问卷拆分前后的信息损失量，也是许多研究者关心的重要问题，这些因素也可以考虑作为问卷拆分设计时的标准，衍生出其他的问卷拆分设计方法。

(2) 通过数值模拟与实证分析不难发现，分块加权最小二乘 (BWLS) 估计的优势主要体现为估计的方差较小，这得益于该算法充分利用了完整问卷获取的样本数据以及子问卷获取的非完整数据。但是也正因为子问卷包含的非完整数据的存在，在问题模块间相关性比较高的时候容易带来较大的估计偏差，影响预测效果。此为分块加权最小二乘 (BWLS) 算法的局限性之一，即该算法对块间相关性较为敏感。这种对块间相关性的敏感要求在问卷拆分设计阶段，最理想的是基于问题模块对问卷进行拆分，而不是基于每一个问题对问卷进行拆分，这样可以有利于拆分结果继承问题模块内变量相关性高，问题模块间相关性低的特点，进而有利于充分发挥分块加权最小二乘估计在方差上的优势，也在一定程度上限制了问卷拆分方法的使用。从另一方面看，研究如何利用数据减少估计的偏差，以进一步提升方法的估计精度也是未来值得考虑的方向之一。

(3) 不论从数值模拟还是实证研究看，本章基于问卷拆分设计数据提出的分块加权最小二乘估计，目前还只是基于连续型自变量与二分类自变量，但是实际调查中往往包含大量多分类变量。例如，当考虑不同的教育水平和职业对收入的影响时，教育水平和职业通常被视为多类别变量。这样的例子非常广泛，因而当研究者将这些多分类变量考虑进自变量范围内时，如何实现对参数的优良估计还有待深入研究。

(4) 随着数据科学的迅猛发展与快速进步，回归模型中包含的问题数量可能会有所增加，处于不同存储区域，如不同国家间或服务器间的数据交换也会变得更加方便。一方面，这为计算效率的提升带来了巨大的挑战，研究者对于相应的分布式计算方法的进一步探索是值得研究的；另一方面，需要注意的是，在实际情况中并不是所有的变量对研究目标都有显著的影响，因此在未来的研究中如果能进一步将稀疏性考虑在内，研究成果也将更具实用性。

2.5　附　　录

研究者通过数值模拟进一步探究了分块加权最小二乘估计与其他几种方法相比较的优势。对比方法包括 CC 估计量 $\hat{\beta}_{cc}$、改进的 CC 估计量 (I-CC) $\hat{\beta}_{Icc}$、Fang 等 (2017) 提出的模型平均估计量 (MA-CV) 和基于插补数据的估计量 (SI-LS)，其缺失数据通过 Soft-Impute 算法进行插补 (Mazumder et al., 2010)。由于篇幅限制，在此只展示部分数值结果。

1. 模拟设定

首先模拟数据从以下线性模型中产生：

$$Y = \beta_0 + \beta_1 X_1 + \cdots + \beta_p X_p + \epsilon$$

其中，ϵ 产生于正态分布 $N(0, \sigma^2)$。协变量 X 产生于多元正态分布 $N(0, \Sigma)$，其中 Σ 是一个 $p \times p$ 的协方差矩阵，其定义如下：

$$\Sigma = \begin{bmatrix} \Sigma_I & \cdots & \Sigma_B \\ \vdots & & \vdots \\ \Sigma_B & \cdots & \Sigma_I \end{bmatrix}$$

Σ_I 的非对角元和对角元分别为 λ_1 和 1，Σ_B 是一个元素为 λ_2 的常数矩阵。在这里，λ_1 是同一个模块中问题的相关性，λ_2 是不同模块间问题的相关性。共考虑两种不同的相关性结构：结构 1：$\lambda_1 = 0.3$，$\lambda_2 = 0.1$；结构 2：$\lambda_1 = 0.5$，$\lambda_2 = 0.2$。调整方差 σ^2 使得总体 R^2 分别为 $R^2 = \mathrm{Var}(X^\mathrm{T}\beta)/\{\mathrm{Var}(X^\mathrm{T}\beta) + \sigma^2\} = 0.4, 0.5, 0.6, 0.7, 0.8, 0.9, 1$。考虑两种系数的稀疏结构，令 $\beta = (\beta^{(1)}, \beta^{(2)}, \cdots, \beta^{(m)})$，其中 $\beta^{(i)}$ $(i = 1, 2, \cdots, m)$ 是第 i 个模块中的变量。在稀疏结构 1 下，$\beta^{(1)} = (0.5, -0.5, 0.5, 1)$，$\beta^{(2)} = (0.5, -0.5, -0.3, 0.5)$，$\beta^{(3)} = (0, 0, 0, 0)$，$\beta^{(4)} = (0, 0, 0, 0)$，$\beta^{(5)} = (-0.5, 0.5, 1, 0.3)$，$\beta^{(6)} = (1, 0.3, 0.3, 1)$，$\beta^{(7)} = (-1, 1, 0.3, 0.3)$，$\beta^{(8)} = (1, 0.5, 0.5, 0.5)$，$\beta^{(9)} = (-0.5, 0.5, 0.3, -0.3)$ 和 $\beta^{(10)} = (0.3, -0.3, 1, 0.3)$，因此 M_3 和 M_4 是不重要的模块。在稀疏结构 2 下，考虑模块内部具有稀疏性，$\beta^{(1)} = (-1, -1, 0, 1,)$，$\beta^{(2)} = (0, 1, -1, 0.3)$，$\beta^{(3)} = (0, 1, -0.5, -1)$，$\beta^{(4)} = (0.3, 0.3, 0.3, 0)$，$\beta^{(5)} = (0.3, 0.5, 1, 0)$，$\beta^{(6)} = (-1, 0, 0, 1)$，$\beta^{(7)} = (0.3, 0, 0, 0.3)$，$\beta^{(8)} = (0, 0, 0.5, -0.3)$，$\beta^{(9)} = (0.3, 0.5, 1, -1)$ 和 $\beta^{(10)} = (-0.3, 1, 0.5, -0.3)$。研究者进一步考虑了不同的协变量维数、模块数和样本量：

S1. 在结构 1 下，$p = 20, m = 5, n_1 = 30, n_2 = \cdots = n_5 = 200$。

S2. 在结构 1 下，$p = 40, m = 5, n_1 = 45, n_2 = \cdots = n_{10} = 200$。

S3. 在结构 1 下，$p = 40, m = 10, n_1 = 45, n_2 = \cdots = n_{10} = 200$。

S4. 在结构 1 下，$p = 40, m = 10, n_1 = 45, n_2 = \cdots = n_{10} = 500$。

S5. 在结构 2 下，$p = 40, m = 10, n_1 = 45, n_2 = \cdots = n_{10} = 200$。

对于每一种情形，共有 2^m 种包含不同模块组合的子问卷，从中随机抽取 m 个子问卷。对于每一种设置，考虑 $B = 500$ 次重复模拟。

2. 评价指标

在每一次重复中, 所产生的数据随机分配给某一个子问卷, 通过预测误差 (PE) 和均方误差 (MSE) 来评价不同方法的表现, 其具体定义如下:

$$\text{MSE} = \frac{1}{B(p+1)} \sum_{b=1}^{B} \sum_{j=0}^{p} (\hat{\beta}_j^{(b)} - \beta_j)^2, \quad \text{PE} = \frac{1}{Bn_{\text{test}}} \sum_{b=1}^{B} \sum_{i=1}^{n_{\text{test}}} (\hat{Y}_i^{(b)} - E(Y_i))^2$$

其中, $\hat{\beta}_j^{(b)}$ 是 β_j 的估计, $\hat{Y}_i^{(b)}$ 是 Y_i 在 j 次重复的预测值。n_{test} 是测试集的样本量, 在模拟中, 研究者将其设置为 200。注意到基于 B 次重复的 MSE 可以分解为 $\text{MSE} = \text{variance} + \text{bias}^2$, 也就是

$$\frac{1}{B(p+1)} \sum_{b=1}^{B} \sum_{j=0}^{p} (\hat{\beta}_j^{(b)} - \beta_j)^2 = \frac{1}{p+1} \sum_{j=0}^{p} \frac{1}{B} \sum_{b=1}^{B} (\hat{\beta}_j^{(b)} - \hat{\beta}_j)^2 + \frac{1}{p+1} \sum_{j=0}^{p} (\hat{\beta}_j - \beta_j)^2$$

其中, $\hat{\beta}_j = \frac{1}{B} \sum_{b=1}^{B} \hat{\beta}_j^{(b)}$。

3. 模拟结果

结构 1 的模拟结果见图 2.6 和图 2.7。

图 2.6 展示了不同方法的 MSE 和 PE, 当某些方法的取值较大时, 由于截断的原因, 其结果没有展示在图中。从图 2.6 可以看出, 随着 R^2 的提高, 各个方法的表现都逐渐变好。在绝大多数情形下, 除了 R^2 较大的时候, BWLS 算法的 MSE 在五种方法中都是最小的。另外, 可以发现子问卷的样本量 n_i 越大, 研究者所提出的方法的 MSE 将越小。这个特点具有重要的实际意义, 由于子问卷中包含了更少的问题, 所以调查组织者可以让更多的受访者回答子问卷中的问题。另外, 从 PE 的角度出发, 也可以发现 BWLS 算法具有明显的优势。此外, 随着变量个数的增加, 所有方法的 MSE 都呈现出上升的趋势。

从 MSE 的分解图可以看出, BWLS 算法的方差比其他几种备选方法更小, 见图 2.7 的结果。这主要是由于 BWLS 算法可以充分利用手上的数据。进一步, 随着子问卷间的相关性减小, BWLS 算法的偏差将会逐渐变小。另外, 可以观察到 I-CC 方法比 CC 方法更好, 但是仍然比不过模型平均 (MA-CV) 方法, 此外, 基于插补的 SI-LS 方法在 MSE 和 PE 方面表现均不具有优势。

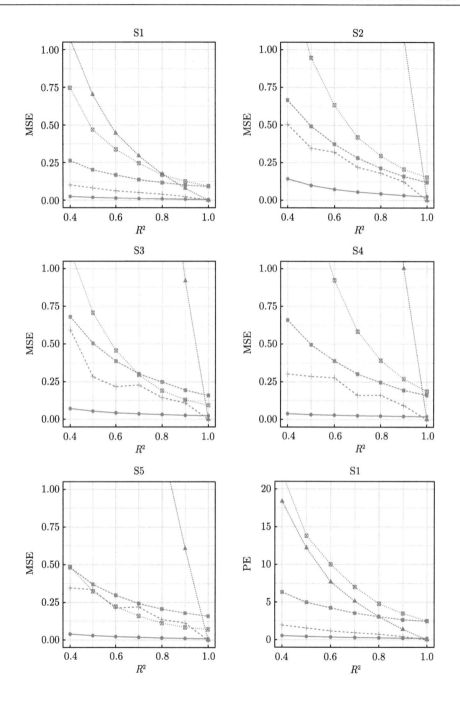

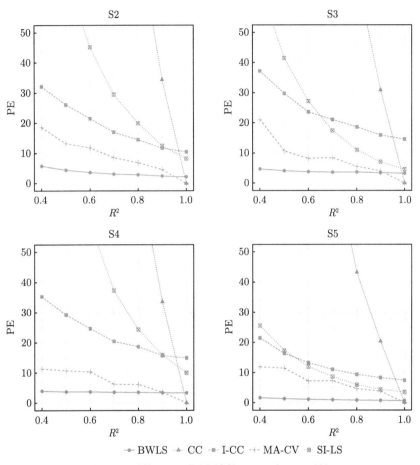

图 2.6　结构 1 下不同方法的 MSE 和 PE 对比

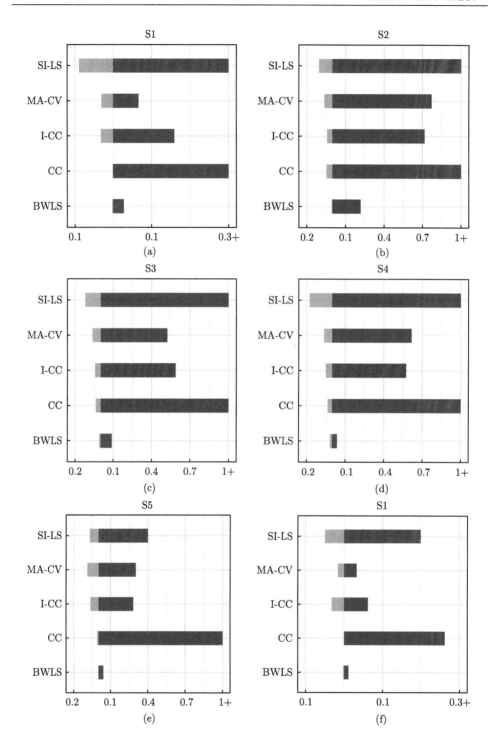

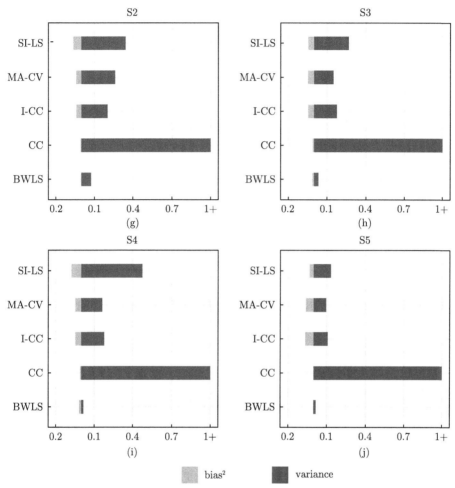

图 2.7　结构 1 下 MSE 的分解图，$R^2 = 0.5$(左)，$R^2 = 0.8$(右)

第 3 章 缺失调查数据的变量选择

变量选择 (variable selection) 作为可解释性建模、提高统计推断和预测精度的有效工具，在数据分析中发挥着越来越重要的作用。变量选择最主要的作用是帮助研究者在复杂多样的预测变量中识别出真正重要的变量，为后续的分析研究提供支撑和依据。以一项实际的流行病学调查研究为例：H7N9 型禽流感是一种新型禽流感，于 2013 年 3 月底发现，至今全国已发生 5 次流行浪潮，约 1500 余人感染。H7N9 病毒容易导致急性呼吸窘迫综合征、多器官功能障碍、休克等，实验室确诊病例的死亡率超过 30%。在迄今为止的由流感风险评估工具评估的 12 种新型甲型流感病毒中，H7N9 病毒被认为是对人类健康潜在威胁最高的病毒 (Wang et al., 2017)。因此，对 H7N9 型禽流感的分析研究具有十分重要的现实意义。在对 H7N9 型禽流感的分析过程中，研究者往往希望能够借助调查收集到的数据对传染病的风险因素进行准确识别，科学地揭示疾病的产生及传播的规律，为疾病的防治防控工作提供支撑。

在缺失调查数据普遍存在的背景下，基于缺失调查数据的变量选择研究具有十分重要的现实意义。缺失数据是调查研究中不可避免的重要问题。例如，在市场调查中，被调查对象不愿意回答被调查信息或忘记回答被调查信息等，常常导致数据缺失；在工程实践中，机械故障导致某段时间内数据缺失；在农作物试验中，试验中出现的意外情况如种子没有发芽或发芽后被鸟叼啄造成某些产量数据缺失；在社会经济研究中，由于调查成本过高或受到技术限制等常常收集到不完全数据；在药物药效试验中，参与者意外退出试验从而导致数据缺失等。数据的缺失会对后续的一系列统计分析造成多方面的影响 (金勇进, 2001; 帅平等, 2013; Little et al., 2016; Little and Rubin, 2019)。因此，相比于针对完整观测数据集的变量选择，基于缺失调查数据的变量选择更复杂且更具挑战性，是值得深入研究的问题。

3.1 研 究 背 景

3.1.1 缺失数据的产生

调查中的数据缺失现象十分普遍，以一项实际的流行病学调查为例：数据为某省内患有 H7N9 型禽流感的 305 名患者的信息，包含患者的人口学特征、临床表现、实验室检验以及危险暴露等指标。然而，一些不可控的因素导致该数据集具有较多缺失，数据的缺失情况如图 3.1 所示。

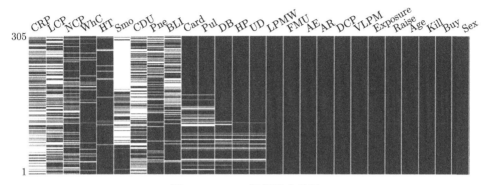

图 3.1　H7N9 数据缺失情况

图 3.1 直观地展示了该数据集的缺失情况。图 3.1 中共有 305 行，每一行代表一名患者的信息，不同列代表所调查的不同指标，具体描述见表 3.1。黑色表示该患者的该项指标被观测到，白色代表数据缺失。初步数据分析发现，只有 8 名患者在所有指标上都是完整观测的，即该数据集完整观测的比例仅为 2.62%。从各个指标的缺失情况来看，超过一半 (53.85%) 的指标带有不同程度的缺失，吸烟以及 C 反应蛋白这两个指标的缺失比例均超过 50%。

表 3.1　H7N9数据集中的各个变量及由PWLS–MI[①]方法得到的估计值

变量分类	变量简称	变量描述	缺失比例	估计值
	Age	年龄	0	—
		< 45 岁		−1.463
		45(含) ∼ 55 岁		−1.127
		55(含) ∼ 65 岁		−0.325
		65(含) ∼ 75 岁		参照
人口学特征		⩾ 75 岁		0.130
	Sex	性别	0	—
	AE	暴露区域	0	—
	AR	住宅区域	0	—
	FMU	第一医疗单位	0	—
	Smo	吸烟	60.7%	—
	HP	高血压	4.9%	—
	UD	基础病	4.9%	—
临床表现	DB	糖尿病	6.9%	—

① PWLS-MI 为 (penalized weighted least squares estimate for variable selection on multiply-imputed data, 多重插补数据的加权最小二乘变量选择)

续表

变量分类	变量简称	变量描述	缺失比例	估计值
	Pul	肺部疾病	11.1%	—
	Card	心血管疾病	11.5%	—
	HT	最高体温	4.6%	—
	WhC	白细胞计数	6.9%	—
	NCP	嗜中性粒细胞计数百分比	19.7%	—
	Pne	肺炎	21.0%	—
	BLI	双肺感染	27.9%	—
实验室检验		否		参照
		是		0.130
	LCP	淋巴细胞计数百分比	46.9%	—
		低		0.410
		正常		参照
		高		−0.778
	CDU	慢性药物使用	48.2%	—
	VLPM	到访活禽市场	0	—
	LPMW	活禽市场工作人员	0	—
危险暴露	DCP	直接接触	0	—
	Kill	宰杀活禽	0	—
	Buy	购买活禽	0	—
	Raise	在家/周围饲养	0	—
	Exposure	接触/环境暴露	0	—
响应变量	CRP	C 反应蛋白	56.4%	—

　　由初步分析可知，该数据集的缺失情况较为严重。首先，数据的缺失导致有效数据减少，从而导致基于缺失数据集构建的统计量的精度降低、置信区间增大。其次，数据的缺失导致只能获得非完整数据集，在某种程度上与总体信息存在偏差，如果数据缺失严重甚至会影响最终的统计决策。最后，数据的缺失导致很多基于完整数据假设的统计过程不能完成。因此，恰当地处理缺失数据、有效地利用已有的信息估计总体特征，使得基于缺失数据得到的结论最大限度地接近实际，是统计方法研究的重点和难点。

3.1.2　数据的缺失机制

　　数据的缺失机制在本章研究中十分重要，从本质上阐述了数据缺失的原因，描述了缺失数据与观测数据中各变量间的关系。针对所要分析的数据集，只有基于合理的数据缺失机制假设才能有效地选择处理缺失值的方法，解决由缺失值所带来的问题。

　　Rubin (1976) 定义了三种数据缺失的机制:完全随机缺失 (missing completely at random, MCAR)、随机缺失 (missing at random, MAR) 以及非随机缺失 (missing not at random, MNAR)。

(1) 完全随机缺失 (MCAR)：缺失的产生是完全随机的，与数据集中的其他任何已观测到和未观测到的值无关。

(2) 随机缺失 (MAR)：缺失的产生与未观测到的值 (缺失值) 无关，但可能会与已观测到的某些值相关。例如，在某项研究中，个体的收入是一个研究者比较感兴趣的变量。假如受过教育的个体倾向于隐藏他们的收入，那么在最终获得的数据集中，收入的缺失会和个体的受教育程度相关。

(3) 非随机缺失 (MNAR)：缺失的产生不仅与观测到的值有关，也与未观测到的值有关。在调查收入的例子中，假如高收入或低收入的个体也倾向于隐藏他们的收入，那么此缺失机制即为非随机缺失。

在不同的数据缺失机制下，缺失样本和完整观测样本之间的相互关系以及他们之间的相似程度有所不同。在完全随机缺失机制下，缺失样本和完整观测样本之间高度相似，对这类的缺失数据进行处理比较简单。但是完全随机缺失的假定性强，这种假定在诸多现实的缺失数据中很难得到满足；在随机缺失机制下，缺失样本和完整观测样本之间条件相似，借助辅助信息，根据恰当的模型假定可以对有缺失值的数据进行有效的处理和分析；在非随机缺失机制下，缺失样本和完整观测样本之间可能会非常不同。虽然这是缺失数据比较普遍的情况，但是处理起来比较复杂，需要对模型有非常强的假定。

由于缺失数据产生的机制不同，所以在不同的缺失机制下，不同处理方法的效率往往存在差异。因此在面对实际问题时，要通过对产生数据缺失背景和原因的分析，选择比较恰当的、估计效率相对高的数据分析方法。当缺失数据处在可处理的范围内时，不同的处理方法也会得出不同的结论。如果选择的缺失数据处理方法不合适，不能充分利用已观测到的数据信息，降低统计效率，还会使得统计结果出现的偏差无效。

3.1.3　相关方法概述

1. 研究思路

为解决含有缺失数据的变量选择问题，一个直观的思路是先对缺失数据进行恰当的处理，然后在处理后的完整数据集上进行统计分析。具体而言，研究者可通过对缺失数据的处理获得完整数据集，进而将针对完整数据集的变量选择方法应用于处理后的数据。

常用的缺失数据处理方法可分为两类：其一，删除存在缺失值的观测样本；其二，对缺失值进行插补。若数据的缺失比例较低或数据的缺失机制为 MCAR，那么可运用 CC 法处理。但是，当数据的缺失比例较高或数据缺失机制为 MAR 或

MNAR 时，CC 法将损失大量可利用的信息，降低估计的有效性、产生较大的偏倚。以上述 H7N9 数据集为例，在这个数据集中仅有 8 个完整观测的样本，因此若仅使用这 8 个样本进行统计分析难免会造成分析结果的不可靠。对数据集中的缺失值进行插补往往能够尽量减少信息的损失，因此针对此类数据，插补法通常是更优的选择。常见的缺失数据插补方法包括均值插补、多重插补等。此外，研究者还可以在估计过程中同步处理缺失数据的影响，如 EM (expectation maximum，期望最大化) 算法、逆概率加权法等。

针对处理后的完整数据集，研究者可采用传统的变量选择方法进行后续分析，包括基于信息准则的最优子集法、基于边际效应的逐步回归法以及基于惩罚约束的正则化方法等。常见的变量选择准则有以 Akaike (1998) 提出的赤池信息准则 (Akaike information criterion, AIC) 为代表的基于信息论的准则，以 Schwarz (1978) 提出的贝叶斯信息准则 (Bayesian information criterion, BIC) 为代表的基于贝叶斯方法的准则以及以 Mallows (2000) 提出的 Mallows C_p 准则为代表的基于预测误差的准则。常见的正则化方法包括 Tibshirani (1996) 提出的最小绝对值收敛和选择算子 (least absolute shrinkage and selection operator，LASSO) 方法、Fan 和 Li (2001) 提出的平滑削边绝对偏离 (smoothly clipped absolute deviation，SCAD) 方法、Zou 和 Hastie (2005) 提出的弹性网方法、Zou (2006) 提出的自适应 LASSO 方法等。

2. 基于插补的变量选择方法概述

针对缺失调查数据的变量选择，需要将对缺失数据的处理与变量选择方法相结合。多重插补 (MI) 是目前最为常用的方法 (Sterne et al., 2009; Little and Rubin, 2019)，它基于重复模拟处理缺失值，从一个包含缺失值的数据集中生成一组完整的数据集，每个数据集中的缺失数据用蒙特卡罗方法来填补。由于缺失数据经多重插补后会产生多个插补后数据集，因此如何基于多个数据集进行变量选择，从而得到可靠的变量选择结果是值得研究的问题。

在目前绝大多数的研究中，学者一般围绕随机缺失的缺失机制展开研究。Wood 等 (2008) 提出了多重插补逐步回归 (MI-Stepwise) 方法进行变量选择。即对每个插补后的完整的数据集，应用逐步回归法进行变量选择。在多个插补后的数据集上可获得多个变量选择的结果，可以考虑重复使用 Rubin 准则 (Rubin, 2004) 将不同的变量选择结果统一起来，得到最终的变量选择结果。Chen 和 Wang (2013) 提出了多重插补 LASSO (MI-LASSO) 方法进行变量选择。为了在不同的插补后的数据集上得到一致的变量选择结果，作者提出可以采用成组 LASSO(group

LASSO) 的惩罚形式。成组 LASSO 的主要思想是将所有插补集上相同的变量作为一个组，在组的层面上施加惩罚，从而保证相同的变量在不同的插补集上有一致的选择结果。

3. 上述方法的局限性

虽然基于插补的变量选择方法能够解决缺失调查数据的变量选择问题，但现有方法仍存在一定的局限性。本章从变量选择及估计结果的统一性、多重插补后不同数据集间的相关性以及对非连续型响应变量的适用性三个方面进行讨论。

(1) 变量选择及估计结果的统一性。缺失数据集经多重插补后可生成多个完整的数据集，针对每个数据集单独地进行变量选择是一种可行的思路，但在每个数据集上单独地进行变量选择会造成最终有多个变量选择结果。在后续分析时，研究者不可避免地需要采取某种规则将多个结果统一起来。Wood 等 (2008) 提供了几种方式，如可以只认为那些在每个数据集中都被选择出的变量作为重要的变量，认为那些在多数的数据集上被选择出的变量作为重要的变量，或者认为在任何一个数据集中被选择出来的变量作为重要的变量等。然而由于问题的多样性，无法给出一个统一的标准。在多个插补后的数据集上可以考虑重复使用 Rubin 准则从而最终得到一个统一的选择结果，但其需要较大的计算量。在 MI-LASSO 方法中作者采用了成组 LASSO 的惩罚形式从而得到在不同的插补集上的一致的选择结果。但若想获得对变量系数的估计值，仍需要使用 Rubin 准则对多个估计进行统一。因此，如何在多重插补产生的多个数据集基础上进行联合变量选择和估计，直接获得一个变量选择和估计的结果，是更加实际且值得研究的方向。

(2) 多重插补后不同数据集间的相关性。缺失数据经多重插补后可产生多个完整的数据集。目前已有的方法将多个完整数据集看作彼此独立的数据集。然而，从多重插补的机制出发，由于在不同插补集中的缺失观测插补值根据相同的插补模型得到，因此插补后的多个数据集间具有一定程度的相关性。从某种意义上来说，不同插补集中相同的样本也可以看作原始样本的多次重复观测。因此，在针对插补后的多个数据集进行变量选择和变量系数的估计时，如何合理地将这种相关性纳入考虑范围是值得研究的问题。

(3) 对非连续型响应变量的适用性。目前已有的针对缺失数据的变量选择方法大都基于一般线性回归模型，只适用于连续型响应变量情形。然而，调查研究中研究者感兴趣的变量常常为非连续的情况。例如，在流行病学调查中，研究者对哪些因素会影响参与者是否感染该传染病感兴趣，此时研究者感兴趣的响应变量为参与者是否感染的二分类变量。因此，设计针对非连续型响应变量的缺失调查数据的变量选择方法，具有十分重要的研究意义与价值。

　　本章将重点研究两种基于缺失调查数据的变量选择方法，结合 H7N9 型禽流感调查数据展开应用讨论，旨在弥补现有方法的不足并梳理其在实证研究中的适用性。

3.2　一般线性回归模型情形

　　首先针对一般线性回归模型的情形展开讨论。由前所述，缺失数据经多重插补后可产生多个完整的数据集。不同插补数据集中的同一缺失观测通过相同的插补模型得到，因此多个数据集间不可避免地会存在相关性。换言之，对于原始缺失数据中的某个观测样本，经多重插补后在每个数据集上得到的对应观测值可看作原始样本的重复观测。比如，若多重插补的次数为 5 次，意味着研究者将原始缺失数据集进行了 5 次插补，可以得到 5 个完整数据集。那么，在这 5 个完整数据集中的同一样本可看作原始缺失数据集中对应样本的 5 次重复观测。然而，现有基于多重插补的变量选择方法均忽略了上述数据集间的相关性。

　　将插补后数据集间的相关性纳入变量选择过程主要有两方面优点。第一，由于插补后数据集间的相关性是由多重插补带来的必然结果，考虑相关性的变量选择方法更具合理性。第二，相比于在每个插补后的数据集上单独地进行变量选择，考虑相关性的变量选择方法能够得到唯一的变量选择及估计结果，避免了对多个选择和估计结果进行综合的步骤。

　　本节提出一种多重插补数据的惩罚加权最小二乘变量选择 (PMLS-MI) 方法。该方法在一般线性回归模型的框架下进行，通过在损失函数中引入描述多个数据集间相关性的工作矩阵，将经多重插补后的多个数据集间的相关性考虑在变量选择和变量系数估计的过程中，得到变量选择结果并同时实现对系数的估计。

3.2.1　加权最小二乘变量选择

　　假设某个带有缺失的数据集共有 n 个样本、p 个协变量。记 $Y = (Y_1, Y_2, \cdots, Y_n)^{\mathrm{T}}$ 为 $n \times 1$ 的响应变量；$X = (X_{ij})\,(i = 1, 2, \cdots, n;\ j = 1, 2, \cdots, p)$ 代表 $n \times p$ 的协变量矩阵，其中每一行代表一个样本，每一列代表一个协变量。响应变量 Y 和协变量矩阵 X 都可能存在缺失，数据的缺失机制为随机缺失 (MAR)。

　　假设响应变量与协变量服从一般线性模型，即

$$Y = X\beta + \varepsilon$$

其中, β 代表 $p \times 1$ 的系数向量; ε 是随机误差项, 服从均值为 0、方差为 σ^2 的标准正态分布。记多重插补的次数为 D, 插补后的 $Dn \times p$ 的协变量矩阵记为 $\tilde{X} = \left(X_{ij}^{(k)} \right) (i = 1, 2, \cdots, n; \ j = 1, 2, \cdots, p; \ k = 1, 2, \cdots, D)$, 其中 $X_{ij}^{(k)}$ 代表第 i 个样本在第 k 个插补集中的第 j 个协变量; 记插补后的 $Dn \times 1$ 的响应变量为 $\tilde{Y} = \left(Y_1^{(1)}, \cdots, Y_1^{(D)}, \cdots, Y_n^{(1)}, \cdots, Y_n^{(D)} \right)^{\mathrm{T}}$, 其中 $Y_i^{(k)}$ 代表第 i 个样本在第 k 个插补集中的响应变量。

在多重插补后的多个数据集上的线性模型为

$$Y_i^{(k)} = X_{i1}^{(k)} \beta_1 + X_{i2}^{(k)} \beta_2 + \cdots + X_{ip}^{(k)} \beta_p + \varepsilon_i^{(k)} = X_i^{(k)} \beta + \varepsilon_i^{(k)}$$

其中, $X_i^{(k)} = \left(X_{i1}^{(k)}, X_{i2}^{(k)}, \cdots, X_{ip}^{(k)} \right)$, $i = 1, 2, \cdots, n$, $k = 1, 2, \cdots, D$, $\beta = (\beta_1, \beta_2, \cdots, \beta_p)^{\mathrm{T}}$。

对于每一个样本 i, 有

$$Y_i = X_i \beta + \varepsilon_i$$

其中, $Y_i = \left(Y_i^{(1)}, Y_i^{(2)}, \cdots, Y_i^{(D)} \right)^{\mathrm{T}}$, $X_i = \left((X_i^{(1)})^{\mathrm{T}}, (X_i^{(2)})^{\mathrm{T}}, \cdots, (X_i^{(D)})^{\mathrm{T}} \right)^{\mathrm{T}}$, $\varepsilon_i = \left(\varepsilon_i^{(1)}, \varepsilon_i^{(2)}, \cdots, \varepsilon_i^{(D)} \right)^{\mathrm{T}}$。由线性模型知, $E(Y_i) = X_i \beta$, 以及 $\mathrm{Var}(Y_i) = \mathrm{Var}(\varepsilon_i) = \sigma^2 R$。其中 R 为 PWLS-MI 方法所引入的描述同一样本在不同插补集间相关性的 $D \times D$ 的工作矩阵。由于不同的插补集均由原始缺失数据集经同一种插补规则得到, 因此可以假设工作矩阵 R 是可交换的, 即

$$R = \begin{pmatrix} 1 & \rho & \cdots & \rho \\ \rho & 1 & \cdots & \rho \\ \vdots & \vdots & & \vdots \\ \rho & \rho & \cdots & 1 \end{pmatrix}$$

其中, ρ 代表不同数据集间的相关性, 可通过如下方程进行估计:

$$\hat{\rho} = \frac{1}{n} \sum_{i=1}^{n} \frac{1}{D(D-1)} \sum_{j \neq l}^{D} r_i^{(j)} r_i^{(l)}$$

其中, $r_i^{(k)} = (Y_i^{(k)} - \hat{\mu}_i^{(k)})/(\sqrt{\mathrm{Var}(\hat{\mu}_i^{(k)})})$ 代表皮尔逊残差, $\hat{\mu}_i^{(k)} = X_i^{(k)\mathrm{T}} \hat{\beta}$。模型中随机误差项方差 σ^2 的估计为 $\hat{\sigma}^2 = \sum_{i=1}^{n} (Y_i - X_i \hat{\beta})^{\mathrm{T}} \hat{R}^{-1} (Y_i - X_i \hat{\beta})/(n - p)$。

PWLS-MI 的优化目标函数为

$$\min_{\beta} \sum_{i=1}^{n} \frac{1}{\sigma^2} (Y_i - X_i\beta)^{\mathrm{T}} R^{-1} (Y_i - X_i\beta) + P_\lambda(\beta) \tag{3.2.1}$$

式 (3.2.1)中的 $P_\lambda(\beta)$ 代表惩罚项,在此采用自适应 LASSO 的形式进行说明。即 $P_\lambda(\beta) = \lambda \sum_{j=1}^{p} \hat{w}_j |\beta_j|$,其中 λ 代表调节参数;$\hat{w}_j$ 代表 $\hat{w} = 1/|\hat{\beta}|^\eta$ $(\eta > 0)$ 中的第 j 个元素;$\hat{\beta}$ 代表对真实系数 β_{true} 的估计。在对式 (3.2.1)求解时,可考虑采用 Fan 和 Li (2001) 提出的局部二次逼近法进行求解。令 $\hat{\beta}_j^{(t)}$ 代表第 t 次迭代中的第 j 个变量的系数的估计,若 $\sqrt{\left(\hat{\beta}_j^{(t)}\right)^2} > 0$,则可做如下近似:

$$\sqrt{\beta_j^2} \approx \frac{\beta_j^2}{\sqrt{\left(\hat{\beta}_j^{(t)}\right)^2}}$$

因此,式 (3.2.1)中的惩罚项可以转化为

$$P_\lambda(\beta) = \lambda \sum_{i=1}^{p} \hat{w}_j c_j^{(t)} \beta_j^2, \quad c_j^{(t)} = 1 \Big/ \sqrt{\left(\hat{\beta}_j^{(t)}\right)^2}$$

为了保证 $\sqrt{\left(\hat{\beta}_j^{(t)}\right)^2} > 0$ 同时系数可收缩到 0,可指定当 $\sqrt{\left(\hat{\beta}_j^{(t)}\right)^2} < \delta$ 时 $\hat{\beta}_j^{(t)} = \delta$,阈值 δ 可选定为 1×10^{-10} (Chen and Wang, 2013)。

3.2.2 算法

本节给出关于 PWLS-MI 实现的两个主要算法。算法 3.1 基于多重插补后的完整的数据集给出了 PWLS-MI 在参数估计方面的实现步骤。为了考虑多重插补后不同数据集间的相关性,PWLS-MI 引入了一个工作矩阵 R,因此 PWLS-MI 对参数的估计是同时求解 β 和 R 的迭代过程。算法 3.2 描述了针对协变量和响应变量均带有缺失的数据集的两阶段多重插补过程。

为了进行最优参数 λ 的选择,本节定义一种新的信息准则,多重插补信息准则 (multiple imputation information criterion, MIC 或 MIIC)。该准则是加权的贝叶斯信息准则 (BIC) 与拟广义的交叉验证 (quasi-generalized cross-volidation, QGCV)(Fu, 2005) 的结合。MIC 的计算方式定义为

$$\mathrm{MIC} = \frac{n_1}{n} \cdot \mathrm{QGCV} + \frac{n_0}{n} \cdot \mathrm{BIC} \tag{3.2.2}$$

算法 3.1　PWLS-MI 的实现算法

Input: 插补后的协变量矩阵 $\tilde{X} = \left(X_{ij}^{(k)} \right)$，插补后的响应变量 $\tilde{Y}$，初始系数值 β^0，
初始的工作矩阵 R^0，调节参数 λ，插补次数 D，原始样本量 n，允许的最大迭
代次数 maxiter，算法收敛值 ϵ。

Output: 系数的估计 $\hat{\beta}$，工作矩阵的估计 $\hat{R}$。

$s = 0$;

计算 $\sigma^{2(0)}$;

while $\max(\|\beta^{s+1} - \beta^s\|) \geqslant \epsilon$ and $s < $ maxiter **do**

$$\Delta = \left[\sum_{i=1}^{n} \frac{X_i^{\mathrm{T}} R^{(s)-1} X_i}{\sigma^{2(s)}} + \frac{\partial^2 P_\lambda(\beta)}{\partial \beta^2} \Big|_{\beta = \beta^{(s)}} \right]^{-1}$$
$$\times \left[\sum_{i=1}^{n} \frac{X_i^{\mathrm{T}} R^{(s)-1} \left(Y_i - \hat{\mu}_i^{(s)} \right)}{\sigma^{2(s)}} - \frac{\partial P_\lambda(\beta)}{\partial \beta} \Big|_{\beta = \beta^{(s)}} \right];$$

$\beta^{(s+1)} = \beta^{(s)} + \Delta$;

$\rho^{(s+1)} = \dfrac{1}{n} \sum\limits_{i=1}^{n} \dfrac{1}{D(D-1)} \sum\limits_{j \neq l}^{D} r_i^{(j)} r_i^{(l)}$;

计算 $\sigma^{2(s+1)}$;

$s = s + 1$;

end

迭代完成后得到最终 $\hat{\beta}$ 和 $\hat{\rho}$ 的估计结果;

for $j = 1; j \leqslant \text{length}\left(\hat{\beta} \right); j + + $ **do**

　if $\hat{\beta}[j] \leqslant 10^{-4}$ **then**

　　$\hat{\beta}[j] = 0$;

　end

end

返回 $\hat{\beta}, \hat{R}$。

其中，n_0 和 n_1 分别代表响应变量无缺失的样本量与响应变量有缺失的样本量。
BIC 的计算公式为

$$\log \left(\sum_{k=1}^{D} \sum_{i=1}^{n_0} \left(Y_i^{(k)} - X_i^{(k)} \hat{\beta} \right)^2 / n_0 \right) + \text{df} \times \log(n_0)/n_0$$

其中，df 代表模型拟合的自由度。QGCV 的计算公式为

$$\text{QGCV} = \frac{\text{WDev}(\lambda, \gamma)}{n_1 (1 - p(\lambda, \gamma)/N)^2}$$

其中，γ 由 Fu (2005) 定义；WDev(λ, γ)、N 以及 $p(\lambda, \gamma)$ 的计算公式为

算法 3.2 对于缺失响应变量和缺失协变量的多重插补算法

Input: 带有缺失的协变量矩阵 $X = (X_{ij})$, 带有缺失的响应变量向量 Y, 插补次数 D, 允许的最大
迭代次数 maxiter, 算法收敛值 ϵ。

Output: 插补后的协变量矩阵 $\tilde{X} = \left(X_{ij}^{(k)} \right)$, 插补后的响应变量向量 $\tilde{Y}$。

将原始协变量矩阵 X 划分为完整观测部分 $X_C = (X_{c1}, X_{c2}, \cdots, X_{cp})$ 和缺失观测部分 $X_M = (X_{m1}, X_{m2}, \cdots, X_{mq})$, 缺失观测部分中的各个变量按照缺失值数量递增的顺序排序;

for $d = 1; d \leqslant D; d + +$ **do**

    for $i = 1; i \leqslant q; i + +$ **do**

        将 X_{mi} 中观测到的部分作为响应变量, 建立回归模型 $X_{mi} = X_C\beta_C + \varepsilon_C$ 作为模型 1;

        由模型 1 得到 X_{mi} 中的缺失部分对应的值, 得到完整观测的协变量 X_{mi};

        将 X_{mi} 增补在 X_C 中, 实现对 X_C 的更新;

    end

    基于更新后的完整观测的协变量矩阵 X_C 和响应变量 Y 中观测到的部分建立回归模型 $Y = X_C\beta_C + \varepsilon_C$ 作为模型 2;

    由模型 2 得到响应变量 Y 缺失部分对应的值;

    将更新后的 Y 和 X_C 记为 Y^1, X^1; 将 Y^1 和 X^1 结合起来记为 Z^1;

    令 $s = 1$;

    while $\max(\|Z^{(s+1)} - Z^{(s)}\|) \geqslant \epsilon$ and $s <$ maxiter **do**

        for $i = 1; i \leqslant q; i + +$ **do**

            将 X_{mi} 从 X^s 中删除, 得到更新后的 X^s;

            将 X_{mi} 中观测到的部分作为响应变量, 建立回归模型 $X_{mi} - X^s\beta_C + \varepsilon_C$ 作为模型 3;

            由模型 3 得到 X_{mi} 中的缺失部分对应的值, 得到完整观测的协变量 X_{mi};

            将 X_{mi} 增补在 X^s 中, 实现对 X^s 的更新;

        end

        令更新后的 X^s 为 X^{s+1};

        基于更新后的完整观测的协变量矩阵 X^{s+1} 和响应变量 Y 中观测到的部分建立回归模型 $Y^s = X^{s+1}\beta_C + \varepsilon_C$ 作为模型 4;

        由模型 4 得到响应变量 Y 缺失部分对应的值;

        令更新后的 Y^s 为 Y^{s+1};

        将 Y^{s+1} 与 X^{s+1} 结合起来作为 Z^{s+1};

        $s = s + 1$;

    end

    得到最终的插补结果 $\tilde{X}^{(d)}$, $\tilde{Y}^{(d)}$;

end

将 $\tilde{X}^{(1)}, \tilde{X}^{(2)}, \cdots, \tilde{X}^{(D)}$ 结合起来记为 $\tilde{X}$; 将 $\tilde{Y}^{(1)}, \tilde{Y}^{(2)}, \cdots, \tilde{Y}^{(D)}$ 结合起来记为 $\tilde{Y}$;

返回 $\tilde{X}$, $\tilde{Y}$。

$$\mathrm{WDev}(\lambda, \gamma) = \sum_{i=1}^{n_1} \xi_i^{\mathrm{T}} \hat{R}^{-1} \xi_i, \quad N = \sum_{i=1}^{n_1} \frac{D^2}{\left| \hat{R} \right|} = \frac{n_1 D}{1 + (D-1)\hat{\rho}},$$

$$p(\lambda, \gamma) = p \cdot \frac{\|\hat{\beta}(\lambda, \gamma)\|_\gamma}{\left\| \hat{\beta}_0 \right\|_\gamma}$$

其中，$\xi_i = \left(\xi_i^{(1)}, \xi_i^{(2)}, \cdots, \xi_i^{(D)}\right)^{\mathrm{T}}$，$\xi_i^{(k)} = \text{sign}\left(y_i^{(k)} - \hat{\mu}_i^{(k)}\right)\sqrt{-2\log L\left(y_i^{(k)}, \hat{\mu}_i^{(k)}\right)}$；$\hat{\beta}_0$ 代表未带有惩罚的系数估计值；$L(\cdot, \cdot)$ 代表指定边际分布的似然函数。注意到 BIC 由在原始数据集中响应变量无缺失的样本计算得到，而 QGCV 则由响应变量缺失的那部分样本计算得到。在一系列候选的 λ 中，选择使得 MIC 最小的 λ 作为最优的 λ。关于 MIC 与 BIC 以及 QGCV 在调节参数选择方面的对比表现请参见附录。

3.2.3　H7N9 数据分析

本节所采用的某省 H7N9 数据集是全国流行病学调查的一部分，由中国疾病预防控制中心收集。该数据集为实验室收集的某省患有 H7N9 型禽流感的 305 名患者的信息，数据包含患者的人口学特征、临床表现、实验室检验以及危险暴露等指标。关于数据收集的细节和变量的具体定义见 Martinez 等 (2019) 的相关研究，各个指标的具体信息和缺失比例见表 3.1。本节将采用所提出的基于缺失调查数据的变量选择方法对此 H7N9 数据进行分析，旨在识别出与 H7N9 型禽流感相关的重要变量，从而为后续的分析研究提供支撑和依据。

在医学研究中，C 反应蛋白 (c reactive protein, CRP) 是判断 H7N9 感染者病情严重程度以及预后的一项重要指标。CRP 主要由肝脏合成，是在机体受到感染或组织损伤时急剧上升的非特异性的急性蛋白 (Fang et al., 2015)。CRP 通常被认为是感染早期诊断和预后测量的非特异性生物标志物 (Lobo et al., 2003)。已有研究表明，H7N9 感染者的 CRP 的表达水平会高于健康人群的表达水平，且 CRP 的表达水平与预后呈负相关 (Ho et al., 2008)。因此，研究 CRP 的影响因素在 H7N9 型禽流感的早期预防和预后方面都具有重要的临床意义。在对 H7N9 数据的分析中，考虑将 H7N9 感染者的 CRP 的表达水平作为响应变量 Y，应用 PWLS-MI 方法对 CRP 的表达水平的影响因素进行识别，进而探讨 H7N9 感染者的相关特征。为了对比所提出方法的表现，本节同时应用了多重插补自适应 LASSO(MI-ALASSO) 方法对该数据进行分析。此外，由于所提出的方法适用于多种惩罚项的形式，因此本节也考虑了将 LASSO 的惩罚形式应用于 PWLS-MI 方法以及多重插补方法。由于 H7N9 数据集仅有 8 个完整的观测样本，完整案例分析方法在此数据集上不具有适用性。

将本节所提出的方法结合自适应 LASSO 和 LASSO 两种惩罚项，对此 H7N9 数据集进行分析。在对 H7N9 数据的分析中，本节采用由 Huang 和 Ma (2010) 提出的观测发生指数 (observed occurrence index, OOI) 作为得到变量选择结果以及衡量变量选择方法稳定性的指标。该方法能够合理地避免由数据集的随机性造成的选择偏差。具体而言，首先对原始数据进行 50 次刀切法 (Jackknife) 重采样得到

50 个子集，每个子集有 200 个观测值，具体步骤请参见 Huang 和 Ma (2010) 的相关研究。在每个子集上，对带有缺失的变量进行多重插补从而得到完整的子集。基于每个完整的子集，对其应用 PWLS-MI(ALASSO)、PWLS-MI(LASSO) 和 MI-LASSO 方法进行变量选择，得到在 50 个子集上的变量选择结果。对于每个变量，计算其在 50 个子集上被选出的频率，进而得到各个变量的 OOI。根据事先划定的变量选择的阈值水平，可以认为 OOI 高于此阈值水平的变量为重要的变量。在对变量选择方法稳定性的评价方面，可以认为能够使得较高的 OOI 集中在某些变量上的变量选择方法具有更高的变量选择稳定性。图 3.2 展示了分析结果。该图为横向的柱形图，每个柱子表示一个变量，其高度代表在 50 次 Jackknife 重抽样的数据集上相应的变量被识别为重要变量的频率。竖线代表 80% 的阈值水平。图 3.2 的分析结果表明，由 PWLS-MI 方法选择的变量比由 MI-LASSO 方法选择的变量具有更高的 OOI，也说明了 PWLS-MI 方法具有更好的变量选择稳定性。

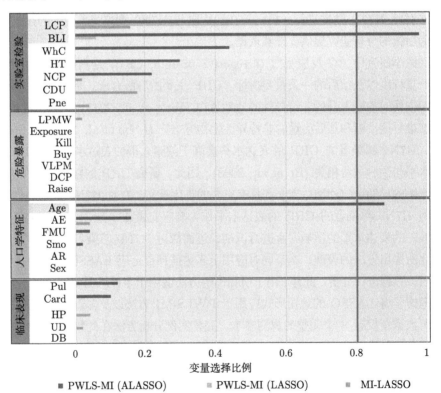

图 3.2   PWLS-MI(ALASSO), PWLS-MI(LASSO) 以及 MI-LASSO 方法的变量选择结果

对于采用不同类型惩罚项的 PWLS-MI 方法，PWLS-MI(ALASSO) 和 PWLS-MI(LASSO) 的选择结果有所不同。在 80% 的阈值水平下，两种方法共同选择出的

变量为"淋巴细胞计数百分比"，而"双肺感染"和"年龄"这两个变量仅在 PWLS-MI(ALASSO) 方法下被选择出来。

对于由 PWLS-MI(ALASSO) 选择出的"双肺感染"，Moayyedkazemi 和 Rahimirad (2018) 的研究表明肺部感染与肺炎严重程度相关，但他们并未讨论其与 CRP 表达水平之间的关系。然而结合流行病学调查来看，大多数的患者都经历了肺炎，并且 Chalmers 等 (2008) 表明了 CRP 的表达水平是社区获得性肺炎 (community acquired pneumonia，CAP) 严重程度的独立标记。本节的分析表明，CRP 在双肺感染和非双肺感染的 H7N9 患者之间表达水平的差异揭示了 CRP 的表达水平与肺部感染严重程度之间的相关性。因此可以认为"双肺感染"这个变量的确是与 CRP 表达水平相关的重要变量。对于"年龄"这个变量，分析结果表明 CRP 的表达水平随着年龄的增加而增加。除此之外，"年龄"的不同水平间也存在着显著的差异。结合目前的临床研究 (Kao et al., 2006; Tang et al., 2017)，CRP 的表达水平会随着衰老以及与年龄相关的疾病的增加而增加，因此"年龄"这个变量也是与 CRP 表达水平相关的重要变量。对于由两种类型惩罚项的 PWLS-MI 方法均识别出的"淋巴细胞计数百分比"这个变量，Malhotra 等 (2015) 的研究表明肺炎的严重程度与淋巴细胞有关；Chalmers 等 (2008) 的研究结果也表明，低、正常和高"淋巴细胞计数百分比"的 H7N9 患者在 CRP 的表达水平上存在着明显的差异。这说明了 PWLS-MI 方法将"淋巴细胞计数百分比"识别为影响因素具有合理性。然而，MI-LASSO 方法并没有将"淋巴细胞计数百分比"识别为重要的变量。因此通过对 H7N9 数据的分析可以发现，PWLS-MI 方法能够识别出一些由 MI-LASSO 方法不能识别出的变量。临床研究表明，这些由 PWLS-MI 方法识别出的额外的变量的确是与 CRP 表达水平相关的重要变量。

由 PWLS-MI(ALASSO) 选择出的变量的估计系数值在表 3.1 列出。从估计结果来看，"双肺感染"与 CRP 的表达水平呈正相关。此外，与"淋巴细胞计数百分比"在正常范围内的患者相比，"淋巴细胞计数百分比"较低和较高的患者的 CRP 的表达水平分别较高和较低。对于"年龄"这个变量，当选择年龄在 $65 \sim 75$ 岁的患者作为参照组时，年轻组 (< 45 岁，$45(含) \sim 55$ 岁，$55(含) \sim 65$ 岁) 的 CRP 的表达水平较低，而年老组 ($\geqslant 75$ 岁) 的 CRP 的表达水平较高。

3.3　广义线性回归模型情形

3.2 节提出的 PWLS-MI 方法可以在一般线性回归模型中实现变量选择结果及估计结果的统一性，同时也可以将多重插补后不同数据集间的相关性纳入考虑。

然而在实际的调查研究中，响应变量为离散型随机变量的情形十分常见。因此，基于广义线性回归模型的变量选择方法是近年来各个领域研究的热点之一 (Lv et al., 2015; Jiang et al., 2016; Wang and Ma, 2021)。本节提出一种多重插补数据的广义估计方程变量选择方法 (penalized estimating equations for generalized linear model with multiple imputation, PEE-MI)。该方法在广义线性模型的框架下进行，能够直接对非连续型的响应变量进行建模。

针对原始带有缺失的数据集，同样考虑采用多重插补的方式得到多个完整的数据集。PEE-MI 方法借助带有惩罚约束的估计方程，将插补后多个数据集间的相关性纳入考虑。此外，在已有的基于广义线性模型的缺失数据变量选择方法中，鲜有对相应方法的理论性质的探讨。因此，本节将不仅针对 PEE-MI 方法的实现方式进行介绍，还将给出该方法所具有的良好的理论性质。由于 PEE-MI 方法基于广义线性模型的框架而进行，故不仅适用于离散型的响应变量，还适用于连续型的响应变量。因此，PEE-MI 方法在实际应用层面具有广泛的适用性。

3.3.1 广义估计方程变量选择

考虑如下的广义线性模型：

$$g(\mu) = X\beta$$

其中，$g(\cdot)$ 代表连接函数；β 代表 $p \times 1$ 的向量；μ 满足 $\mu = E(Y)$，$Y = (Y_1, Y_2, \cdots, Y_n)^{\mathrm{T}}$ 代表 $n \times 1$ 的响应变量；$X = (X_{ij})$ $(i = 1, 2, \cdots, n; j = 1, 2, \cdots, p)$ 代表 $n \times p$ 的协变量矩阵。假定在 X 中存在缺失，变量的缺失机制为 MAR 或 MCAR。采用多重插补的方式对原始缺失数据集进行 D 次插补后，记 $Dn \times 1$ 的响应变量向量 $\tilde{Y} = \left(Y_1^{(1)}, \cdots, Y_1^{(D)}, \cdots, Y_n^{(1)}, \cdots, Y_n^{(D)}\right)^{\mathrm{T}}$ 以及相应的 $Dn \times p$ 的协变量矩阵 $\tilde{X} = \left(X_{ij}^{(k)}\right)$ $(i = 1, 2, \cdots, n; j = 1, 2, \cdots, p; k = 1, 2, \cdots, D)$。其中 $Y_i^{(k)}$ 和 $X_{ij}^{(k)}$ 分别代表第 i 个样本在第 k 个插补集上的响应变量和协变量。根据以上记号，模型的形式为

$$g(\mu_i^{(k)}) = X_{i1}^{(k)}\beta_1 + X_{i2}^{(k)}\beta_2 + \cdots + X_{ip}^{(k)}\beta_p = X_i^{(k)}\beta$$

其中，$\mu_i^{(k)} = E(Y_i^{(k)})$，$X_i^{(k)} = \left(X_{i1}^{(k)}, X_{i2}^{(k)}, \cdots, X_{ip}^{(k)}\right)^{\mathrm{T}}$，$i = 1, 2, \cdots, n$，$k = 1, 2, \cdots, D$。对于每个样本 i，有

$$g(\mu_i) = X_i\beta$$

其中，$\mu_i = \left(\mu_i^{(1)}, \mu_i^{(2)}, \cdots, \mu_i^{(D)}\right)^{\mathrm{T}}$，$X_i = \left((X_i^{(1)})^{\mathrm{T}}, (X_i^{(2)})^{\mathrm{T}}, \cdots, (X_i^{(D)})^{\mathrm{T}}\right)^{\mathrm{T}}$。
$E\left(Y_i\right) = \mu_i$，$\mathrm{Var}\left(Y_i\right) = a(\phi)V_i$，$a(\phi)$ 为尺度参数。引入工作矩阵 V_i 来描述相同样本在多个插补后的数据集间的相关性，

$$
V_i = \begin{pmatrix}
V\left(\mu_i^{(1)}\right) & \rho_{12}\left(V\left(\mu_i^{(1)}\right)V\left(\mu_i^{(2)}\right)\right)^{\frac{1}{2}} & \cdots & \rho_{1D}\left(V\left(\mu_i^{(1)}\right)V\left(\mu_i^{(D)}\right)\right)^{\frac{1}{2}} \\
\rho_{21}\left(V\left(\mu_i^{(2)}\right)V\left(\mu_i^{(1)}\right)\right)^{\frac{1}{2}} & V\left(\mu_i^{(2)}\right) & \cdots & \rho_{2D}\left(V\left(\mu_i^{(2)}\right)V\left(\mu_i^{(D)}\right)\right)^{\frac{1}{2}} \\
\vdots & \vdots & & \vdots \\
\rho_{D1}\left(V\left(\mu_i^{(D)}\right)V\left(\mu_i^{(1)}\right)\right)^{\frac{1}{2}} & \rho_{D2}\left(V\left(\mu_i^{(D)}\right)V\left(\mu_i^{(2)}\right)\right)^{\frac{1}{2}} & \cdots & V\left(\mu_i^{(D)}\right)
\end{pmatrix}
$$

V_i 可以被分解为

$$
V_i = A_i^{1/2} R A_i^{1/2}
$$

其中，

$$
A_i = \begin{pmatrix}
V\left(\mu_i^{(1)}\right) & 0 & \cdots & 0 \\
0 & V\left(\mu_i^{(2)}\right) & \cdots & 0 \\
\vdots & \vdots & & \vdots \\
0 & 0 & \cdots & V\left(\mu_i^{(D)}\right)
\end{pmatrix}, \quad
R = \begin{pmatrix}
1 & \rho_{12} & \cdots & \rho_{1D} \\
\rho_{21} & 1 & \cdots & \rho_{2D} \\
\vdots & \vdots & & \vdots \\
\rho_{D1} & \rho_{D2} & \cdots & 1
\end{pmatrix}
$$

$V\left(\cdot\right)$ 代表方差，ρ_{st} 代表样本在第 s 次插补和第 t 次插补间的相关系数。对于分布为 $B\left(1, \mu\right)$ 的二分类型的响应变量，$a(\phi) = 1$，$V\left(\mu\right) = \mu\left(1 - \mu\right)$；对于分布为泊松分布 $P\left(\mu\right)$ 的计数型响应变量，$a(\phi) = 1$，$V\left(\mu\right) = \mu$。由于不同的插补集均由原始缺失数据集经相同的插补规则得到，因此可以假设工作矩阵 R 是可交换的，即

$$
R = \begin{pmatrix}
1 & \rho & \cdots & \rho \\
\rho & 1 & \cdots & \rho \\
\vdots & \vdots & & \vdots \\
\rho & \rho & \cdots & 1
\end{pmatrix}
$$

其中，ρ 代表不同数据集间的相关性。

参照 Fang 等 (2020) 的相关研究，本节考虑在由 Qu 等 (2000) 提出的二次推断函数 (quadratic inference function，QIF) 的基础上构建 PEE-MI 方法。

在 QIF 中，假定 R^{-1} 可以由在线性空间中的一组基矩阵 $T_1, T_2, \cdots, T_K$ 进行近似，即 $R^{-1} = \sum_{k=1}^{K} a_k T_k$，其中 $a_1, a_2, \cdots, a_K$ 代表未知参数。在给定这些

基矩阵后，针对 β 的拟似然得分函数定义为

$$G_n(\beta) = \frac{1}{n}\sum_{i=1}^{n} g_i(\beta) = \frac{1}{n}\begin{pmatrix} \sum_{i=1}^{n} X_i^{\mathrm{T}} A_i^{1/2}(\beta) T_1 A_i^{-1/2}(\beta)\{Y_i - \mu_i(\beta)\} \\ \vdots \\ \sum_{i=1}^{n} X_i^{\mathrm{T}} A_i^{1/2}(\beta) T_K A_i^{-1/2}(\beta)\{Y_i - \mu_i(\beta)\} \end{pmatrix} \quad (3.3.1)$$

那么 QIF 定义为

$$Q_n(\beta) = G_n^{\mathrm{T}}(\beta) C_n^{-1} G_n(\beta)$$

其中，$C_n = \frac{1}{n}\sum_{i=1}^{n} g_i(\beta)g_i^{\mathrm{T}}(\beta)$。

自然地，对 β 的估计为

$$\tilde{\beta} = \underset{\beta}{\operatorname{argmin}}\, Q_n(\beta) \quad (3.3.2)$$

为了通过式(3.3.2)得到对 $\tilde{\beta}$ 的估计，对应的估计方程为

$$\dot{Q}_n(\beta) = 2\dot{G}_n^{\mathrm{T}}(\beta) C_n^{-1} G_n^{\mathrm{T}}(\beta) - G_n^{\mathrm{T}}(\beta) C_n^{-1} \dot{C}_n C_n^{-1} G_n(\beta) = 0 \quad (3.3.3)$$

其中，$\dot{G}_n(\beta)$ 代表 $Kp \times p$ 的矩阵 $\{\partial G_n/\partial \beta\}$，$\dot{C}_n$ 代表一个三维的数组 $(\partial C_n/\partial \beta_1, \partial C_n/\partial \beta_2, \cdots, \partial C_n/\partial \beta_p)$，$G_n^{\mathrm{T}}(\beta) C_n^{-1} \dot{C}_n C_n^{-1} G_n(\beta)$ 代表 $p \times 1$ 的向量。

本节采用牛顿–拉弗森 (Newton-Raphson) 算法对式(3.3.3)进行求解，$Q_n(\beta)$ 对 β 的二阶导数为

$$\ddot{Q}_n(\beta) = 2\dot{G}_n^{\mathrm{T}}(\beta) C_n^{-1} \dot{G}_n^{\mathrm{T}}(\beta) + R_n \quad (3.3.4)$$

其中，

$$R_n = 2\ddot{G}_n^{\mathrm{T}} C_n^{-1} G_n - 4\dot{G}_n^{\mathrm{T}} C_n^{-1} \dot{C}_n C_n^{-1} G_n^{\mathrm{T}} + 2G_n^{\mathrm{T}} C_n^{-1} C_n^{-1} \dot{C}_n C_n^{-1} G_n - G_n^{\mathrm{T}} C_n^{-1} \ddot{C}_n C_n^{-1} G_n \ddot{C}_n$$

代表一个四维的数组，$\{\partial^2 C_n/\partial \beta_i \partial \beta_j : i, j = 1, 2, \cdots, p\}$，$G_n^{\mathrm{T}} C_n^{-1} \ddot{C}_n C_n^{-1} G_n$ 代表 $p \times p$ 的矩阵。由于 $R_n \sim o_p(1)$，那么 $\ddot{Q}_n(\beta)$ 可被渐近地近似为 $2\dot{G}_n^{\mathrm{T}}(\beta) C_n^{-1} \dot{G}_n^{\mathrm{T}}(\beta)$。

注意到拟似然得分函数(3.3.1)及估计方程(3.3.2)需要 β 的初始值，因此，本节考虑通过在独立结构下惩罚最大化拟似然函数的方式得到对 β 的初始值的估计 $\hat{\beta}$：

$$\hat{\beta} = \underset{\beta}{\operatorname{argmax}}\left\{L(\mu; y) - P_\lambda(\beta)\right\} \quad (3.3.5)$$

其中，$L(\mu; y) = \sum_{i=1}^{n}\sum_{k=1}^{D} L_i^{(k)}\left(\mu_i^{(k)}; y_i^{(k)}\right) = \sum_{i=1}^{n}\sum_{k=1}^{D}\int_{y_i^{(k)}}^{\mu_i^{(k)}} \frac{Y_i^{(k)} - x}{a(\phi)V(x)}\mathrm{d}x$ 代表拟似然函数，$P_\lambda(\beta)$ 代表正则化参数为 λ 的惩罚项。本节采用自适应 LASSO 的惩罚项形式进行示例说明，应用局部逼近优化算法进行求解 (Fan and Li, 2001)。

3.3.2　算法与理论

本节给出关于 PEE-MI 实现的主要的算法。由于式(3.3.3)和式(3.3.5)不具备显式解，因此需要通过迭代算法对其进行求解。与 Qu 等 (2000) 和 Fang 等 (2020) 类似，算法 3.3 是在多重插补后得到的完整的数据集上基于牛顿–拉弗森迭代的关于估计方程的求解算法，对原始缺失数据进行多重插补的算法请参见算法 3.2。

算法 3.3　PEE-MI 的实现算法

Input: 插补后的协变量矩阵 $\widetilde{X} = \left(X_{ij}^{(k)}\right)$，响应变量向量 $\widetilde{Y}$ 和初始系数值 $\hat{\beta}^0$ 最大
　　　　迭代次数 S_1 和 S_2，收敛值 ϵ_1 和 ϵ_2。

Output: 系数的估计值 $\tilde{\beta}$。

令 $s = 0$;

while $\max(\|\hat{\beta}^{s+1} - \hat{\beta}^s\|) \geqslant \epsilon_1$ and $s < S_1$ **do**

$\quad \Delta =$
$$\left[\sum_{i=1}^{n} \frac{\hat{D}_i^{\mathrm{T}} \hat{A}_i^{-1} \hat{D}_i}{a(\phi)} - \frac{\partial^2 P_\lambda(\beta)}{\partial \beta^2}\bigg|_{\hat{\beta}=\hat{\beta}^s}\right]^{-1} \left[\sum_{i=1}^{n} \frac{\hat{D}_i^{\mathrm{T}} \hat{A}^{-1} (Y_i - \hat{\mu}_i^s)}{a(\phi)} - \frac{\partial P_\lambda(\beta)}{\partial \beta}\bigg|_{\hat{\beta}=\hat{\beta}^s}\right],$$

$\quad$ 其中矩阵 $\hat{D}_i$ 的第 k 行为 $\partial \hat{\mu}_i^{(k)}/\partial \beta = \dot{g}^{-1}\left(X_i^{(k)} \hat{\beta}^s\right) X_i^{(k)}$，$\dot{g}^{-1}(\cdot)$ 代表 $g^{-1}(\cdot)$

$\quad$ 的一阶导。$\hat{A}_i = \mathrm{diag}\left\{V\left(\hat{\mu}_i^{(1)}\right), V\left(\hat{\mu}_i^{(2)}\right), \cdots, V\left(\hat{\mu}_i^{(D)}\right)\right\}$;

$\quad \hat{\beta}^{s+1} = \hat{\beta}^s + \Delta$;

$\quad s = s + 1$;

end

for $j = 1; j \leqslant p; j {+}{+}$ **do**

$\quad$ **if** $\hat{\beta}_j \leqslant 10^{-4}$ **then** $\hat{\beta}_j = 0$;

end

迭代完成后得到 $\hat{\beta}$，将 $\hat{\beta}$ 作为 $\tilde{\beta}^0$;

令 $s = 0$; (接下来通过式(3.3.2)对 $\tilde{\beta}^0$ 中的非零系数值进行估计)

while $\max(\|\tilde{\beta}^{s+1} - \tilde{\beta}^s\|) \geqslant \epsilon_2$ and $s < S_2$ **do**

$\quad \tilde{\beta}^{s+1} = \tilde{\beta}^s - \ddot{Q}_n^{-1}\left(\tilde{\beta}^s\right) \dot{Q}_n\left(\tilde{\beta}^s\right)$,

$\quad$ 其中 $\ddot{Q}_n(\beta)$ 和 $\dot{Q}_n(\beta)$ 由式(3.3.4)和式(3.3.3)给出;

$\quad s = s + 1$;

end

得到估计值 $\tilde{\beta}$。

本节采用贝叶斯信息准则 (BIC) 进行式(3.3.5)中参数 λ 的选择。在广义线性模型的框架下，BIC 的计算公式为

$$\mathrm{BIC} = \log(\mathrm{Dev}) + \mathrm{df} \cdot \log(n_0)/n_0$$

其中,

$$\text{Dev} = 2 \sum_{k=1}^{D} \sum_{i=1}^{n_0} \left[Y_i^{(k)} \left(\theta_i^{(k)} - \hat{\theta}_i^{(k)} \right) - \left(b(\theta_i^{(k)}) - b(\hat{\theta}_i^{(k)}) \right) \right]$$

$\theta_i^{(k)}$ 和 $\hat{\theta}_i^{(k)}$ 代表 $g(\mu_i^{(k)})$ 在全模型和中间模型的极大似然估计,$b(\cdot)$ 代表已知的具体的函数。

PEE-MI 的渐近性质依赖于目标函数中惩罚项的选择。本节将以自适应 LASSO 的惩罚形式为例进行 PEE-MI 理论性质的探索。由于 H7N9 数据中协变量的个数 p 小于样本量 n,因此本节将围绕 $p \leqslant n$ 的情形展开讨论。

定义真实的系数为 $\beta^* \in \mathbb{R}^p$,$\tilde{C}^* = \mathbb{E} \left\{ g_i(\beta^*) g_i^{\mathrm{T}}(\beta^*) \right\}$ 为矩阵 C_n 的期望。自适应 LASSO 的惩罚形式为 $P_\lambda(\beta) = \lambda \sum_{j=1}^{p} \hat{w}_j |\beta_j|$,$\hat{w}_j$ 代表向量 $\hat{w} = 1/|\beta|^\eta$ 中的第 j 个元素。为了得到 PEE-MI 的理论性质,需做出如下假设。

假设 1 假设原始数据集的协变量 X 部分缺失,数据的缺失机制为 MAR 或 MCAR。

假设 $\frac{1}{n} \sum_{i=1}^{n} \hat{Z}_{ij} \left[\frac{1}{D} \sum_{k=1}^{D} \left(X_{ij}^{(k)} - \bar{X}_j \right) \right] = O_p(n^{-1/2})$,$\bar{X}_j$ 代表在原始数据集中已经观测到的第 j 个变量的均值;当第 j 个变量有缺失时 $\hat{Z}_{ij} = \frac{1}{D} \sum_{k=1}^{D} X_{ij}^{(k)}$,否则 $\hat{Z}_{ij} = X_{ij}$。对于 $k = 1, 2, \cdots, D$,有 $\frac{1}{\sqrt{n}} \sum_{i=1}^{n} \left[\left(X_i^{(k)} - \bar{X}_i \right) \beta \right] \left(\frac{1}{D} \sum_{k=1}^{D} X_{ij}^{(k)} - \bar{X}_j \right) = O_p(n^{-1/2})$,其中 $X_i^{(k)} = \left(X_{i1}^{(k)}, X_{i2}^{(k)}, \cdots, X_{ip}^{(k)} \right)$,$\bar{X}_i = \left(\frac{1}{D} \sum_{k=1}^{D} X_{i1}^{(k)}, \cdots, \frac{1}{D} \sum_{k=1}^{D} X_{ip}^{(k)} \right)$。

假设 2 (次指数和有界协变量假设) 假定误差项 $\epsilon_i^{(k)} = Y_i^{(k)} - \mu_i^{(k)}(X_i^{(k)} \beta)$ 具备次指数性质,即有 $\sup_{d \geqslant 1} d^{-1} \left(\mathbb{E} |\epsilon_i^{(k)}|^d \right)^{1/d} \leqslant C$ 对于常数 $C > 0$。协变量是有界的,$\max_{i \in [n]} \|X_i\|_\infty = O(1)$。

假设 3 (带约束的特征值条件) 对于集合 $\mathcal{S} \subset \{1, 2, \cdots, p\}$,其中 $|\mathcal{S}| \asymp s$ 和向量 v 在锥形 $\mathcal{C}(\xi, \mathcal{S}) = \left\{ v \in \mathbb{R}^d : \|v_{\overline{\mathcal{S}}}\|_1 \leqslant \xi \|v_{\mathcal{S}}\|_1 \right\}$ 中,满足 $\text{RE}(\xi, \mathcal{S}; \nabla^2 L(\mu; y)) = \inf_{0 \neq v \in \mathcal{C}(\xi, \mathcal{S})} \frac{v^{\mathrm{T}} \nabla^2 L(\mu; y) v}{\|v_{\mathcal{S}}\|_2^2} \geqslant \lambda_{\min} > 0$。

假设 4 假定 $\lambda = O(n^\gamma)$,其中 $\gamma \leqslant \frac{1}{2}$;存在一个常数 W 使得 $\sum_{j=1}^{p} \hat{w}_j^2 \leqslant W$。

假设 5 T_k 和 $\tilde{C}^*$ 的特征值有界。即对于常数 $C > 0, 1 \leqslant k \leqslant K$,$T_k$ 和 $\tilde{C}^*$ 满足 $C^{-1} \leqslant \lambda_{\min}(T_k) \leqslant \lambda_{\max}(T_k) \leqslant C$,以及 $C^{-1} \leqslant \lambda_{\min}\left(\tilde{C}^*\right) \leqslant \lambda_{\max}\left(\tilde{C}^*\right) \leqslant C$。

假设 5 要求基矩阵 T_k 正定。在本节中由于假定 R 是可交换的，通常选择 T_1 为单位阵 I_p，T_2 为对角线为 0 其余元素为 1 的矩阵。对 $\tilde{C}^*$ 的特征值限制保证了估计量渐近方差的存在。

定理 3.1　假定 Y_i $(i = 1, 2, \cdots, n)$ 来自指数分布族，广义线性模型为 $g(\mu) = X\beta^*$ 且 $\mu = E(Y)$。考虑协变量数量 p_n 随着样本量 n 以较小的速率增长的情形，$p_n^2/n = o(1)$。那么在上述假设下，有

$$\left\| \tilde{\beta} - \beta^* \right\|_2 = O_{\mathbb{P}}\left(\sqrt{p_n/n} \right)$$

$$\frac{n \left(\tilde{\beta} - \beta^* \right)^{\mathrm{T}} \Sigma_\beta^{-1} \left(\tilde{\beta} - \beta^* \right) - p_n}{\sqrt{2p_n}} \xrightarrow{L} N(0,1)$$

对于发散的 p_n，有 $\Sigma_\beta = \left\{ g_0 \left(\beta^* \right)^{\mathrm{T}} \left(\tilde{C}^* \right)^{-1} g_0 \left(\beta^* \right) \right\}^{-1}$，$g_0 \left(\beta^* \right) = \mathbb{E} \left\{ \nabla g_i \left(\beta^* \right) \right\}$。

当 p_n 固定时，有

$$\sqrt{n}(\tilde{\beta} - \beta^*) \xrightarrow{L} N(0, \Sigma_\beta)$$

定理 3.1 刻画了估计量的渐近分布。特别地，由于 QIF 具备对 R 错误假定时的稳健性，因此由 PEE-MI 得到的估计对于 R 也具备稳健性。

3.3.3　H7N9 数据分析

本节应用 PEE–MI 方法对调查收集到的 H7N9 数据进行分析。已有研究表明，H7N9 型禽流感具有较高的致死率，因此对 H7N9 型禽流感的分析研究十分必要。特别地，H7N9 数据集中包含收集到的关于 H7N9 感染者是否死亡的变量，因此可以考将 H7N9 感染者是否死亡这个变量作为响应变量，对影响该响应变量的因素进行变量选择。根据分析结果，研究者能够对死亡风险较高的患者进行早期干预及重点治疗，在对疾病的防治防控方面具有重要的意义。

首先从预测精度的角度来评估 PEE-MI 方法。由于选择了 H7N9 感染者是否死亡这个二分类型的变量作为响应变量，因此考虑通过受试者特征曲线下面积 (area under curve, AUC) 来评估该方法预测的准确性。由于此数据集仅有 8 个完整的观测样本，完整案例分析方法不适用于对此数据集的分析。因此，本节将 PEE-MI 方法与多重插补变量选择方法 (MI-LASSO)、重抽样插补变量选择方法 (BI-SS) (Long and Johnson, 2015) 以及由 Martinez 等 (2019) 提出的风险分类模型 (RCM) 在 AUC 方面进行比较。为了避免过拟合，采用五折交叉验证评估模型的预测性能，整个过程重复 50 次。通过对 H7N9 数据集的分析，

PEE-MI 方法的 AUC 为 0.803，MI-LASSO 方法的 AUC 为 0.763，BI-SS 方法的 AUC 为 0.743，RCM 的 AUC 为 0.730。由此可以认为 PEE-MI 方法具有较好的预测性能。

在对 PEE-MI 方法的预测表现进行验证后，其在变量选择方面的表现是本节所要研究的重点内容。与 3.3.2 节类似，本节同样在稳定性选择框架的基础上考虑变量选择问题。采用 OOI 作为得到变量选择结果以及衡量变量选择方法稳定性的指标。

变量选择的结果如图 3.3 所示。其中横线代表 0.7 的阈值水平。在变量选择上确定的阈值水平越高，则最终确定的模型越简洁。当阈值设定为 0.7 时，PEE-MI(ALASSO) 方法将"年龄""嗜中性粒细胞计数百分比""吸烟""双肺感染""慢性药物使用"这 5 个变量识别为重要变量。

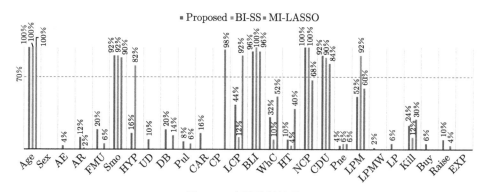

图 3.3　变量选择结果

柱状图中每个柱子的高度表示相应变量被选择为重要变量的频率

对于"年龄"变量，Wang 等 (2017) 的研究表明，从年轻组到年老组的死亡率呈线性增加，老年患者的死亡风险更高。Yang 等 (2019) 发现 H7N9 感染者的年龄与死亡率显著相关；Cheng 等 (2018) 通过 meta 分析指出，H7N9 感染者的年龄对死亡率有显著影响。因此"年龄"可以被认为是与 H7N9 感染者的死亡率相关的重要变量之一。对于"嗜中性粒细胞计数百分比"变量，Cheng 等 (2015)指出，在 H7N9 感染者中，死亡患者的平均初始嗜中性粒细胞计数百分比更高，因此初始嗜中性粒细胞计数百分比与 H7N9 感染者死亡的高风险相关。对于"吸烟"和"慢性药物使用"这两个变量，Liu 等 (2013) 通过研究 10 例 H7N9 死亡病例和 30 例 H7N9 幸存者的 H7N9 流感流行病学、临床和病毒特征发现，这两个变量是与 H7N9 感染者死亡率相关的重要因素。此外，Cheng 等 (2015) 发现，在 H7N9 的死亡病例中，具有慢性疾病的患者的比例更多。对于"双肺感染""，

Wang 等 (2017) 通过对中国江苏省 H7N9 感染者数据的研究发现，H7N9 感染者入院时肺部的炎症状况是与死亡率相关的一个重要的因素。

在以往的医学研究中，Martinez 等 (2019) 基于此 H7N9 数据集通过采用 AIC 的向前变量选择方法识别出了 4 个与 H7N9 感染者死亡相关的因素，即"年龄""双肺感染""嗜中性粒细胞计数百分比""糖尿病"。可以发现数据集中缺失比例较高的变量，如"吸烟"等并未被识别为重要变量。由于 Martinez 等 (2019) 使用完整案例分析方法建立模型，大量具有缺失的观测值被删除，因此该方法忽略了有效地识别缺失比例较高变量的重要性。由于 PEE-MI 方法基于多重插补对缺失数据进行了处理，可以认为该方法最大限度地保留了原始数据的信息，因此对缺失比例较高的变量的重要性同样能够进行有效的识别。

3.4　小结与评述

3.4.1　方法小结

受到多方面因素的影响，数据的缺失在调查研究中经常发生。针对调查研究中普遍存在的数据缺失问题，本章对变量选择问题进行了多方面的探讨，分别从一般线性回归模型和广义线性回归模型出发，给出了将多重插补后不同数据集间的相关性纳入考虑的变量选择框架。将多重插补后不同数据集间的相关性纳入考虑可以实现变量选择及估计结果的统一，使得针对缺失数据的分析结果更具合理性。特别地，该框架对于惩罚项的选择具有灵活性，本章以自适应 LASSO 的惩罚形式为例进行说明，并给出了该方法所具备的理论性质。在数值模拟中，本章研究的方法在变量选择的准确性方面与已有方法相比具有明显优势。在针对一项实际的 H7N9 流行病学分析研究中，本章所讨论的方法能够为研究者提供有价值的分析依据。

3.4.2　未来展望

针对缺失数据的变量选择方法仍然存在一些待解决的问题。首先，虽然本章分别从一般线性回归模型和广义线性回归模型出发搭建了基于缺失数据变量选择的框架，但仍不全面。基于其他模型假设的关于缺失数据变量选择的方法 (如生存分析、聚类分析等) 有待进一步的讨论与研究。其次，统计推断是统计学中十分重要的领域。因此，在针对缺失数据进行变量选择的基础上，如何有效地进行统计推断有待进一步的研究。最后，随着信息存储技术的不断发展，大规模数据以及海量数据不断涌现，数据规模的不断增大对算法的效率提出了更高的要求。分布式存储随着大数据的发展应运而生，针对来自多源的缺失数据如何合理有效地设计变量选择方法也是十分有意义的研究方向之一。

3.5 附 录

3.5.1 附录 1：PWLS-MI 的模拟结果

本节探究了在不同模拟情形下，PWLS-MI (ALASSO) 方法和 PWLS-MI (LASSO) 方法以及其他对比方法的表现，所对比的方法包括：多重插补 LASSO (MI-LASSO) 方法，重抽样插补变量选择 (BI-SS) 方法 (Long and Johnson, 2015)，基于加权惩罚估计方程的方法 (PSR) (Johnson et al., 2008)，以及完整样本分析 LASSO (CC-LASSO) 方法。

1. 基本设置及评价指标

记数据集的样本量为 n，记数据集中的响应变量为 Y，协变量矩阵 X 包含 p 个变量，由均值为 0、协方差矩阵为 Σ 的多元正态分布产生，其中 Σ 的主对角线元素为 3，非对角线元素为 ρ 代表不同变量间的相关性。

为了模拟数据集中的协变量以 MAR 的机制缺失，假设缺失的数据按照如下的模型产生：

$$\text{logit}\{\Pr(Z_i \text{ missing}|U_i)\} = \alpha + U_i$$

即变量 Z_i 的缺失取决于变量 U_i，缺失百分比由参数 α 控制，变量缺失百分比的期望可写作 α 的函数，

$$\hat{E}[\Pr(Z_i \text{ missing}|U_i)] \triangleq f_u(\alpha) = \frac{1}{n} \sum_i \frac{\exp(\alpha + U_i)}{1 + \exp(\alpha + U_i)}$$

在模拟中设置 6 种不同的情形。情形 0 表示基准的设置：样本量 $n = 200$，协变量个数 $p = 20$，响应变量 Y 和协变量 X 均有缺失。情形 1 中只有响应变量 Y 有 50% 的缺失。在情形 2 中，假设响应变量 Y 有 50% 的缺失，协变量 X 有不同比例的缺失。在情形 3、情形 4、情形 5 中，分别设置了变量间有不同的相关性、不同的样本量以及不同的协变量个数。在情形 0~ 情形 4 中，假设第 i 个样本的响应变量 Y_i 与 X_i 的关系如下：

$$Y_i = X_{i1} - X_{i2} + X_{i3} - X_{i4} + X_{i5} - X_{i6} - X_{i7} + X_{i8} + \epsilon_i$$

其中，$\epsilon_i \sim N(0,3)$，$i = 1, 2, \cdots, n$。

对于 6 种不同的情形的具体设置如下。

(1) 情形 0(S0，基准设置)：比较 PWLS-MI (ALASSO) 方法、PWLS-MI (LASSO) 方法、CC-LASSO 方法、MI-LASSO 方法、BI-SS 方法以及 PSR 方法在响应变量有 50% 缺失、两个重要变量以及两个非重要变量有 50% 缺失情形下的表现。假设响应变量 Y 的缺失依赖于两个重要变量和两个非重要变量。响应变量 Y 和协变量 X 的缺失生成机制为

$$\text{logit}\{\Pr(Y_i \text{ missing}|X_{i1}, X_{i3}, X_{i10}, X_{i12})\} = \alpha + X_{i1} + X_{i3} + X_{i10} + X_{i12}$$

$$\text{logit}\{\Pr(X_{i2} \text{ missing}|X_{i4})\} = \alpha + X_{i4}$$

$$\text{logit}\{\Pr(X_{i5} \text{ missing}|X_{i9})\} = \alpha + X_{i9}$$

$$\text{logit}\{\Pr(X_{i11} \text{ missing}|X_{i6})\} = \alpha + X_{i6}$$

$$\text{logit}\{\Pr(X_{i15} \text{ missing}|X_{i13})\} = \alpha + X_{i13}$$

(2) 情形 1(S1)：比较不同方法在只有响应变量 Y 有缺失时的表现。响应变量 Y 的缺失比例设置为 30%、50%、70%。响应变量 Y 的缺失生成机制与情形 0 相同。

(3) 情形 2(S2)：比较不同方法在响应变量 Y 有 50% 的缺失，协变量 X 有不同比例的缺失时的表现。设置协变量 X 中有 2 个重要变量和 2 个非重要变量有缺失，缺失比例设置为 30%、50%、70%。

(4) 情形 3(S3)：比较 PWLS-MI (ALASSO) 方法在变量间具有不同的相关性时的表现。设置变量间的相关系数为 0.1、0.5、0.7。数据的缺失情况与情形 0 相同。

(5) 情形 4(S4)：比较 PWLS-MI (ALASSO) 方法在不同样本量上的表现。设置样本量 $n = 200, 600$。数据的缺失情况与情形 0 相同。

(6) 情形 5(S5)：比较 PWLS-MI (ALASSO) 方法在不同协变量个数上的表现。设置协变量个数 $p = 20, 50$。当 $p = 50$ 时，假设第 i 个样本的响应变量 Y_i 与 X_i 的关系如下：

$$Y_i = X_{i1} - X_{i2} + X_{i3} - X_{i4} + X_{i5} - X_{i6} - X_{i7} + X_{i8}$$

$$+ X_{i29} - X_{i30} - X_{i31} + X_{i32} + X_{i33} - X_{i34} + X_{i35} + \epsilon_i$$

数据的缺失情况与情形 0 相同。

在每种模拟情形下，整个过程均重复 100 次。采用 3 种指标对各个方法的变量选择结果进行评价。前两种评价指标为灵敏度和特异度：

$$灵敏度 = \frac{识别为重要变量的变量个数}{真实的重要变量个数}, \quad 特异度 = \frac{识别为非重要变量的变量个数}{真实的非重要变量个数}$$

第三个评价指标 G-Means 为灵敏度和特异度的几何平均，即 G-Means = $\sqrt{灵敏度 \times 特异度}$。灵敏度为准确识别出重要变量的比例，特异度为准确识别出非重要变量的比例，G-Means 可以同时从灵敏度和特异度这两个方面对变量选择结果进行评价。这三个评价指标的取值均在 $0 \sim 1$，取值越高代表变量选择的效果越好。

2. 模拟结果

图 3.4 为情形 0 的模拟结果。在这种情形下，由于完整观测的样本极少，因此几乎不能通过 CC-LASSO 方法得到变量选择结果。从变量选择的结果来看，MI-LASSO 方法、BI-SS 方法以及 PSR 方法在灵敏度上的表现与 PWLS-MI 方法类似，但在特异度上的表现明显差于 PWLS-MI 方法。因此，PWLS-MI 方法相较

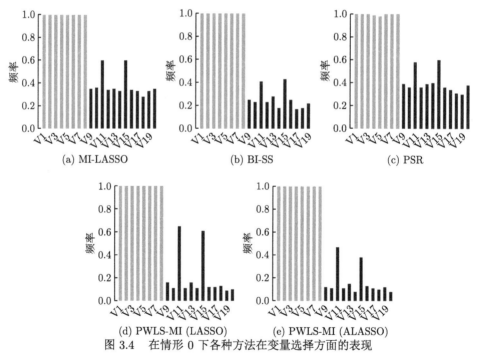

图 3.4   在情形 0 下各种方法在变量选择方面的表现

图中灰色的柱形表示在 100 次的重复下真正重要的变量被正确识别为重要变量的比例，黑色的柱形表示在 100 次的重复下真正非重要的变量被正确识别为非重要变量的比例

于其他方法有着更优的变量选择效果。

表 3.2 和表 3.3 分别为情形 1 和情形 2 的模拟结果。模拟结果显示,各种方法的灵敏度均接近于 1.000,然而 PWLS-MI 方法的特异度明显高于其他方法。因此,在能够准确识别出重要变量的前提下,PWLS-MI 方法能够排除更多的非重要变量。随着缺失比例的增加,各种方法在变量选择方面的表现均有所下降。当变量的缺失比例为 70% 时,PWLS-MI 方法仍然有可观的表现。

表 3.2　在情形 1 下各种方法在变量选择方面的表现

响应变量 Y 的缺失比例	评价指标	CC-LASSO	MI-LASSO	PWLS-MI (LASSO)	PWLS-MI (ALASSO)	BI-SS	PSR
30%	灵敏度	1.000	1.000	1.000	1.000	1.000	1.000
	特异度	0.453	0.743	0.979	0.987	0.889	0.773
	G-Means	0.673	0.862	0.989	0.993	0.943	0.879
50%	灵敏度	1.000	1.000	1.000	1.000	1.000	1.000
	特异度	0.430	0.766	0.907	0.918	0.813	0.673
	G-Means	0.656	0.875	0.952	0.958	0.902	0.821
70%	灵敏度	1.000	0.999	1.000	1.000	0.999	1.000
	特异度	0.449	0.663	0.706	0.784	0.688	0.525
	G-Means	0.670	0.814	0.840	0.885	0.829	0.725

表 3.3　在情形 2 下各种方法在变量选择方面的表现

协变量的缺失比例	评价指标	MI-LASSO	PWLS-MI (LASSO)	PWLS-MI (ALASSO)	BI-SS	PSR
30%	灵敏度	1.000	1.000	1.000	1.000	1.000
	特异度	0.688	0.811	0.853	0.751	0.633
	G-Means	0.829	0.901	0.924	0.867	0.796
50%	灵敏度	1.000	1.000	1.000	1.000	1.000
	特异度	0.620	0.794	0.837	0.748	0.603
	G-Means	0.787	0.891	0.915	0.865	0.776
70%	灵敏度	0.996	0.991	0.994	0.998	1.000
	特异度	0.608	0.740	0.822	0.623	0.582
	G-Means	0.778	0.856	0.904	0.789	0.763

表 3.4 展示了情形 3、情形 4、情形 5 的模拟结果。模拟结果显示,当变量间有不同程度的相关性时,PWLS-MI (ALASSO) 方法的表现相近。这说明了 PWLS-MI (ALASSO) 方法在变量间的相关性上具有稳健性。随着样本量的增加, PWLS-MI (ALASSO) 方法的表现有所提高。随着协变量个数的增加,PWLS-MI

(ALASSO) 方法的变量选择效果有所下降。

表 3.4　在情形 3、情形 4、情形 5 下，PWLS-MI (ALASSO) 方法在变量选择方面的表现

模拟情形	模拟设置	评价指标		
		灵敏度	特异度	G-Means
S3	相关系数：0.1	1.000	0.852	0.923
	相关系数：0.5	0.999	0.848	0.920
	相关系数：0.7	0.975	0.825	0.897
S4	$n = 200$	1.000	0.852	0.923
	$n = 600$	1.000	0.900	0.949
S5	$p = 20$	1.000	0.852	0.923
	$p = 50$	0.988	0.840	0.911

关于不同选择调节参数的准则的比较：如前面所述，在 PWLS-MI 方法中考虑通过 MIC 进行调节参数的选择。在此通过模拟给出 MIC 与 BIC 以及 QGCV 在调节参数选择方面的对比。模拟设置响应变量 Y 和协变量 X_1 有 50% 的缺失。X_1 的缺失依赖于 X_4，Y 的缺失依赖于 X_3 和 X_5，其他设置与正文的模拟相同。由不同准则选择的调节参数的表现如表 3.5 所示，其展示了 PWLS-MI (ALASSO) 经由不同准则选择的调节参数在变量选择方面的表现。结果显示，由 BIC 选择的调节参数在变量选择的灵敏度方面的表现很差，由 QGCV 选择的调节参数在变量选择的特异度方面的表现较差，从变量选择的 G-Means 来看，由 BIC 和 QGCV 进行调节参数选择的表现均弱于 MIC。

表 3.5　选择调节参数的不同准则在变量选择上的表现

准则	评价指标		
	灵敏度	特异度	G-Means
BIC	0.108	0.947	0.319
QGCV	0.998	0.787	0.886
MIC	0.988	0.933	0.960

3.5.2　附录 2：PEE-MI 的模拟结果

本节探究了在不同模拟情形下 PEE-MI 以及其他对比方法的表现，所对比的方法包括：多重插补 LASSO (MI-LASSO) 方法，重抽样插补变量选择 (BI-SS) 方法 (Long and Johnson, 2015)，多重插补 Random LASSO (MIRL) 方法 (Liu et al., 2016)，以及完整样本分析 ALASSO (CC-ALASSO) 方法。在模拟中考虑将基于完整数据集的分析作为基准。

1. 基本设置及评价指标

记数据集中的响应变量为 Y，协变量矩阵 X 包含 20 个变量，由均值为 0、协方差矩阵为 Σ 的多元正态分布产生，其中 Σ 的主对角线元素为 1，非对角线元素为 ρ 代表不同变量间的相关性。第 i 个样本的响应变量 Y_i 与 X_i 的关系如下：

$$g(Y_i) = \frac{3}{4}X_{i1} - \frac{3}{4}X_{i2} + \frac{3}{4}X_{i3} - \frac{3}{4}X_{i4} + \frac{3}{4}X_{i5} - \frac{3}{4}X_{i6} - \frac{3}{4}X_{i7} + \frac{3}{4}X_{i8}$$

其中，$g(\cdot)$ 代表连接函数。可以考虑二分类型的响应变量和计数型的响应变量，那么连接函数分别为 $\mathrm{logit}(\cdot)$ 和 $\log(\cdot)$。为了模拟数据集中的协变量以 MAR 的机制缺失，假设缺失的数据按照如下的模型产生：

$$\mathrm{logit}\{\mathrm{Pr}(Z_i \text{ missing}|U_i)\} = \alpha + U_i$$

即变量 Z_i 的缺失取决于变量 U_i，缺失百分比由参数 α 控制，变量缺失百分比的期望可写作 α 的函数：

$$\hat{E}[\mathrm{Pr}(Z_i \text{ missing}|U_i)] \triangleq f_u(\alpha) = \frac{1}{n}\sum_i \frac{\exp(\alpha + U_i)}{1 + \exp(\alpha + U_i)}$$

在每种模拟情形下，整个过程均重复 100 次。采用 3 种指标——灵敏度、特异度以及 G-Means 对各种方法的变量选择结果进行评价。

2. 模拟情形 1

在情形 1 中主要对比了不同方法的表现。设置两个重要变量 X_1 和 X_2 均有 50% 的缺失，缺失的生成机制为

$$\mathrm{logit}\{\mathrm{Pr}(X_{i1} \text{ missing}|X_{i11})\} = \alpha + X_{i11}, \quad \mathrm{logit}\{\mathrm{Pr}(X_{i2} \text{ missing}|X_{i12})\} = \alpha + X_{i12}$$

设置样本为 200 和 500，20 个变量间有弱相关性 0.1。此外，在此情形中考虑了不同的样本量以及两种类型的响应变量。关于变量选择准确性的模拟结果如表 3.6 所示。

模拟结果显示，由于 CC-ALASSO 方法仅采用完整观测的样本进行分析，而该数据集中的缺失比例较大导致了完整观测的样本量较少，CC-ALASSO 方法在分析时由于丢失了大量的信息从而导致其在变量选择方面的表现较差。因此，针对缺失比例较大的数据集可以考虑先对其进行插补然后进行变量选择。模拟结果表明，

若基于多重插补后的数据集进行变量选择，变量选择结果的表现会有所提升，即能够识别出更多重要的变量。与其他方法相比，PEE-MI 方法有明显的优势。它在保证将重要的变量以较大概率识别出的前提下，能够排除更多的非重要变量。随着样本量的增大，由于可用信息的增加，各种方法的表现均有所提升。

表 3.6   在模拟情形 1 下，关于各种方法变量选择结果准确性的比较

样本量	响应变量类型	方法	评价指标		
			灵敏度	特异度	G-Means
$n = 200$	二分类型	CC-ALASSO	0.333	0.905	0.549
		MI-LASSO	0.891	0.561	0.707
		BI-SS	0.941	0.777	0.855
		MIRL	0.744	0.990	0.858
		PEE-MI	0.811	0.983	0.893
		Full data	0.923	0.902	0.912
	计数型	CC-ALASSO	0.866	0.885	0.875
		MI-LASSO	0.999	0.783	0.884
		BI-SS	0.954	0.735	0.837
		MIRL	0.766	1.000	0.875
		PEE-MI	0.970	0.855	0.911
		Full data	1.000	0.995	0.995
$n = 500$	二分类型	CC-ALASSO	0.699	0.908	0.797
		MI-LASSO	0.936	0.852	0.893
		BI-SS	1.000	0.813	0.902
		MIRL	0.788	1.000	0.887
		PEE-MI	0.984	0.964	0.974
		Full data	0.994	0.963	0.978
	计数型	CC-ALASSO	0.884	0.908	0.896
		MI-LASSO	1.000	0.660	0.812
		BI-SS	0.999	0.783	0.884
		MIRL	0.771	1.000	0.878
		PEE-MI	0.998	0.853	0.923
		Full data	1.000	1.000	1.000

3. 模拟情形 2

在情形 2 中主要比较 PEE-MI 方法以及 MI-LASSO 方法、BI-SS 方法、MIRL 方法在不同数量重要变量的缺失以及不同缺失比例下的表现。与情形 1 相同，变量间的相关性为 0.1，考虑两种类型的响应变量。设置样本量为 300，协变量个数为 20，重要变量的缺失个数以及缺失比例分别为 1，2，4 以及 30%，50%，70%。

具体而言,当只有 1 个重要变量缺失时,缺失生成机制为

$$\text{logit}\{\Pr(X_{i2}\ \text{missing}|X_{i4})\} = \alpha + X_{i4}$$

当有 2 个重要变量缺失时,缺失生成机制为

$$\text{logit}\{\Pr(X_{i1}\ \text{missing}|X_{i11})\} = \alpha + X_{i11}, \quad \text{logit}\{\Pr(X_{i2}\ \text{missing}|X_{i12})\} = \alpha + X_{i12}$$

当有 4 个重要变量缺失时,缺失生成机制为

$$\text{logit}\{\Pr(X_{i1}\ \text{missing}|X_{i11})\} = \alpha + X_{i11}, \quad \text{logit}\{\Pr(X_{i2}\ \text{missing}|X_{i12})\} = \alpha + X_{i12}$$

$$\text{logit}\{\Pr(X_{i3}\ \text{missing}|X_{i13})\} = \alpha + X_{i13}, \quad \text{logit}\{\Pr(X_{i4}\ \text{missing}|X_{i14})\} = \alpha + X_{i14}$$

PEE-MI 方法变量选择准确性的模拟结果如表 3.7 所示。整体上看,随着缺失重要变量个数以及缺失比例的增加,变量选择的效果变差。在响应变量为二分类型的情形下,相对于准确识别出非重要变量的比例而言,准确识别出重要变量的比例对缺失重要变量个数的增加更加敏感;在响应变量为计数型的情形下,相

表 3.7　在模拟情形 2 下,PEE-MI 方法在不同的重要变量缺失数量以及缺失比例上变量选择结果准确性的比较

响应变量类型	X 的缺失比例	缺失变量个数	评价指标		
			灵敏度	特异度	G-Means
二分类型	30%	1	0.965	0.993	0.979
		2	0.945	0.988	0.966
		4	0.900	0.986	0.942
	50%	1	0.949	0.989	0.969
		2	0.921	0.986	0.953
		4	0.851	0.988	0.917
	70%	1	0.933	0.990	0.961
		2	0.870	0.988	0.927
		4	0.766	0.987	0.905
计数型	30%	1	1.000	0.977	0.988
		2	1.000	0.945	0.972
		4	0.999	0.853	0.923
	50%	1	0.998	0.946	0.971
		2	1.000	0.902	0.950
		4	0.971	0.799	0.881
	70%	1	0.988	0.904	0.945
		2	0.996	0.851	0.921
		4	0.909	0.741	0.821

对于准确识别出重要变量的比例而言，准确识别出非重要变量的比例对缺失重要变量个数的增加更加敏感。模拟结果显示即使在 4 个重要变量缺失且缺失比例为 70% 时，PEE-MI 方法在变量选择上的表现仍然可观。

MI-LASSO 方法、BI-SS 方法以及 MIRL 方法在响应变量为二分类型、计数型时变量选择准确性的模拟结果如表 3.8 和表 3.9 所示。

表 3.8　在模拟情形 2 下各种方法在响应变量为二分类型时，在不同的重要变量缺失数量以及缺失比例上变量选择结果准确性的比较

方法	X 的缺失比例	缺失变量数量	评价指标		
			灵敏度	特异度	G-Means
MI-LASSO	30%	1	0.877	0.805	0.840
		2	0.877	0.800	0.838
		4	0.907	0.795	0.849
	50%	1	0.901	0.799	0.849
		2	0.912	0.780	0.844
		4	0.945	0.723	0.827
	70%	1	0.911	0.743	0.823
		2	0.936	0.701	0.810
		4	0.969	0.609	0.768
BI-SS	30%	1	0.995	0.873	0.932
		2	0.998	0.872	0.932
		4	0.990	0.848	0.916
	50%	1	0.990	0.877	0.932
		2	0.998	0.855	0.924
		4	0.978	0.672	0.811
	70%	1	0.988	0.809	0.894
		2	0.994	0.861	0.925
		4	0.877	0.581	0.714
MIRL	30%	1	0.767	1.000	0.876
		2	0.755	1.000	0.869
		4	0.752	0.999	0.867
	50%	1	0.759	0.999	0.871
		2	0.759	0.999	0.871
		4	0.731	0.999	0.855
	70%	1	0.749	0.999	0.865
		2	0.728	0.996	0.851
		4	0.694	0.986	0.827

表 3.9 在模拟情形 2 下各种方法在响应变量为计数型时，在不同的重要变量缺失数量
以及缺失比例上变量选择结果准确性的比较

方法	X 的缺失比例	缺失变量数量	评价指标		
			灵敏度	特异度	G-Means
MI-LASSO	30%	1	1.000	0.781	0.884
		2	1.000	0.702	0.838
		4	1.000	0.625	0.791
	50%	1	1.000	0.727	0.852
		2	0.998	0.646	0.803
		4	0.994	0.583	0.761
	70%	1	0.999	0.692	0.831
		2	0.993	0.620	0.784
		4	0.994	0.583	0.761
BI-SS	30%	1	1.000	0.704	0.839
		2	1.000	0.706	0.840
		4	1.000	0.616	0.785
	50%	1	0.996	0.677	0.821
		2	1.000	0.676	0.822
		4	0.978	0.409	0.632
	70%	1	1.000	0.459	0.678
		2	1.000	0.451	0.671
		4	0.877	0.581	0.714
MIRL	30%	1	0.880	1.000	0.938
		2	0.800	1.000	0.894
		4	0.760	1.000	0.872
	50%	1	0.830	1.000	0.911
		2	0.774	1.000	0.880
		4	0.751	0.998	0.866
	70%	1	0.781	1.000	0.884
		2	0.744	1.000	0.862
		4	0.690	0.998	0.830

4. 模拟情形 3

在情形 3 中主要比较 PEE-MI 方法在不同的协变量数量以及变量间不同相关性上的表现。样本量设置为 300，协变量数量设置为 20 和 50，变量间的相关性设置为 0.1 和 0.5。在此设置 1 个重要变量有 50% 的缺失，缺失生成机制为

$$\text{logit}\{\Pr(X_{i2} \text{ missing}|X_{i4})\} = \alpha + X_{i4}$$

　　PEE-MI 方法变量选择准确性的模拟结果如表 3.10 所示。模拟结果表明，变量间的相关性较强会导致变量选择的灵敏度下降，但特异度基本维持在同一水平；当协变量的个数增加时，变量选择的灵敏度和特异度整体呈下降趋势。

表 3.10　在模拟情形 3 下，PEE-MI 方法在不同的协变量数量以及变量间的相关性上的表现

响应变量类型	相关性	协变量数量	评价指标		
			灵敏度	特异度	G-Means
二分类型	0.1	$p = 20$	0.949	0.989	0.969
		$p = 50$	0.944	0.925	0.934
	0.5	$p = 20$	0.840	0.988	0.911
		$p = 50$	0.859	0.917	0.887
计数型	0.1	$p = 20$	1.000	0.988	0.994
		$p = 50$	0.999	0.871	0.933
	0.5	$p = 20$	0.998	0.946	0.971
		$p = 50$	0.994	0.778	0.879

第 4 章 异质调查数据的特征选择

伴随数据科学时代的发展，信息获取和存储技术的极大进步使得数据来源更加丰富。不同来源的数据可能带来数据内部的异质性。例如，来自不同地区的调查数据，来自不同市场的金融数据，来自不同实验室的基因数据。传统的统计分析通常是针对单一数据源，即每一个地区的调查数据、每一个市场的金融数据、每一个实验室的基因数据。多源调查数据在允许子样本间存在差异性的同时保留了一些共性，包括相同的研究目的，收集相同的变量和指标等。因此，多源分析的挑战就是同时兼顾子样本间的差异性和关联性。

4.1　研究背景

某商业市场研究公司在 2014 年收集了三个新闻客户端 A，B 和 C 的共 882位用户的反馈指标，其目的是探究用户推荐行为的影响因素，数据收集情况如图 4.1 所示。这些用户在使用一个客户端的同时不会使用另一个客户端，使用各客户端的用户数量分别为 420 人，181 人和 291 人。调查的内容涉及新闻信息、可视化界面和操作方式等共 78 个问题的利克特量表评级，此外还记录了用户对

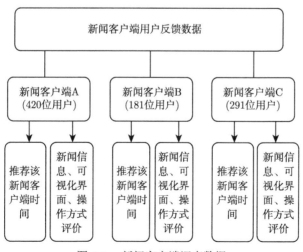

图 4.1　新闻客户端调查数据

于该新闻客户端的推荐情况，即在接触到客户端后的多长时间内将该客户端推荐给其他人，记录时间上限为 6 周。

该市场调研公司的目的是探究哪些特征能够影响用户对于新闻客户端的推荐行为，以便反馈给新闻平台以提高这些项目的使用体验，实现用户人数的增加。在分析该调查数据时，应考虑如下三个特点。

(1) 并非所有的特征都会影响用户对新闻客户端的推荐，即变量存在稀疏性 (sparsity)。此外，各特征之间可能存在交互作用 (interaction)，即一个特征会影响另一个特征对推荐行为的影响作用。交互作用的存在使得变量的维数更高、稀疏性更强，因此需要进行特征选择。准确识别有影响的特征或其交互作用，有利于新闻平台后续有针对性地改进业务。

(2) 新闻数据来源于三个子样本且子样本之间互不相交，需要基于多个数据集进行分析。传统的处理方法是简单合并所有子样本为一个数据集并建立统一的模型，这种方法忽略了不同来源之间的差异，不同子样本间可能有不同的影响特征，或者同一特征的影响强度并不相同。另一种方法是对各子样本分别建立模型，这种方法忽略了各子样本间的共性和关联。第三种方法是使用兼顾了不同来源数据集间的差异性和同质性的整合分析 (integrative analysis)。整合分析方法起源于 20 世纪 60 年代，把不同来源的数据集中起来，相对于单一数据集模型，充分利用各数据集的样本信息，能解决因地域、时间等因素造成的样本差异而引起的建模不稳定，在模型解释性和预测方面都具有显著优势 (马双鸽等，2015)。

(3) 该研究中响应变量存在删失 (censoring)。对于用户推荐情况的记录截止到第 6 周，若 6 周之后用户仍然没有推荐该新闻客户端，则该用户即为删失。若仅将未删失的用户纳入分析，则会造成很大的信息损失，因此应采用生存分析模型，研究在不同特征下对新闻客户端推荐行为的影响。

综上，研究者应在整合分析的基础上建立兼顾子样本间的差异性和同质性的生存分析模型，识别对新闻客户端推荐行为有影响的特征，为各新闻平台的发展和决策提供参考。

4.2 基于 TGDR 的分层整合分析

本节讨论基于阈值梯度定向正则化 (threshold gradient directed regularization, TGDR) 方法的整合分析方法，在多个来源不同的数据集上进行特征选择，并且同时考虑不同子样本间的差异性和关联性。

整合分析在充分利用各子样本信息的基础上，对各数据集同时进行特征选择和稀疏估计，按照各数据集间结构差异的大小，分为同质性 (homogeneity) 和异质性 (heterogeneity) 两种情况 (Liu et al., 2014)。同质性是不同子样本间对因变量有影响的特征相同，影响的大小不同，同质性结构常见于数据收集方式一致的情形中。异质性是不同子样本间对因变量有影响的特征可以不相同，异质性结构中变量显著性的差异通常来源于数据集产生方式的不同，如不同时间点的数据或不同子类别的数据。如图 4.2 所示，图中左侧为同质性结构，右侧为异质性结构，颜色深浅表示对应自变量系数的大小。在同质性结构下，仅需要在特征间进行选择，选择出的特征在各子样本中对应的系数绝对值均较大；在异质性结构下，则需要两层选择，第一层选择针对哪些特征会对因变量有较大的影响，第二层选择针对已选择的特征会在哪些子样本上有较大的系数绝对值。本章讨论的数据采用相同的数据收集标准，采用相同的调查问卷和试验设计，因此采用同质性假设，在这种先验信息下模型结构更加简洁，对于异质性结构的讨论请参阅本章小结与评注。

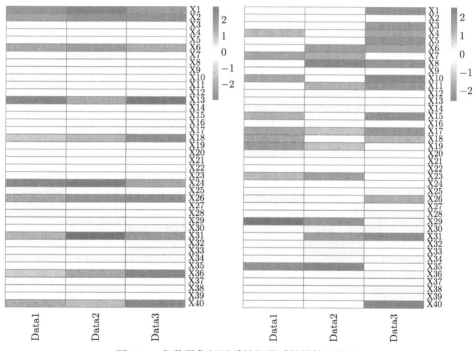

图 4.2　各数据集间同质性与异质性结构示意图

此外，对于用户推荐行为的影响，除了涉及对于客户端的各项评价指标，还可能包括二阶交互作用。特征间的交互作用对响应变量的影响近年来受到广泛关

注 (刘妍岩等，2019；Bien et al., 2013；Choi et al., 2010)。交互作用增加了特征维数的同时带来了分层结构的挑战。分层结构是主效应和交互效应之间的结构关系，包括强分层和弱分层。强分层即交互效应有影响的前提是对应的两个主效应都有影响；弱分层即交互效应有影响的前提是对应的两个主效应至少有一个有影响。为了增加模型的解释性，在特征选择时需要考虑到这种分层结构。

TGDR 方法是 Friedman 和 Popescu (2003) 提出的一种基于梯度的变量选择方法，类似于优化算法中的梯度下降算法，区别在于每一次向梯度下降最快的几个方向同时更新一小步，通过每一次迭代对梯度的大小设置阈值从而实现变量选择。如图 4.3 所示，本节通过 TGDR 方法在不同子样本间选择出相同的特征及交互作用，且允许各特征在不同子样本间的影响大小不同。

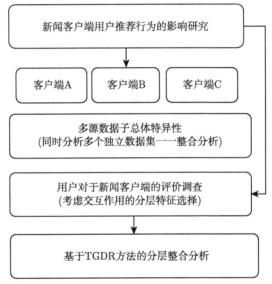

图 4.3   新闻客户端用户推荐行为的影响研究框架示意图

4.2.1 多源数据集加速失效模型

本章涉及的调查数据中因变量为用户推荐新闻客户端的时间，是一个删失变量。关注的结局事件是推荐新闻客户端，调查时间截止到第 6 周：若某用户在第 6 周时仍没有推荐该客户端，则无法观测到结局事件发生，则为删失；若某用户在第 6 周前推荐了该客户端，则可以记录其推荐时间，则没有删失。对于这种因变量为事件发生时间的数据，可以考虑构造生存分析中的加速时间失效 (accelerated failure time，AFT) 模型。

$$\log(Y) = \sum_{j=1}^{p} \beta_j X_j + \sum_{j<k} \gamma_{jk} X_j X_k + \epsilon \tag{4.2.1}$$

此时因变量 Y 表示推荐事件发生的时间，并不一定能够被观测到。记 C 为删失时间，即调查截止的时间。实际上，观测到的变量是 Y 和 C 中的最小值，记为 $T = \min\{Y, C\}$。记删失指标 $\delta = \mathbf{1}(Y \leqslant C)$，$\delta = 1$ 表示该用户未删失，在调查截止之前推荐了客户端；$\delta = 0$ 表示该用户删失，截止到调查结束仍未推荐客户端。假设各变量均已进行标准化，因此回归模型中不包含截距项。$X_1, X_2, \cdots, X_p$ 为 p 维自变量，称为主效应，主效应对应的回归系数记为 $\beta_j \ (j = 1, 2, \cdots, p)$；主效应 X_j 和 X_k 的二阶交互效应记为 $X_j X_k \ (j \neq k)$，其对应的回归系数记为 γ_{jk}。主效应和交互效应间的强分层结构即体现在

$$\gamma_{jk} \neq 0 \Rightarrow \beta_j \neq 0 \text{ 且 } \beta_k \neq 0$$

本章采用的特征选择方法对 β_j 和 γ_{jk} 估计的同时进行选择，并使其满足强分层结构。

对于每一个子样本均可建立回归模型 (4.2.1)。假设有 M 个子样本，每个子样本对应可观测到的数据集 $\left\{T^{(m)}, \delta^{(m)}, X_1^{(m)}, X_2^{(m)}, \cdots, X_p^{(m)}\right\}, m = 1, 2, \cdots, M$，即

$$\begin{cases} \log(Y^{(1)}) = \displaystyle\sum_{j=1}^{p} \beta_j^{(1)} X_j^{(1)} + \sum_{j<k} \gamma_{jk}^{(1)} X_j^{(1)} X_k^{(1)} + \epsilon^{(1)} \\ \log(Y^{(2)}) = \displaystyle\sum_{j=1}^{p} \beta_j^{(2)} X_j^{(2)} + \sum_{j<k} \gamma_{jk}^{(2)} X_j^{(2)} X_k^{(2)} + \epsilon^{(2)} \\ \vdots \\ \log(Y^{(m)}) = \displaystyle\sum_{j=1}^{p} \beta_j^{(m)} X_j^{(m)} + \sum_{j<k} \gamma_{jk}^{(m)} X_j^{(m)} X_k^{(m)} + \epsilon^{(m)} \end{cases} \tag{4.2.2}$$

对于这 M 个数据集，同质性结构即满足 $\mathbf{1}\left(\beta_j^{(1)} \neq 0\right) = \mathbf{1}\left(\beta_j^{(2)} \neq 0\right) = \cdots = \mathbf{1}\left(\beta_j^{(m)} \neq 0\right)$，$j = 1, 2, \cdots, p$ 且 $\mathbf{1}\left(\gamma_{jk}^{(1)} \neq 0\right) = \mathbf{1}\left(\gamma_{jk}^{(2)} \neq 0\right) = \cdots = \mathbf{1}\left(\gamma_{jk}^{(m)} \neq 0\right)$，$j \neq k$。整合分析方法能够同时对这 M 个数据集进行特征选择和系数估计。

4.2.2　算法

对于调查收集到的数据 $\left\{T_i^{(m)}, \delta_i^{(m)}, X_i^{(m)} : i = 1, 2, \cdots, n_m\right\}$，记 n_m 为第 m 个子样本的样本量，$X_i^{(m)} = \left(X_{i1}^{(m)}, X_{i2}^{(m)}, \cdots, X_{ip}^{(m)}\right)$ 为第 m 个数据集中第

i 个样本的自变量向量。研究目标是在 M 个数据集中识别哪些自变量及其交互作用会对因变量产生影响。对于 AFT 模型 (4.2.1)，采用 Stute 加权最小二乘估计方法。记 $\hat{F}_n$ 为推荐事件发生时间 $Y^{(m)}$ 的分布函数的 Kaplan-Meier 估计，$\hat{F}_n(t) = \sum_{i=1}^{n_m} w_i^{(m)} \mathbf{1}\left(T_{(i)}^{(m)} \leqslant t\right)$，其中 $w_i^{(m)}$ 称为 Kaplan-Meier 权重：

$$w_1^{(m)} = \frac{\delta_{(1)}^{(m)}}{n_m}, \ w_i^{(m)} = \frac{\delta_{(i)}^{(m)}}{n_m - i + 1} \prod_{j=1}^{i=1} \left(\frac{n_m - j}{n_m - j + 1}\right)^{\delta_{(j)}^{(m)}}$$

$T_{(1)}^{(m)} \leqslant T_{(2)}^{(m)} \leqslant \cdots \leqslant T_{(n_m)}^{(m)}$ 是第 m 个数据集中观测到的 $T_i^{(m)}, i = 1, 2, \cdots, n_m$ 从小到大排序，且 $\delta_{(1)}^{(m)}, \delta_{(2)}^{(m)}, \cdots, \delta_{(n_m)}^{(m)}$ 为对应的删失指标，$X_{(1)}^{(m)}, X_{(2)}^{(m)}, \cdots, X_{(n_m)}^{(m)}$ 为对应的自变量。因此该加权最小二乘估计对应的似然函数为

$$\begin{aligned}
\mathcal{L}^{(m)}(\theta^{(m)}) = -\frac{1}{n_m} \sum_{i=1}^{n_m} w_i^{(m)} &\left(\log(T_{(i)}^{(m)}) - \sum_{j=1}^{p} \beta_j^{(m)} X_{(i),j}^{(m)} \right. \\
&\left. - \sum_{j<k} \gamma_{jk}^{(m)} X_{(i),j}^{(m)} X_{(i),k}^{(m)} \right)^2
\end{aligned} \tag{4.2.3}$$

其中，$\theta^{(m)} = \left(\beta_1^{(m)}, \beta_2^{(m)}, \cdots, \beta_p^{(m)}, \gamma_{12}^{(m)}, \cdots, \gamma_{jk}^{(m)}, \cdots, \gamma_{(p-1),p}^{(m)}\right)$ 为第 m 个数据集中的所有待估参数。

TGDR 方法是一个迭代的方法，从初始值 $\theta^{(m)} = \mathbf{0}$ 开始，其进行变量选择的思想就是在每一步中计算似然函数对每一个参数的导数，仅更新导数的绝对值大于某个阈值的参数，其余参数不进行更新。阈值通常设定为当前迭代中绝对值最大的导数乘以 τ，这里 $\tau(0 \leqslant \tau \leqslant 1)$ 是一个调节参数。本节为满足分层整合分析的要求，对 TGDR 方法进行如下两点改进。

(1) 对于每个数据集中主效应系数 β_j，β_k 及其对应的交互效应系数 γ_{jk}，更新交互效应系数的同时也要更新对应的两个主效应，以满足分层结构的假设。

(2) 对于 M 个数据集中同一个自变量的系数 $\beta_j^{(1)}, \beta_j^{(2)}, \cdots, \beta_j^{(M)}$，在每一步迭代中比较各自变量在所有数据集中的导数绝对值之和，在所有数据集中同时更新或不更新，以满足数据集间同质性的结构假设。

基于如上两点改进，分层整合分析的 TGDR 算法请见算法 4.1。

上述算法中固定步长 $\Delta = 0.01$ 后，迭代次数 t_{opt} 和阈值 τ 是两个调节参数。调节参数 τ 越大，每次迭代中参与更新的系数越多。极端地，当 $\tau = 0$ 时所有参数在每一步中都会更新，所有自变量的系数估计值均非零，无法实现特征选

择；当 $\tau=1$ 时每一步中仅更新导数绝对值最大的系数，仅有一个自变量的系数估计值发生变化。迭代次数 t_{opt} 越大，在非零系数的更新逐渐收敛后，导数绝对值较小的系数越有可能参与更新，非零的系数估计值越多，从而选择出的特征越多。图 4.4 展示了固定一个调节参数后，系数估计值随着另一个调节参数的变化情况。

算法 4.1　基于 TGDR 的分层整合分析算法

初始化：$t=0$ 且 $\theta^{(m)}(t)=\mathbf{0}$, $m=1,2,\cdots,M$

for $t \leqslant t_{\text{opt}}$ **do**

  $t=t+1$;

  对于 $m=1,2,\cdots,M$, 记 $f^{(m)}=\left(f_1^{(m)},\cdots,f_p^{(m)},\tilde{f}_{12}^{(m)},\cdots,\tilde{f}_{jk}^{(m)},\cdots\right)^{\mathrm{T}}$ 为似

  　然函数的一阶导数，其中 $f_j^{(m)}$ 和 $\tilde{f}_{jk}^{(m)}$ 分别对应系数 $\beta_j^{(m)}$ 和 $\gamma_{jk}^{(m)}$, 计算

  $f^{(m)}=\left.\dfrac{\partial\mathcal{L}^{(m)}(\theta^{(m)})}{\partial\theta^{(m)}}\right|_{\theta^{(m)}=\theta^{(m)}(t-1)}$;

  计算各自变量的迭代指标 $g=(g_1,\cdots,g_p,\tilde{g}_{12},\cdots,\tilde{g}_{jk},\cdots)^{\mathrm{T}}$。

  (1) $\tilde{g}_{jk}=\mathbf{1}\left(\sum_{m=1}^M|\tilde{f}_{jk}^{(m)}|\geqslant\tau\cdot\max_{u,v}\sum_{m=1}^M|\tilde{f}_{uv}^{(m)}|\right)$;

  (2) $g_j=\mathbf{1}\left(\sum_{m=1}^M|f_j^{(m)}|\geqslant\tau\cdot\max_u\sum_{m=1}^M|f_u^{(m)}|\right)$, 若 $\tilde{g}_{jk}=1$, 则令 $g_j=1$

  　且 $g_k=1$;

  对于 $m=1,2,\cdots,M$, 更新 $\theta^{(m)}(t)=\theta^{(m)}(t-1)+\Delta g\odot f^{(m)}$, 其中 Δ 为迭

  　代步长，$\odot$ 表示向量中逐项相乘;

end

return 参数估计向量 $\theta^{(m)}(t_{\text{opt}})$。

图 4.4 展示了三个数据集中三组主效应-交互效应的系数估计值，分别用三种颜色表示，实线对应主效应，虚线对应交互效应。图 4.4 中左侧是固定阈值 τ, 三组变量系数随着迭代次数的变化，蓝色组主效应先参与更新，交互效应后续也参与更新；红色组一个主效应先参与迭代，随后交互效应把另一个主效应一同拉入迭代过程；黑色组是对因变量没有影响的一组特征，但随着迭代次数的增加，在其余系数的估计逐渐收敛后，也进入迭代中有较小的更新值。图 4.4 中右侧是固定迭代次数 t_{opt} 后，三组变量系数随着 τ 的变化，在 τ 较小时，所有变量的系数都参与迭代，导数相差不大需要更多次的迭代体现各变量间重要性的差异；在 τ 较大接近 1 时，每次迭代仅能针对一个系数进行更新，总体更新速度较慢，也需要更多次的迭代。综上，两个调节参数对于特征的选择和系数的估计都有较大的影响，且 τ 与 t_{opt} 之间也存在着相互影响，因此考虑交叉验证法网格搜索这两个调节参数的最优取值。

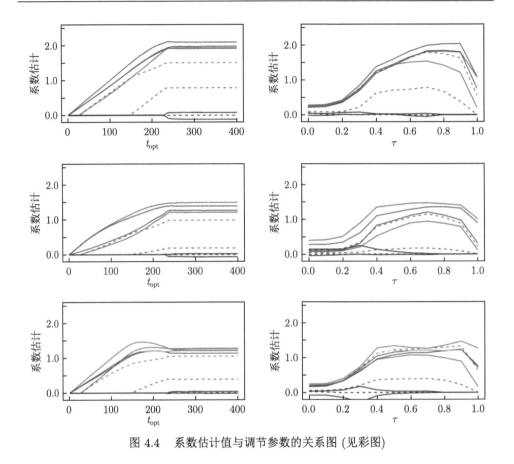

图 4.4   系数估计值与调节参数的关系图 (见彩图)

4.2.3   客户端推荐数据分析

　　该市场研究调查数据收集了新闻客户端的用户体验，包括新闻信息、可视化界面和操作方式等共 78 项，具体描述如表 4.1 所示。用户对于某些指标的利克特量表评级如图 4.5 所示，三个新闻客户端的用户对于各项指标的评分比较相似，不足 10% 的用户评分较低 (1~2 分)，20% 左右的用户评分为 3 分，近半数的用户评分为 4 分，另 30% 的用户评分为 5 分。另外，三个新闻客户端的用户推荐时间描述图可见图 4.6，图中表示客户端 A 的用户主要推荐时间为三周到四周，而客户端 B 和客户端 C 的用户主要推荐时间为两周到三周，分别有 17% 的客户端 A 用户、14% 的客户端 B 用户和 12% 的客户端 C 用户并未在 6 周内推荐客户端。由于三个新闻客户端的用户推荐时间分布既存在共性也存在差异，且各客户端收集的样本数量不大，因此采用整合分析研究对于推荐行为有影响的特征指标有其合理性。本章分别采用整合分析 (M1)，对各子样本量分别建立模型 (M2) 及简单合并所有子样本为一个数据集并统一建立模型 (M3) 三种方法分析该调查数据，并比较其在特征选择、系数估计及预测精度三方面的准确性。

表 4.1　新闻客户端调查研究特征解释表

序号	特征名称	特征解释	序号	特征名称	特征解释
1	D19-1	新闻真实准确，没有虚假信息	25	D19-25	这里有很多我感兴趣的新闻
2	D19-2	新闻是客观的，没有个人偏见	26	D19-26	很方便能够阅读我感兴趣的新闻
3	D19-3	新闻用图片和视频呈现了事件发生的现场	27	D19-27	这款应用程序可以积极呈现我感兴趣的新闻
4	D19-4	新闻的分析是彻底的，导致了事件的性质	28	D20-1	这款应用程序突出了关键点
5	D19-5	这条新闻对该事件提出了多个观点	29	D20-2	图像和文本布局匹配得很好
6	D19-6	有知名专家的专栏或评论	30	D20-3	颜色搭配合理，令人满意
7	D19-7	这条新闻反映了编辑的专业性	31	D20-4	界面设计新颖
8	D19-8	热点话题包括综合性新闻	32	D20-5	界面和 logo 设计可以体现应用程序的特点
9	D19-9	有关于历史、人文、地理、艺术等的新闻，可以开阔我的视野	33	D20-6	界面和 logo 设计可以清楚地表明该应用是新闻应用
10	D19-10	这条新闻包括全球信息	34	D20-7	视频画面生动，质量高
11	D19-11	这些新闻包括了与我日常生活相关的丰富的现场事件	35	D20-8	视频工作正常
12	D19-12	新闻内容包括生活消费打折信息，这给我的生活带来了很大的好处	36	D20-9	录像的查找和播放非常方便
13	D19-13	新闻包括生活中各种有用的信息	37	D20-10	图片清晰，质量高
14	D19-14	重要事件发生时，新闻会及时报道	38	D20-11	查找和阅读这些图片非常方便
15	D19-15	新鲜信息的新闻更新是及时的	39	D20-12	图片的呈现新颖而美丽
16	D19-16	有现场直播的新闻和体育节目	40	D20-13	多媒体类型丰富，选择性高
17	D19-17	新闻的整体风格是可以接受和可取的	41	D20-14	该应用程序不会消耗太多的手机流量
18	D19-18	新闻有不同的风格	42	D20-15	这款应用程序的内存更少，不会影响手机的运行速度
19	D19-19	有一些理想的特殊专栏	43	D20-16	该应用程序自动清理缓存内容，不占用手机存储资源
20	D19-20	这条新闻反映了编辑的立场	44	D20-17	应用程序的操作是平稳的，不会崩溃和闪光
21	D19-21	该应用程序提供了一种参与感	45	D20-18	查看评论很方便
22	D19-22	交互式内容可读性强，质量好	46	D20-19	很方便提交评论
23	D19-23	这个应用程序让我和一群有同样爱好的人能够交流	47	D20-20	该应用程序可以在许多社交平台上共享
24	D19-24	当我参与使用应用程序时，可以找到有相同喜恶的人	48	D20-21	很容易找到功能集菜单

序号	特征名称	特征解释	序号	特征名称	特征解释
49	D20-22	功能键的设置合理, 不浪费有限的接口	64	D20-37	很容易就能找到我感兴趣的东西
50	D20-23	功能设计符合常规操作习惯	65	D21-1	这款应用程序的广告很容易找到
51	D20-24	内容部分可以自由设置	66	D21-2	我对这款应用程序的广告印象深刻
52	D20-25	功能和设计可以根据我的喜好和需要设置	67	D21-3	这款应用的广告很抢手
53	D20-26	有许多类型的订阅	68	D21-4	这款应用程序得到了相关专家的好评和认可
54	D20-27	每种订阅类型都包含许多来源	69	D21-5	这个应用程序总是与一些重大事件和体育相关
55	D20-28	订阅过程很简单, 只有几个步骤	70	D21-6	这款应用程序口碑很好
56	D20-29	新闻可以根据关键字订阅	71	D21-7	周围的人都在用这款个应用程序
57	D20-30	很容易就能找到我想订阅的新闻	72	D21-8	该应用程序的母品牌有良好的形象, 并被认可
58	D20-31	可以根据我的喜好选择推送消息	73	D21-9	应用程序的母品牌有很大的影响力
59	D20-32	搜索界面中有热门搜索词	74	D21-10	应用程序的母品牌形象符合新闻产品的特点
60	D20-33	推荐的新闻是符合我的喜好的	75	D21-11	这款应用程序有着鲜明的品牌个性, 如青春、严谨等
61	D20-34	搜索结果丰富而准确	76	D21-12	应用程序的用户组和我是同一类型的
62	D20-35	我想补充的新闻很容易找到	77	D21-13	这款应用程序的个性是我最喜欢的
63	D20-36	导航栏清晰	78	D21-14	该应用程序的整体风格是可接受和可取的

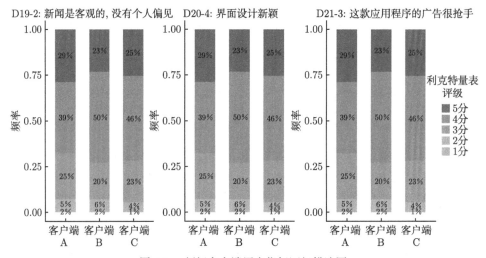

图 4.5　新闻客户端用户指标评级描述图

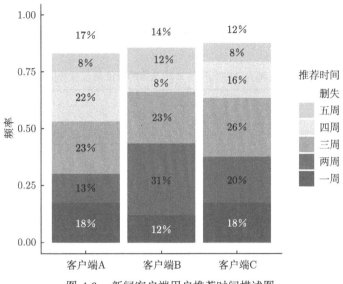

图 4.6　新闻客户端用户推荐时间描述图

1. 特征选择

整合分析方法 (M1) 通过同质性约束在各子样本间选择相同的特征；分开建模方法 (M2) 对各子样本分别建立模型，无法保证在各子样本间选择出相同的特征；合并建模方法 (M3) 综合所有数据集建立统一的模型，也在各子样本间选择相同的特征。三种方法在各子样本间选择的特征个数及其在不同情况下选择的相同特征数请见表 4.2。如表 4.2 所示，M1 方法选择 12 个主效应及 10 个交互效应；M2 方法在不同的子样本间选择的特征个数不同，在客户端 A 中选择 11 个主效应及 3 个交互效应，在客户端 B 中选择出 11 个主效应及 9 个交互效应；在客户端 C 中选择 13 个主效应及 6 个交互效应，其中客户端 A 和客户端 B 中有 8 个主效应相同，在客户端 A 和客户端 C 中有 9 个主效应相同，在客户端 B 和客户端 C 中有 9 个主效应相同 4 个交互效应相同；M3 方法选择出 13 个主效应及 10 个交互效应。三种方法在三个子样本上均有相同的主效应和交互效应被选择。M1 和 M3 选择相同的 11 个主效应及相同的 7 个交互效应。M2 在不同的子样本上选择的特征个数不同，在客户端 B 上选择的主效应与交互效应与 M1 方法和 M3 方法有最多的相叠。

为比较三种方法对于特征选择的稳定性，本节绘制各种方法的 OOI 图。OOI 通过自助抽样算法 (Bootstrap) 衡量各方法在变量选择方面的稳定性，用各特征在 Bootstrap 样本上被选择的次数的平均值表示各方法对于样本微小变动的敏感程度，OOI 值越小表示该方法对于样本的微小变动越敏感，稳定性越差。M1、M2

和 M3 三种方法对于该调查数据分析的 OOI 图见图 4.7。图中绘制了基于 500 次自助抽样算法得到的最大的前 20 个主效应 (第一行) 及最大的前 20 个交互效应

表 4.2　三种方法在各子样本间选择的特征数及重叠数情况表

主效应

		M1			M2			M3		
		客户端 A	客户端 B	客户端 C	客户端 A	客户端 B	客户端 C	客户端 A	客户端 B	客户端 C
M1	客户端 A	12	12	12	8	10	9	11	11	11
	客户端 B	12	12	12	8	10	9	11	11	11
	客户端 C	12	12	12	8	10	9	11	11	11
M2	客户端 A			11	8	9	9	9	9	
	客户端 B			8	11	9	11	11	11	
	客户端 C			9	9	13	10	10	10	
M3	客户端 A					13	13	13		
	客户端 B					13	13	13		
	客户端 C					13	13	13		

交互效应

		M1			M2			M3		
		客户端 A	客户端 B	客户端 C	客户端 A	客户端 B	客户端 C	客户端 A	客户端 B	客户端 C
M1	客户端 A	10	10	10	0	7	3	7	7	7
	客户端 B	10	10	10	0	7	3	7	7	7
	客户端 C	10	10	10	0	7	3	7	7	7
M2	客户端 A			3	0	0	0	0	0	
	客户端 B			0	9	4	6	6	6	
	客户端 C			0	4	6	2	2	2	
M3	客户端 A					10	10	10		
	客户端 B					10	10	10		
	客户端 C					10	10	10		

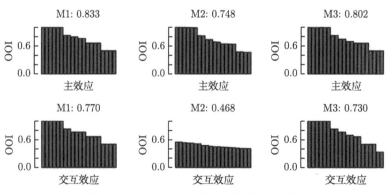

图 4.7　基于 TGDR 的特征选择 OOI 图

(第二行) 的 OOI 值,并列出其均值。M1 方法的 OOI 均值最大表示该方法特征选择的稳定性最好,M2 方法的 OOI 均值最小表示该方法特征选择的稳定性最差,因为 M2 方法仅利用单个数据集的样本。

2. 系数估计

整合分析方法 (M1) 尽管在各子样本间选择相同的特征,但对应的系数估计值不同;分开建模方法 (M2) 在各子样本间既选择不同的特征又有不同的系数估计值;合并建模方法 (M3) 在各子样本间既选择相同的特征又有相同的系数估计值。三个客户端在不同方法下各指标评级对于推荐时间的具体系数估计值见表4.3。如表 4.3 所示,整合分析针对主效应的估计在三个客户端子样本上有较大的差异,针对交互效应的估计在各子样本间的差异较小。

表 4.3 基于 TGDR 的系数估计表

	客户端 A			客户端 B			客户端 C		
	M1	M2	M3	M1	M2	M3	M1	M2	M3
D19-2	0.001		−0.067	−0.110	−0.039	−0.067	−0.126	0.004	−0.067
D19-4	0.056	−0.006	−0.043	−0.069	−0.031	−0.043	−0.132	−0.002	−0.043
D19-5	0.069	0.023	0.070	0.092	0.051	0.070	0.002	0.036	0.070
D19-15	0.075			0.033			−0.148		
D19-18		−0.020	−0.049		0.013	−0.049		−0.029	−0.049
D19-21	0.059	0.011	−0.029	−0.118	−0.052	−0.029	−0.148		−0.029
D19-24	0.069	0.042	−0.110	−0.243	−0.072	−0.110	−0.070	0.010	−0.110
D20-2	0.012		−0.047	−0.061	−0.020	−0.047	−0.070	−0.011	−0.047
D20-4	0.097	0.048	−0.020	−0.126	−0.056	−0.020	−0.066	−0.007	−0.020
D20-11								0.026	
D20-18	−0.004		0.050	0.212	0.075	0.050	−0.063	−0.002	0.050
D20-22	0.050	0.023	0.030	0.054	0.048	0.030	−0.005	−0.002	0.030
D20-27	0.060	0.018	0.047	0.097		0.047	−0.003		0.047
D20-31	0.068	0.019	−0.082	−0.187	0.002	−0.082	−0.076		−0.082
D21-3		−0.011						−0.031	
D21-13		0.028	0.017			0.017		0.025	0.017
D19-2×D19-4	−0.001		−0.002	−0.002	−0.016	−0.002	−0.002	−0.009	−0.002
D19-2×D19-24	0.001			−0.001	−0.019		−0.001	−0.007	
D19-2×D20-2	−0.001			−0.001	−0.004		−0.001	−0.012	
D19-2×D20-4					−0.019			−0.007	
D19-2×D20-22								−0.007	
D19-2×D20-31	−0.003		−0.005	−0.007	−0.033	−0.005	−0.006		−0.005
D19-4×D19-18			−0.001			−0.001			−0.001
D19-4×D19-21	−0.007		−0.009	−0.008	−0.009	−0.009	−0.009		−0.009

续表

	客户端 A			客户端 B			客户端 C		
	M1	M2	M3	M1	M2	M3	M1	M2	M3
D19-4×D20-2	−0.002		−0.003	−0.003	−0.010	−0.003	−0.003		−0.003
D19-4×D20-22			0.001			0.001		0.002	0.001
D19-4×D20-31	−0.010		−0.013	−0.014	−0.017	−0.013	−0.012		−0.013
D19-15×D20-31	0.001			−0.001			−0.002		
D19-21×D20-31	−0.004		−0.007	−0.008		−0.007	−0.007		−0.007
D19-24×D20-27		0.006							
D19-24×D21-3		−0.001							
D20-2×D20-31			−0.001		−0.017	−0.001			-0.001
D20-4×D20-31	−0.001		−0.003	−0.004	−0.024	−0.003	−0.002		−0.003
D20-27×D21-3		−0.009							

D19-2 (新闻是客观的，没有个人偏见) 在三种方法及三个子样本中均被选择出来，且系数估计值为负数，表示 D19-2 的评分越高，该新闻客户端被推荐给其他人所需的时间越短。D19-5 (这条新闻对该事件提出了多个观点) 也均被选择出来，且系数估计值为正数，表示 D19-5 的评分越高，该新闻客户端被推荐给其他人所需的时间越长。D20-4 (界面设计新颖) 及 D20-22 (功能键的设置合理，不浪费有限的接口) 也均被选择出。对于交互作用，D19-2 (新闻是客观的，没有个人偏见)，D19-4 (新闻的分析是彻底的，导致了事件的性质)，D20-31 (可以根据我的喜好选择推送消息) 易与其他指标产生交互作用对新闻客户端的推荐情况产生影响。

通过表 4.3 的系数估计值，新闻客户端为通过用户推荐的方式增加宣传度和使用量，需要关注对于新闻本身的描述和评论，也需要关注客户端的界面设计和功能键设计，同样需要关注用户的个性化体验，为新闻客户端开发者提供参考。

3. 预测精度

除选择对推荐时间有影响的特征外，研究者还可以对用户的推荐时间进行预测，并比较三种方法在测试集上的预测效果。由于测试集中含有未观测到的删失样本，因此采用生存分析中常用的 Log-rank 指标衡量各方法的预测结果。

Log-rank 检验统计量的原理是先根据预测结果把用户分为短时间推荐用户和长时间推荐用户，然后对这两组人群的 KM 估计曲线进行 Log-rank 检验。Log-rank 检验统计量值越大表示方法区分两类用户的效果越好，也能够从侧面表示对于事件发生时间的预测越准确。三种方法的 Log-rank 统计量分别为 7.832 (M1)、4.261 (M2) 和 6.892 (M3)，即整合分析方法的预测效果好于分开建模方法和合并建模方法，对于单个数据集单独建立模型的方法预测效果最差。

4.3　基于惩罚的分层整合分析

除 TGDR 方法外，研究者还可以通过在似然函数中增加惩罚项，将某些自变量的系数压缩到零，从而实现特征选择。例如，第 3 章采用的 LASSO 方法 (Tibshirani，1996)，其他惩罚方法如 SCAD(Fan and Li，2001)、自适应 LASSO 和 MCP (minimax concave penalty，极小极大凹惩罚) (Zhang，2010) 等。

对于自变量间存在的结构特征，研究者通过改变惩罚项中惩罚函数的形式可以实现带有结构约束的特征选择。例如，当自变量间存在组结构时，Yuan 和 Lin (2006) 提出成组 LASSO，随后有成组 MCP (Wang et al.，2007)、成组 SCAD (Breheny and Huang，2009) 等。本节将基于惩罚方法实现新闻客户端调查数据的整合分析，选择对于推荐客户端有影响的特征主效应及交互效应，并使其满足强分层结构。

4.3.1　惩罚似然函数

特征选择的压缩估计过程即为模型目标函数的优化过程。以一般线性回归模型为例，目标函数包含二次损失函数和惩罚函数两部分，压缩估计是使该目标函数达到最小的参数取值。

对于 M 个子样本，每个子样本中对应可观测到的数据集 $\left\{T^{(m)}, \delta^{(m)}, X_1^{(m)}, X_2^{(m)}, \cdots, X_p^{(m)}\right\}, m = 1, 2, \cdots, M$，在每个子样本上建立 AFT 模型

$$
\begin{cases}
\log(Y^{(1)}) = \sum_{j=1}^p \beta_j^{(1)} X_j^{(1)} + \sum_{j<k} \gamma_{jk}^{(1)} X_j^{(1)} X_k^{(1)} + \epsilon^{(1)} \\[2mm]
\log(Y^{(2)}) = \sum_{j=1}^p \beta_j^{(2)} X_j^{(2)} + \sum_{j<k} \gamma_{jk}^{(2)} X_j^{(2)} X_k^{(2)} + \epsilon^{(2)} \\[2mm]
\vdots \\[2mm]
\log(Y^{(m)}) = \sum_{j=1}^p \beta_j^{(m)} X_j^{(m)} + \sum_{j<k} \gamma_{jk}^{(m)} X_j^{(m)} X_k^{(m)} + \epsilon^{(m)}
\end{cases} \tag{4.3.1}
$$

同理于 4.2.2 节在每个子样本中采用最小二乘估计，其对应的似然函数如公式

(4.2.3)。M 个数据集中对应的总损失函数是各数据集中损失函数的求和

$$\mathcal{L}(\beta,\gamma) = \sum_{m=1}^{M} \frac{1}{n_m} \sum_{i=1}^{n_m} w_i^{(m)} \left(\log(T_{(i)}^{(m)}) - \sum_{j=1}^{p} \beta_j^{(m)} X_{(i),j}^{(m)} - \sum_{j<k} \gamma_{jk}^{(m)} X_{(i),j}^{(m)} X_{(i),k}^{(m)} \right)^2$$

$$(4.3.2)$$

需要注意的是，β 和 γ 是系数矩阵而非向量。其中，$\beta = (\beta_1, \beta_2, \cdots, \beta_p)$ 是 $M \times p$ 的矩阵，$\beta_j = (\beta_j^{(1)}, \beta_j^{(2)}, \cdots, \beta_j^{(M)})^{\mathrm{T}}$ 是第 j 个主效应在全部 M 个数据集中的系数对应的列向量；$\gamma = (\gamma_{12}, \cdots, \gamma_{jk}, \cdots, \gamma_{(p-1),p})$ 是 $M \times p(p-1)/2$ 的矩阵，$\gamma_{jk} = (\gamma_{jk}^{(1)}, \gamma_{jk}^{(2)}, \cdots, \gamma_{jk}^{(M)})^{\mathrm{T}}$ 是第 j 个主效应和第 k 个主效应的交互效应在全部 M 个数据集中的系数对应的列向量。系数矩阵的估计值 $\hat{\beta}$ 和 $\hat{\gamma}$ 是使得目标函数 $Q(\beta,\gamma)$ 取得最小值的优化解，其中，

$$Q(\beta,\gamma) = \mathcal{L}(\beta,\gamma) + \rho_{\lambda_\beta}(\beta) + \rho_{\lambda_\gamma}(\gamma)$$

此处惩罚函数 $\rho_{\lambda_\beta}(\beta)$ 和 $\rho_{\lambda_\gamma}(\gamma)$ 的设定需满足数据特征。

主效应系数的惩罚函数 $\rho_{\lambda_\beta}(\beta)$ 需要考虑子样本间的同质性，即特征变量在全部 M 个数据集中的系数有相同的稀疏性。若将系数矩阵 β 按列分成 p 个组，每个组包含 M 个系数，第 j 个组中的系数是向量 β_j 中包含的元素。相应地，主效应也分成对应的 p 个组，第 j 个组中包含的变量为 $(X_j^{(1)}, X_j^{(2)}, \cdots, X_j^{(M)})$。对组施加组惩罚，使得每个主效应在全部 M 个数据集中同进同出。因此惩罚函数采用 L_2 范数，$\rho_{\lambda_\beta}(\beta) = \lambda_\beta \sum_j \|\beta_j\|_2$。

交互效应系数的惩罚函数同样采用组惩罚 L_2 范数以保证子样本间的同质性。此外，对于交互效应的选择还需满足主效应和交互效应间的强分层约束，即交互效应被选择的前提是对应的两个主效应均被选择。因此本节采用重参数化 (reparametrization) 方法，将交互效应的系数转化为主效应系数和多余参数的乘积，$\gamma_{jk}^{(m)} = \beta_j^{(m)} \beta_k^{(m)} \alpha_{jk}^{(m)}$，对于系数 $\gamma_{jk}^{(m)}$ 就转化为对于多余参数 $\alpha_{jk}^{(m)}$ 的估计。换言之，交互效应系数的惩罚函数就转化为多余参数 $\alpha = (\alpha_{12}, \cdots, \alpha_{jk}, \cdots, \alpha_{(p-1),p})$ 的惩罚函数，其中 $\alpha_{jk} = (\alpha_{jk}^{(1)}, \alpha_{jk}^{(2)}, \cdots, \alpha_{jk}^{(M)})^{\mathrm{T}}$。重参数化显然能够满足强分层约束，当主效应系数 $\beta_j^{(m)} = 0$ 或 $\beta_k^{(m)} = 0$ 时必有 $\gamma_{jk}^{(m)} = 0$；当 $\beta_j^{(m)} \neq 0$ 且 $\beta_k^{(m)} \neq 0$ 时，若 $\alpha_{jk}^{(m)} = 0$ 也有 $\gamma_{jk}^{(m)} = 0$，即主效应未被选择时交互效应必不会被选择，主效应被选择时，交互效应也未必会被选择。因此惩罚函数 $\rho_{\lambda_\gamma}(\gamma) = \rho_{\lambda_\alpha}(\alpha) = \lambda_\gamma \sum_{j<k} \|\alpha_{jk}\|_2$。

损失函数 (4.3.2) 经过中心化后可以简化以方便表达及后续算法的表述。首

先通过 Kaplan-Meier 权重对 $\log(T_{(i)}^{(m)})$，$X_{(i),j}^{(m)}$ 和 $X_{(i),j}^{(m)}X_{(i),k}^{(m)}$ 进行中心化。令

$$
\bar{Y}^{(m)} = \frac{\sum\limits_{i=1}^{n_m} w_i^{(m)} \log(T_{(i)}^{(m)})}{\sum\limits_{i=1}^{n_m} w_i^{(m)}}, \bar{X}_j^{(m)} = \frac{\sum\limits_{i=1}^{n_m} w_i^{(m)} X_{(i),j}^{(m)}}{\sum\limits_{i=1}^{n_m} w_i^{(m)}}, \overline{X_j X_k}^{(m)} = \frac{\sum\limits_{i=1}^{n_m} w_i^{(m)} X_{(i),j}^{(m)} X_{(i),k}^{(m)}}{\sum\limits_{i=1}^{n_m} w_i^{(m)}}
$$

用 $\sqrt{w_i^{(m)}}\left(\log(T_{(i)}^{(m)}) - \bar{Y}^{(m)}\right)$ 替换 $\log(T_{(i)}^{(m)})$，用 $\sqrt{w_i^{(m)}}\left(X_{(i),j}^{(m)} - \bar{X}_j^{(m)}\right)$ 替换 $X_{(i),j}^{(m)}$，用 $\sqrt{w_i^{(m)}}\left(X_{(i),j}^{(m)}X_{(i),k}^{(m)} - \overline{X_j X_k}^{(m)}\right)$ 替换 $X_{(i),j}^{(m)}X_{(i),k}^{(m)}$。为表达方便，如不做特殊说明，本节后面出现的 $\log(T_{(i)}^{(m)})$，$X_{(i),j}^{(m)}$ 和 $X_{(i),j}^{(m)}X_{(i),k}^{(m)}$ 均为该加权平均替换后的值。最终目标函数可以写为

$$
\begin{aligned}
Q(\beta, \alpha) = &\sum_{m=1}^{M} \frac{1}{n_m} \sum_{i=1}^{n_m} \Bigg(\log(T_{(i)}^{(m)}) - \sum_{j=1}^{p} \beta_j^{(m)} X_{(i),j}^{(m)} \\
&- \sum_{j<k} \beta_j^{(m)} \beta_k^{(m)} \alpha_{jk}^{(m)} X_{(i),j}^{(m)} X_{(i),k}^{(m)} \Bigg)^2 \\
&+ \lambda_\beta \sum_j \|\beta_j\|_2 + \lambda_\gamma \sum_{j<k} \|\alpha_{jk}\|_2
\end{aligned}
\tag{4.3.3}
$$

4.3.2　算法

求解使目标函数 (4.3.3) 取得最小值的 $\hat{\beta}$ 和 $\hat{\gamma}$ 为估计的主效应和交互效应系数。本节采用迭代估计的思想，在每次迭代中先固定 β 更新 γ，在固定更新后的 γ 进一步更新 β，直至收敛。在每次更新中采用组下降算法 (group descent approach) (Breheny and Huang，2015)。具体步骤见算法 4.2。

需要注意的是，不同于交互效应系数的估计，主效应的系数逐个进行估计，这是因为每个主效应系数的估计结果为零或不为零均会对相应的交互效应系数产生影响。在算法 4.2 更新 α 和 β_j 的求解过程中，采用组下降算法，以 α 的求解过程为例细述如下，β_j 同理。

(1) 令 $r^{(m)} = \tilde{y}^{(m)} - \sum_{j<k} \hat{\alpha}_{jk}^{(m)} \tilde{X}_{jk}^{(m)}$，$m = 1, 2, \cdots, M$，将全部 M 个数据集的 $r^{(m)}$ 向量合成一个向量，记为 $r = (r^{(1)}, r^{(2)}, \cdots, r^{(M)})^{\mathrm{T}}$。

(2) 计算 $Z_{jk} = \tilde{X}_{jk}^{\mathrm{T}} r + \hat{\alpha}_{jk}$，$j < k$，$j, k = 1, 2, \cdots, p$，其中，$\hat{\alpha}_{jk} = (\hat{\alpha}_{jk}^{(1)}, \hat{\alpha}_{jk}^{(2)}, \cdots, \hat{\alpha}_{jk}^{(M)})$，且 $\tilde{X}_{jk} = \mathrm{diag}(\tilde{X}_{jk}^{(1)}, \tilde{X}_{jk}^{(2)}, \cdots, \tilde{X}_{jk}^{(M)})$。

算法 4.2 基于惩罚函数分层整合分析算法

初始化：$t = 0$ 且采用岭回归作为初始值 $\tilde{\beta}(t) = \mathbf{0}$，$\tilde{\alpha}(t) = \mathbf{0}$

for $\max\left\{\|\hat{\beta}(t) - \hat{\beta}(t-1)\|_2,\ \hat{\alpha}(t) - \hat{\alpha}(t-1)\|_2\right\} \leqslant 10^{-3}$ **do**

   $t = t + 1$;

   更新 α。对于 $i = 1, 2, \cdots, n_m$，令

$$\tilde{y}_i^{(m)} = \log(T_{(i)}^{(m)}) - \sum_{j=1}^{p} \hat{\beta}_j^{(m)}(t-1) X_{(i),j}^{(m)}$$

   对于 $i = 1, 2, \cdots, n_m$，$j < k$，$j, k = 1, 2, \cdots, p$，令

$$\tilde{X}_{i,jk}^{(m)} = \hat{\beta}_j^{(m)}(t-1)\hat{\beta}_k^{(m)}(t-1) X_{(i),j}^{(m)} X_{(i),k}^{(m)}$$

   通过最小化

   $Q_\beta(\alpha) = \sum_{m=1}^{M} \frac{1}{n_m} \sum_{i=1}^{n_m} \left(\tilde{y}_i^{(m)} - \sum_{j<k} \alpha_{jk}^{(m)} \tilde{X}_{i,jk}^{(m)}\right)^2 + \lambda_\gamma \sum_{j<k} \|\alpha_{jk}\|_2$ 得到

   估计值 $\hat{\alpha}(t)$;

   更新 β。**for** $j = 1, 2, \cdots, p$ **do**

   对于 $i = 1, 2, \cdots, n_m$，令

   $\tilde{y}_i^{(m)} = \log(T_{(i)}^{(m)}) - \sum_{j \neq k} \hat{\beta}_k^{(m)}(t-1) X_{(i),k}^{(m)} - \sum_{k<l, k, l \neq j} \hat{\beta}_k^{(m)}(t-1)\hat{\beta}_l^{(m)}(t-1)$

   $X_{(i),k}^{(m)} X_{(i),l}^{(m)}$

   $\tilde{X}_i^{(m)} = \tilde{X}_{(i),j}^{(m)} + \sum_{k<j} \hat{\alpha}_{kj}^{(m)}(t)\hat{\beta}_k^{(m)}(t-1) X_{(i),k}^{(m)} X_{(i),j}^{(m)} + \sum_{k>j} \hat{\alpha}_{kj}^{(m)}(t)$

   $\hat{\beta}_k^{(m)}(t-1) X_{(i),k}^{(m)} X_{(i),j}^{(m)}$

   通过最小化 $Q_\alpha(\beta_j) = \sum_{m=1}^{M} \frac{1}{n_m} \sum_{i=1}^{n_m} \left(\tilde{y}_i^{(m)} - \beta_j^{(m)} \tilde{X}_i^{(m)}\right)^2 + \lambda_\beta \|\beta_j\|_2$ 得到估

   计值 $\hat{\beta}(t)$;

   end

end

return 参数估计矩阵 $\hat{\beta}$ 和 $\hat{\alpha}$。

(3) 计算 $\hat{\alpha}'_{jk} = S(Z_{jk}, \lambda_\gamma)$，其中 $S(Z_{jk}, \lambda_\gamma) = S(\|Z_{jk}\|, \lambda_\gamma)\dfrac{Z_{jk}}{\|Z_{jk}\|}$ 且 $S(\|Z_{jk}\|,$

$\lambda_\gamma) = \begin{cases} \|Z_{jk}\| - \lambda_\gamma, & \|Z_{jk}\| > \lambda_\gamma \\ 0, & \|Z_{jk}\| \leqslant \lambda_\gamma \end{cases}$ 是软阈值函数 (soft-thresholding operator)。

(4) 更新 $r \leftarrow r - \tilde{X}_{jk}(\hat{\alpha}'_{jk} - \hat{\alpha}_{jk})$。

(5) 重复以上迭代直至收敛。

算法 4.2 中 λ_β 和 λ_γ 为两个调节参数。本研究在确定调节参数时，固定其

中一个调节参数对另一个调节参数进行选择。选择依据为最小化 BIC 准则，定义 $\mathrm{BIC} = \log(\mathrm{RSS}) + \mathrm{df} \times \log(n)/n$，其中 n 为全部数据集的总样本量，RSS 为回归离差平方和，df 为选择的主效应和交互效应个数之和。

4.3.3　客户端推荐数据分析

对于调查收集到的三个新闻客户端的数据，采用基于惩罚的分层整合分析方法 (记为 W1) 选择对用户推荐时间有影响的特征变量及其交互，并与其他两种方法进行比较。其一，对各子样本分别建立惩罚特征选择模型 (记为 W2)；其二，简单合并三个子样本为一个数据集并建立统一的模型 (记为 W3)。在 W2 与 W3 方法中通过重参数化实现主效应与交互效应间的分层结构，并采用 L1 范数的 LASSO 惩罚方法实现特征选择。与 4.2.3 节相同，分别比较三种方法在特征选择、系数估计和预测精度三个方面的准确性。

1. 特征选择

三种方法在各子样本间选择出的特征个数及其对应的相同特征数见表 4.4。如表 4.4 所示，W1 方法选择出 21 个主效应及 9 个交互效应，通过整合分析在三个子样本上选择的特征个数相同；W2 方法在不同的子样本上选择的特征个数不同，在客户端 A 中选择 14 个主效应及 9 个交互效应，在客户端 B 中选择 20 个主效应及 14 个交互效应，在客户端 C 中选择 13 个主效应及 7 个交互效应，其中在三个客户端上鲜少有相同的特征被选择，仅客户端 A 和客户端 B 有相同的 3 个主效应，客户端 B 和客户端 C 有相同的 4 个主效应；W3 方法选择 23 个主效应和 11 个交互效应。在三种方法的选择结果比较上，W1 和 W3 选择相同的 16 个主效应和相同的 2 个交互效应。M2 方法与其他两种方法的重叠相对较小，在客户端 B 上选择的主效应与 W1 方法和 W3 方法最为相似。与 4.2.3 节基于 TGDR 方法的结果比较，基于惩罚的方法倾向于选择更多的特征，然而各种方法间的差异性增大，在分别建立模型的方法上表现更为显著。M2 方法在各子样本间的选择结果有较多重叠，而 W2 方法在三个数据集上的选择结果不尽相同，也可以据此反映出样本量不足在高维特征选择中的劣势。

同样绘制三种方法的 OOI 图以比较其在特征选择上的稳定性，如图 4.8 所示。W1 方法的 OOI 均值最大表示该方法特征选择的稳定性最好，W2 方法受样本量小的限制稳定性最差。与基于 TGDR 的特征选择方法相比，图 4.8 所示的方法 OOI 相对较小，尤其是针对 W2 方法和交互效应，这与表 4.4 的结果相符，W2 方法及选择的交互效应重叠最少。这表示在该调查数据集上，惩罚似然特征选择相对于 TGDR 特征选择更不稳定。

表 4.4　　三种方法在各子样本间选择的特征数及重叠数情况表

| | | 主效应 | | | | | | | | |
| | | M1 | | | M2 | | | M3 | | |
		客户端A	客户端B	客户端C	客户端A	客户端B	客户端C	客户端A	客户端B	客户端C
W1	客户端A	21	21	21	5	10	9	16	16	16
	客户端B	21	21	21	5	10	9	16	16	16
	客户端C	21	21	21	5	10	9	16	16	16
W2	客户端A			14	3	0	7	7	7	
	客户端B			3	20	4	12	12	12	
	客户端C			0	4	13	8	8	8	
W3	客户端A					23	23	23		
	客户端B					23	23	23		
	客户端C					23	23	23		

| | | 交互效应 | | | | | | | | |
| | | M1 | | | M2 | | | M3 | | |
		客户端A	客户端B	客户端C	客户端A	客户端B	客户端C	客户端A	客户端B	客户端C
W1	客户端A	9	9	9	1	1	2	2	2	2
	客户端B	9	9	9	1	1	2	2	2	2
	客户端C	9	9	9	1	1	2	2	2	2
W2	客户端A			9	0	0	0	0	0	
	客户端B			0	14	0	0	0	0	
	客户端C			0	0	7	1	1	1	
W3	客户端A					11	11	11		
	客户端B					11	11	11		
	客户端C					11	11	11		

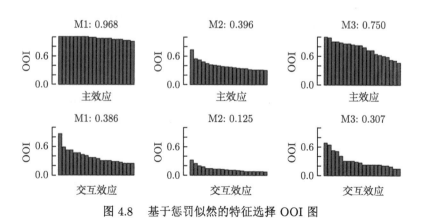

图 4.8　基于惩罚似然的特征选择 OOI 图

2. 系数估计

三种方法在各子样本上的系数估计值见表 4.5 和表 4.6。对于主效应的选择，4.2.3 节基于 TGDR 方法选择的特征主效应在表 4.5 中大部分都被选择出来，另外基于惩罚函数的方法选择更多的特征，尤其是对于客户端自身的一些衡量指标。例如，D21-1 和 D21-3 在表 4.5 的大多数方法里均被选择出来且系数估计值为负，表示对与广告的评价越高，该新闻客户端被推荐给其他人所需的时间越短。D21-8 和 D21-11 也被选择出来，对于新闻客户端的母品牌的形象评价越高，该新闻客户端被推荐给其他人所需的时间越短。

对于交互效应的选择，表 4.6 的系数分布比较分散，整合分析方法选择出的交互效应主要集中在 D19-2，D19-4，和 D19-7 上，这与 4.2.3 节基于 TGDR 方法的交互效应选择结果吻合。

表 4.5 基于惩罚似然的系数估计表 (主效应)

	客户端 A			客户端 B			客户端 C		
	W1	W2	W3	W1	W2	W3	W1	W2	W3
D19-1	−0.050		−0.069	−0.276		−0.069	−0.031		−0.069
D19-2	0.023		−0.138	−0.281	−0.261	−0.138	−0.270	−0.275	−0.138
D19-3			−0.134		−0.215	−0.134		−0.111	−0.134
D19-4	0.008		−0.054	−0.092	0.058	−0.054	−0.173	−0.210	−0.054
D19-6		−0.037							
D19-7	−1.089	−1.039	−0.597	−0.103	−0.127	−0.597	−0.102		−0.597
D19-8		−0.133							
D19-9								−0.104	
D19-11			−0.051		−0.152	−0.051			−0.051
D19-12		−0.112							
D19-13		−0.047	−0.013			−0.013			−0.013
D19-15	0.029		−0.026	0.035		−0.026	−0.207	−0.179	−0.026
D19-16					0.401				
D19-18			−0.047			−0.047		−0.148	−0.047
D19-19		−0.039							
D19-20	−0.126			0.183			0.001		
D19-21	0.036			−0.105	−0.153		−0.221	−0.282	
D19-22	−0.305	−0.301	−0.186	−0.107		−0.186	−0.146		−0.186
D19-24	0.019		−0.081	−0.452	−0.222	−0.081	−0.044		−0.081
D19-25		−0.012							
D19-26		−0.022							

续表

	客户端 A			客户端 B			客户端 C		
	W1	W2	W3	W1	W2	W3	W1	W2	W3
D19-27	−0.029			−0.148	−0.160		−0.044		
D20-1	−0.096	−0.061	−0.054	−0.031		−0.054	−0.080		−0.054
D20-2	−0.091		−0.062	−0.035	−0.157	−0.062	−0.070		−0.062
D20-3		−0.130							
D20-4					−0.171				
D20-7	0.017			0.217			−0.162	−0.178	
D20-8	−0.061		−0.018	−0.135	−0.172	−0.018	0.027	0.000	−0.018
D20-10								−0.097	
D20-13	0.007		−0.035	0.182		−0.035	−0.233	−0.196	−0.035
D20-18					0.448				
D20-21					−0.302				
D20-28					−0.108				
D20-31	−0.024		−0.147	−0.414	−0.381	−0.147	−0.108		−0.147
D20-33			−0.061		−0.172	−0.061			−0.061
D20-34			−0.011			−0.011			−0.011
D21-1	−0.054	−0.034	−0.051	−0.199		−0.051	−0.009		−0.051
D21-3	−0.038		−0.042	0.132		−0.042	−0.112	−0.063	−0.042
D21-8	−0.128	−0.033	−0.041	−0.368	−0.113	−0.041	0.108		−0.041
D21-9		−0.024	−0.066		−0.131	−0.066			−0.066
D21-11	−0.036		−0.093	−0.016		−0.093	−0.142	−0.105	−0.093
D21-12	0.005			0.098			−0.111	−0.162	
D21-14					0.065				

表 4.6　基于惩罚似然的系数估计表 (交互效应)

	客户端 A			客户端 B			客户端 C		
	W1	W2	W3	W1	W2	W3	W1	W2	W3
D19-1×D20-13			−0.010			−0.010			−0.010
D19-2×D19-7	−0.147			0.079			0.118		
D19-2×D19-9								−0.110	
D19-2×D19-15			−0.200			−0.200			−0.200
D19-2×D19-22			−0.020			−0.020			−0.020
D19-2×D19-24	−0.037			−0.132	0.037		0.004		
D19-2×D20-4					−0.019				
D19-2×D20-13	0.220			−0.626			−0.556	−0.237	

	客户端 A			客户端 B			客户端 C		
	W1	W2	W3	W1	W2	W3	W1	W2	W3
D19-2×D20-31					−0.417				
D19-2×D21-11								−0.080	
D19-3×D19-4								−0.134	
D19-3×D19-21					−0.122				
D19-3×D19-27					0.351				
D19-3×D20-4					0.109				
D19-3×D20-31			0.009			0.009			0.009
D19-4×D19-7	0.210			−0.466			−0.120		
D19-4×D20-13	−0.078		−0.396	−1.117		−0.396	0.075	0.071	−0.396
D19-7×D19-8		−0.154							
D19-7×D19-11			−0.236			−0.236			−0.236
D19-7×D19-13		−0.088							
D19-7×D19-19		0.072							
D19-7×D19-22	−0.035	−0.117			0.850		−0.273		
D19-7×D20-2			−0.261			−0.261			−0.261
D19-7×D20-3		−0.200							
D19-7×D20-13	0.168			−0.207			−0.567		
D19-7×D20-28					0.020				
D19-7×D20-31	−0.278		−0.139	−1.611		−0.139	0.071		−0.139
D19-7×D21-9		−0.031							
D19-7×D21-11	−0.670				0.695		−0.156		
D19-11×D19-24					0.171				
D19-12×D20-1		−0.015							
D19-12×D20-3		0.135							
D19-18×D21-12								0.134	
D19-24×D19-27					−0.234				
D19-27×D20-21					−0.397				
D20-1×D21-8		−0.117							
D20-1×D21-9			−0.168			−0.168			−0.168
D20-8×D20-33					−0.045				
D20-8×D21-1			−0.016			−0.016			−0.016
D20-8×D21-11			−0.030			−0.030			−0.030
D20-13×D21-12								−0.291	
D20-33×D21-8					−0.136				
D20-33×D21-14					−0.370				
D21-8×D21-9					−0.215				

3. 预测精度

基于选择出的特征主效应和交互效应及其对应的估计系数，本节可以对用户的推荐时间进行预测，并通过 Log-rank 统计量比较三种方法的预测效果。三种方法的 Log-rank 统计量分别为 34.82 (W1)、33.85 (W2) 和 32.21 (W3)，这表示W1 方法对于新闻客户端推荐时间的预测效果更好。

4.4 小结与评述

本章基于 TGDR 整合分析和惩罚正则化整合分析实现多源调查数据的特征选择，兼顾各调查子总体间的异同，充分利用各调查数据的原始信息。在算法设计上，本章围绕两个数据特点构建删失数据的特征选择算法：其一，针对多个子总体间的影响因素同质性结构采用成组特征选择思想；其二，针对各特征间交互效应和主效应的分层结构采用重参数化方法。在结果分析上，本章分别从特征选择、系数估计和预测精度三个方面与其他方法进行比较，增加模型的解释性和实用性，为新闻客户端开发者及应用决策者提供参考。

依据不同的数据特点及实际需要，本章提出的基于 TGDR 的分层整合分析算法和基于惩罚函数的分层整合分析算法可以实现以下两个方向的拓展。

(1) 若解释变量和因变量间存在非线性关系，即 X_j 对 Y 的影响并非通过线性的 βX_j 而是一个未知的函数 $f(X_j)$，可以通过一组基函数的线性组合对该函数进行逼近。此时为了实现不同子总体间的特征选择同质性，需要考虑两个方面的组结构，一是与线性时相同，将不同子样本中对应的相同解释变量视为一组以实现其在各样本间同进同出；二是将各函数线性展开后对应的基函数视为一组以实现非参数的特征选择。

(2) 若各数据集间的结构差异不满足同质性假设，同质性结构要求各调查有相同的数据收集标准、相同的样本纳入排除准则、相同的变量测量方式。这在很多调查中较难满足，尤其是一些观察数据，因此需要考虑各数据集间的异质性结构。如图 4.2 所示，相比于同质性结构，异质性结构更加复杂，除了需要识别哪些特征会对因变量有影响外，还需针对已选择的特征识别其作用的子样本。在算法上，TGDR 需要添加一层新的比较，在固定变量 j 时，识别出需要迭代更新的 $f_j^{(m)}, m \in \{1, 2, \cdots, M\}$；惩罚似然函数需要另外添加 L_1 惩罚函数实现各特征在子样本间的稀疏化，此时算法的求解过程会更加复杂，有兴趣的读者可参考 Liu 等 (2014) 和 Huang 等 (2017) 的相关研究。

4.5 附　录

本节在不同模拟设置下比较整合分析方法、对各子样本分开建模方法以及合并子样本建立统一模型的方法在特征选择、系数估计和预测效果三方面的表现。

1. 模拟设置及评价指标

假定生存时间的对数值的生成方式为

$$\log(Y^{(m)}) = X^{(m)}\beta^{(m)} + \epsilon^{(m)}, \; m = 1, 2, \cdots, M$$

删失时间 $C^{(m)}$ 服从均匀分布 $U(-a, a)$，调节 a 的大小以满足删失率为 10%。删失指标为 $\delta = \mathbf{1}(Y \leqslant C)$。假定数据集个数 $M = 3$，各子数据集的样本量 $n_1 = n_2 = n_3 = 200$，则总样本量 $n = 600$，主效应维数 $p = 50$，则二阶交互效应的位数为 $50 \times 49/2 = 1225$；考虑以下三种模拟数据生成方式。

(1) 情形 1 (S1)：解释变量 $X_j^{(m)}, j = 1, 2, \cdots, p; m = 1, 2, \cdots, M$ 独立地从 $N(0,1)$ 分布中生成，误差项 $\epsilon^{(m)}, m = 1, 2, \cdots, M$ 独立地从 $N(0,1)$ 分布中生成。主效应系数及交互效应系数设置为

	β_1	β_2	β_3	β_4	β_5	β_6	β_7	β_8	β_9	β_{10}	γ_{12}	γ_{13}	γ_{14}	γ_{23}	γ_{24}	γ_{34}	γ_{56}	γ_{57}	γ_{67}	γ_{89}
$m=1$	2	2	2	2	2	1	1	1	1	1	2	2	2	2	2	1	1	1	1	1
$m=2$	1.5	1.5	1.5	1.5	1.5	1	1	1	1	1	1.5	1.5	1.5	1.5	1.5	1	1	1	1	1
$m=3$	1	1	1	1	1	0.5	0.5	0.5	0.5	0.5	1	1	1	1	1	0.5	0.5	0.5	0.5	0.5

$$(4.5.1)$$

其余系数均为 0，三个数据集中的系数设定满足同质性及强分层结构。

(2) 情形 2 (S2)：解释变量间存在相关性，第 j 个变量与第 k 个变量间的相关系数为 $0.5^{|j-k|}$，其余设定与情形 1 中相同。

(3) 情形 3 (S3)：主效应系数及交互效应系数设置为

	β_1	β_2	β_3	β_4	β_5	β_6	β_7	β_8	β_9	β_{10}	γ_{12}	γ_{13}	γ_{14}	γ_{23}	γ_{24}	γ_{34}	γ_{56}	γ_{57}	γ_{67}	γ_{89}
$m=1$	2	2	2	2	2	-1	1	1	1	1	2	1.5	1.5	-1	1	0.5	0.5	0.5	0.5	0.5
$m=2$	1.5	1.5	1.5	1.5	1.5	1	1	1	1	1	2	1	1	0.5	0.5	0.5	1.5	1.5	1.5	1.5
$m=3$	1	1	1	1	-1	0.5	0.5	0.5	0.5	1.5	1	0.5	0.5	0.5	-2	2	2	2	2	2

$$(4.5.2)$$

其余系数均为 0，其他设定与情形 1 中相同。该情形下三个数据集间系数的差异性相比情形 1 中更大，且存在数据集间系数正负抵消的情况。

为比较多数据集中三种方法的表现，针对特征选择的准确性，分别考虑主效应及交互效应的变量选择真阳性率 (true positive rate, TPR) 和假阳性率 (false positive rate, FPR)，TPR 越大 FPR 越小表示特征选择的准确性越高。针对系数

估计的准确性,分别考虑主效应系数估计及交互效应系数估计的均方误差 (MSE),MSE 越小表示系数估计的准确性越高。针对预测的准确性,考虑各数据集上的平均预测误差 (PE),PE 越小表示预测准确性越高。

2. 基于 TGDR 方法的模拟结果

基于 TGDR 方法的整合分析方法 (M1)、对各子样本分开建模方法 (M2) 以及合并子样本建立统一模型的方法 (M3) 得到的模拟结果如表 4.7 所示。表中列出 100 次蒙特卡罗模拟的平均值及标准误差 (括号中的数值为标准误差)。如表 4.7 所示,M1 方法在特征选择效果上明显优于 M2 方法和 M3 方法,表现在有更大的 TPR 和更小的 FPR;此外,M1 方法的 MSE 和 PE 小于 M2 方法和 M3 方法,尤其在 S2 和 S3 中,优势更为明显。在 S1 和 S2 中,由于各子数据集间的系数设置相差不大,M3 方法由于样本量优势比 M2 方法有更好的估计结果;然而在 S3 中各子数据集间的系数设置差距变大时,M3 方法由于建立统一的模型忽略掉数据集间的差异,表现劣于 M2 方法。根据三种设置下的模拟结果可知,整合

表 4.7　基于 TGDR 方法得到的模拟结果

情形	方法	TPR		FPR		MSE		PE
		主效应	交互效应	主效应	交互效应	主效应	交互效应	
S1	M1	0.963	1.000	0.000	0.000	1.736	4.104	4.403
		(0.030)	(0.001)	(0.000)	(0.000)	(0.305)	(0.609)	(0.865)
	M2	0.859	0.993	0.047	0.002	9.744	13.513	14.120
		(0.033)	(0.002)	(0.012)	(0.000)	(0.500)	(0.607)	(2.018)
	M3	0.818	1.000	0.002	0.000	1.993	2.867	4.572
		(0.060)	(0.000)	(0.002)	(0.000)	(0.175)	(0.351)	(1.114)
S2	M1	0.750	1.000	0.000	0.000	0.824	0.792	16.446
		(0.068)	(0.000)	(0.001)	(0.000)	(0.199)	(0.299)	(7.248)
	M2	0.467	0.989	0.000	0.000	2.212	2.726	14.414
		(0.036)	(0.003)	(0.000)	(0.000)	(0.395)	(0.529)	(4.790)
	M3	0.509	1.000	0.010	0.000	1.750	1.840	17.152
		(0.060)	(0.000)	(0.009)	(0.000)	(0.126)	(0.210)	(5.685)
S3	M1	0.954	1.000	0.000	0.000	1.093	3.838	5.135
		(0.040)	(0.001)	(0.000)	(0.000)	(0.281)	(1.211)	(1.272)
	M2	0.664	0.990	0.000	0.001	3.932	5.904	8.711
		(0.043)	(0.002)	(0.002)	(0.000)	(0.873)	(0.922)	(1.824)
	M3	0.761	0.989	0.005	0.001	4.507	6.578	9.671
		(0.071)	(0.010)	(0.005)	(0.000)	(0.191)	(0.416)	(1.483)

分析方法更加适用于特征变量在各数据集间有相同的稀疏性但有不同的影响时,

如设置 S3 时，整合分析此时能够满足同时选择分开估计的需求。

3. 基于惩罚似然方法的模拟结果

基于惩罚似然的整合分析方法 (W1)、对各子样本分开建模方法 (W2) 以及合并子样本建立统一模型的方法 (W3) 得到的模拟结果如表 4.8 所示。表中列出 100 次蒙特卡罗模拟的平均值及标准误差 (括号中的数值为标准误差)。如表 4.8 所示，W1 方法对于主效应的选择和 W2 方法以及 W3 方法表现相当，但对于交互效应的选择更有优势；此外，W1 方法的 MSE 和 PE 小于 W2 方法和 W3 方法，尤其在 S3 中的优势更为明显。在 S3 中各子数据集间的差距较大时，W1 方法的 MSE 与 S1 和 S2 时相差不大，而 W2 方法和 W3 方法在 S3 中的 MSE 明显大于 S1 和 S2 时，该表现同样体现了整合分析方法在各数据集间特征变量有相同的稀疏性及不同的影响大小时的优势。

表 4.8　基于惩罚似然方法得到的模拟结果

情形	方法	TPR		FPR		MSE		PE
		主效应	交互效应	主效应	交互效应	主效应	交互效应	
S1	W1	0.838	1.000	0.007	0.000	0.277	0.402	3.855
		(0.032)	(0.000)	(0.002)	(0.000)	(0.044)	(0.106)	(2.222)
	W2	0.811	0.992	0.002	0.000	0.685	1.427	4.534
		(0.028)	(0.002)	(0.004)	(0.000)	(0.638)	(1.543)	(2.861)
	W3	0.934	1.000	0.003	0.000	1.249	1.461	5.428
		(0.029)	(0.000)	(0.001)	(0.000)	(0.038)	(0.084)	(1.826)
S2	W1	0.973	1.000	0.002	0.000	0.186	0.193	25.838
		(0.013)	(0.000)	(0.001)	(0.000)	(0.026)	(0.040)	(27.169)
	W2	0.974	0.999	0.001	0.000	0.255	0.404	25.024
		(0.012)	(0.000)	(0.003)	(0.000)	(0.316)	(0.923)	(26.421)
	W3	0.997	1.000	0.001	0.000	1.400	1.397	19.885
		(0.008)	(0.000)	(0.000)	(0.000)	(0.049)	(0.065)	(13.663)
S3	W1	0.917	1.000	0.003	0.000	0.154	0.222	3.575
		(0.030)	(0.000)	(0.001)	(0.000)	(0.024)	(0.050)	(2.734)
	W2	0.920	0.997	0.029	0.001	1.635	5.534	7.744
		(0.015)	(0.001)	(0.012)	(0.000)	(0.564)	(2.403)	(3.323)
	W3	0.927	0.980	0.002	0.001	4.002	7.098	9.843
		(0.023)	(0.003)	(0.001)	(0.000)	(0.117)	(0.351)	(3.562)

第 5 章　计数数据的多点膨胀分析

调查分析中常常以受访者在一段时间内发生事件的数量作为研究目标，例如受访者在阶段时间内病状计数或特定行为的次数等，这些都是常见的计数数据，其观测值为非负整数。计数数据在生物医学、社会学、保险精算等领域都存在着广泛的应用 (Wang et al., 2015；孟生旺和杨亮，2015；胡亚南和田茂再，2019)。

中国教育追踪调查 (China Education Panel Survey，CEPS) 是由中国人民大学中国调查与数据中心设计与实施的、具有全国代表性的大型追踪调查项目，旨在揭示家庭、学校、社区以及宏观社会结构对于个人的影响。中国教育追踪调查 (CEPS) 对全国各地近万名八年级学生 2014~2015 学年内的身心健康情况展开调查，调查收集了入样学生学年内的请病假次数，以及其身高体重、运动及饮食习惯等 7 项相关指标。调查旨在探讨当前我国中学生身心健康问题及其成因，进一步揭示个人及家庭特征对学生身心健康的影响，为促进学生身心健康，全面提高素质教育提供可行性指导。

SAFER 项目 (seropositive and aging forming essential risk reduction) 是一项随机临床试验，评估动机访谈电话干预在降低艾滋病病毒 (human immunodificiency virus，HIV) 传播风险方面的可行性、可接受性和初步疗效。事实上，为了减少 HIV 感染者的高传播风险行为，广泛存在着一些干预措施，MTI 方法是其中一项常用的有效干预手段。由于地理距离遥远、保密问题及其他人为因素限制，面对面的干预对许多 HIV 感染者来说是不现实的，因此通过电话提供干预治疗是一种常用的方式。该调查旨在探究电话干预对 HIV 感染者病毒传播风险行为次数的影响，进一步进行受试者特征对干预措施效果的影响因素分析，为利用电话干预对不同特点 HIV 感染者风险行为进行干预及弱化其传播病毒风险提供决策支持和可行指导。

如前所述，计数数据在社会教育、生物医学等领域存在着广泛的应用，本章将聚焦调查中的计数数据分析，探究其数据特征，并围绕上述案例就如何实现合理建模展开讨论。

5.1　研究背景

5.1.1　计数数据的零点膨胀

泊松回归模型被广泛用于计数数据的回归问题，其假设数据具有等离散性质，即数据的均值和方差相等。然而，实际计数数据中常常存在大量的零值，呈现出零点膨胀的特点。例如，图 5.1 给出了 CEPS 中受访学生在学年内请病假次数的频数分布。由图可见，数据中存在着大量的零值，约占 59.37%。这些膨胀的零值使得数据具有方差大于均值的过离散特征，此时经典的泊松回归模型无法恰当地对数据特点进行描述。事实上，计数数据经常具有零膨胀特征，其可能由受访者的瞒报或漏报行为导致。另外，受访学生可能由不会产生病假事件的健康群体和具有健康问题的群体两部分组成。其中前者的病假事件计数恒为零，后者则受个人健康状况和其他因素的影响产生零及以上次数的病假事件。因此，瞒报漏报及受访群体的异质性等因素都会导致计数数据中存在膨胀的零值。

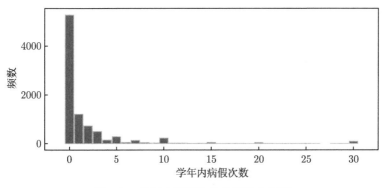

图 5.1　学年内病假次数的频数分布图

为了对数据中多余的膨胀零观测进行建模，Lambert (1992) 提出了零膨胀泊松 (zero inflated Poisson，ZIP) 回归模型，其假定了一个潜在的混合模型，由泊松回归和一个退化的零分布组成。具体地，其假定数据中的非零计数由泊松过程产生，而数据中的零值则由泊松分布和取值为零的退化分布两部分组成。本章将在 5.2 节对其展开具体讨论。

5.1.2　计数数据的多点膨胀

如上所述，ZIP 回归模型被广泛地应用于处理具有零膨胀的计数数据分析之中。然而，在实际数据中，可能存在着一个或多个观测值膨胀，称为多点膨胀现象。多点膨胀可能由多种原因引起。例如，由少报或漏报引起的取值为 1 或 2 的点膨胀，填报过程中的凑整心理导致数据在 5 或 10 的整数倍处膨胀，以及与具体调查内容相关的特殊点膨胀等。图 5.2 为 SAFER 项目调查中参与者在电话访谈中自述的无保护性行为次数的频数分布。由图可见，除了明显的零点膨胀外，数据在诸如 1、2 及 10、20 等整数点上也存在着一定的膨胀现象。

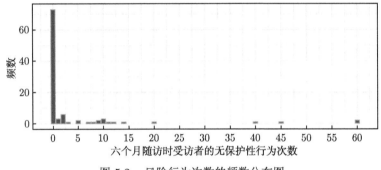

图 5.2　风险行为次数的频数分布图

针对多点膨胀的计数回归模型存在着广泛的讨论，Giles (2007) 将 ZIP 模型推广到了具有多点膨胀的泊松模型以解释数据中的多计数点膨胀现象。Wang 和 Heitjan (2008) 针对自填报的吸烟数据提出了堆积模型以考虑由四舍五入导致的数据在 5、10 或 20 的整数倍上的堆积现象。Giles (2010) 进一步提出了埃尔米特分布以同时考虑混合模型建模及样本的过离散情况。与固定的零点膨胀不同，如何准确地筛选识别出模型中的膨胀点至关重要。上述方法基于两步策略进行潜在膨胀值的筛选：首先，其通过频数分布图筛选出可能存在的膨胀点，并基于膨胀值的全部组合拟合多个模型；然后，通过卡方拟合优度检验、AIC 或 BIC 选择最优的模型，模型中相应的膨胀点则为所选的膨胀点。这样的筛选方法存在一定的弊端。一方面，基于频数分布图的筛选方法容易漏选不明显的膨胀点或筛选出过多的膨胀点。另一方面，对膨胀点的全部组合进行模型拟合在计算上带来很大挑战。如何有效地排除人为因素干扰，通过数据驱动的方法进行膨胀点的识别及进一步的建模分析，在计数数据分析中具有重要意义。本章 5.3 节将围绕一种数据驱动的多点膨胀选择方法展开讨论，并以 SAFER 项目数据为例进行实证分析。

5.2　零膨胀计数数据回归分析

中国教育追踪调查 (CEPS) 是一项全国范围内开展的年度调查, 以 2013~2014 学年为基线, 以初中一年级 (7 年级) 和初中三年级 (9 年级) 两个同期群为调查起点, 以人口平均受教育水平和流动人口比例为分层变量从全国随机抽取 28 个县级单位 (县、区、市) 作为调查点。调查的执行以学校为基础, 在入选的县级单位随机抽取 112 所学校、438 个班级进行调查, 并对被抽中班级的学生进行全体入样调查。本节的实证分析将聚焦 2014~2015 学年的初中二年级 (8 年级) 学生回访调查中的身心健康模块数据, 对受访者学年内的请病假次数进行回归建模, 讨论零点膨胀对经典的泊松回归建模的影响, 并利用 ZIP 回归模型对学生身心健康的影响因素进行实证分析。

5.2.1　问题描述

本节对 CEPS 数据中的青少年身心健康数据进行简单的说明。数据包含 8845 个观测数据, 响应变量为受访学生在学年内请病假的次数, 协变量包括调查对象的人口特征及生活特点的连续、离散与二值变量。表 5.1 给出了协变量的简要描述, 其中变量 X_5 的取值 0 代表 "很少", 1 代表 "有时", 2 代表 "经常", 3 代表 "总是"。

表 5.1　变量说明

变量	变量描述	取值
X_1	BMI	连续变量
X_2	每晚的睡眠时间	计数变量 (小时): 1~22
X_3	每周的运动天数	计数变量 (天): 0~7
X_4	同住家庭成员中是否有人抽烟	虚拟变量: 1, 是; 0, 否
X_5	喝含糖饮料 (如奶茶) 或碳酸饮料 (如可乐) 的频率	分类变量: 0~3

注: BMI 是 body mass index 的首字母缩写, 即体质指数

绘制不同运动情况及家庭情况分组下病假次数的蜂群图如图 5.3 所示, 图中同时给出了相应的误差线。由图可见家庭成员中是否有吸烟者及不同运动情况下学生的病假次数存在明显差异。因此, 在实证分析建立一个适当的回归模型来研究影响青少年健康的因素具有实际意义。

同时, 从图 5.1 可以看出, 病假次数呈现偏态分布, 且存在零膨胀现象。进一步计算可知均值估计为 1.96, 标准差估计为 6.40。这说明病假次数的方差明显大于均值, 存在过离散现象, 违背了泊松模型对数据的假设。因此, 利用 ZIP 回归模型在考虑其零膨胀的基础上进行回归分析具有必要性。

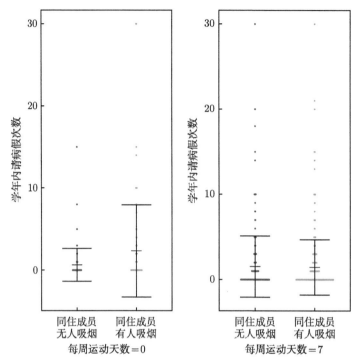

图 5.3　病假次数的分组蜂群图

5.2.2　零膨胀泊松模型

1. 模型定义

在 ZIP 回归模型中，响应变量 $Y = (Y_1, Y_2, \cdots, Y_n)^{\mathrm{T}}$ 独立并服从

$$Y_i \sim \begin{cases} 0, & \text{以概率}\, p_i \\ \text{Poisson}(\lambda_i), & \text{以概率}\, 1 - p_i \end{cases} \tag{5.2.1}$$

因此，可以得到

$$Y_i = \begin{cases} 0, & \text{以概率}\, p_i + (1 - p_i)\mathrm{e}^{-\lambda_i} \\ k, & \text{以概率}\, (1 - p_i)\mathrm{e}^{-\lambda_i}\lambda_i^k/k!, \quad k = 1, 2, \cdots \end{cases} \tag{5.2.2}$$

进一步，参数 $\lambda = (\lambda_1, \lambda_2, \cdots, \lambda_n)^{\mathrm{T}}$ 及 $p = (p_1, p_2, \cdots, p_n)^{\mathrm{T}}$ 满足

$$\log(\lambda) = B\beta$$
$$\mathrm{logit}(p) = \log(p/(1 - p)) = G\gamma \tag{5.2.3}$$

其中，B 和 G 为协变量矩阵。需要说明的是，影响泊松分布均值 λ 与退化零分布概率 p 的变量可能相同也可能不同。当二者相同且 λ 与 p 间不具有函数相关

性时，$B = G$，ZIP 回归模型需要估计的参数为泊松回归模型的两倍。考虑另一种极端情况，即概率 p 不依赖于协变量，G 为全 1 的向量，此时相比于泊松回归模型，ZIP 回归模型仅需额外估计一个参数。

当 λ 与 p 依赖相同的变量时，研究者很自然地希望通过假定 p 是 λ 的函数来减少所需估计的参数个数。假定二者存在一个常值函数关系可以实现对代估参数的减半并且有效地加快计算速度。考虑到在很多应用中并没有关于 λ 与 p 相关关系的先验信息，因此一个自然的参数定义为

$$\log(\lambda) = B\beta, \quad \text{logit}(p) = -\tau B\beta \tag{5.2.4}$$

其中，τ 为一个未知的实值形状参数，表明 $p_i = (1 + \lambda_i^\tau)^{-1}$。本章称此模型为 ZIP$(\tau)$。其中 $\log(\lambda)$ 及 logit(p) 为连接函数，用于在泊松过程的均值及伯努利事件成功概率与响应变量间构造线性关系。

2. 估计方法

由上所述，ZIP 回归模型中参数 λ 与 p 的不同假设将影响模型中的待估参数。在实证分析中，参数假设依赖于先验知识和样本量的多少。当样本点很少时，常通过假定 (5.2.4) 减少待估参数。下面将在一个更具推广性的假定 (5.2.3) (即 λ 与 p 无关) 的条件下给出 ZIP 回归模型参数的极大似然估计。

假定 λ 与 p 无关，在标准参数假定下，ZIP 回归模型的对数似然函数为

$$\begin{aligned}
L(\gamma, \beta; y) &= \sum_{y_i=0} \log\left(e^{G_i\gamma} + \exp\left(-e^{B_i\beta}\right)\right) + \sum_{y_i>0}\left(y_i B_i\beta - e^{B\beta}\right) \\
&\quad - \sum_{i=1}^n \log\left(1 + e^{G_i\gamma}\right) - \sum_{y_i>0} \log(y_i!)
\end{aligned} \tag{5.2.5}$$

其中，G_i 和 B_i 分别为 G 和 B 的第 i 行。假设观测 Y_i 来自零膨胀 (退化的零分布) 时隐变量 $Z_i = 1$；观测 Y_i 来自泊松分布时 $Z_i = 0$。完全数据 (Y, Z) 的对数似然函数可写为

$$\begin{aligned}
L_c(\gamma, \beta; y, z) &= \sum_{i=1}^n \log\left(f\left(z_i \mid \gamma\right)\right) + \sum_{i=1}^n \log\left(f\left(y_i \mid z_i, \beta\right)\right) \\
&= \sum_{i=1}^n \left(z_i G_i\gamma - \log\left(1 + e^{G\gamma}\right)\right) \\
&\quad + \sum_{i=1}^n (1 - z_i)\left(y_i B_i\beta - e^{B_i\beta}\right) - \sum_{i=1}^n (1 - z_i) \log(y_i!)
\end{aligned}$$

$$= L_c(\gamma; y, z) + L_c(\beta; y, z) - \sum_{i=1}^{n} (1 - z_i) \log (y_i!) \tag{5.2.6}$$

在 EM 算法下对 $L_c(\gamma; y, z)$ 和 $L_c(\beta; y, z)$ 分开求极值可以极大地简化参数估计过程。对数似然函数 (5.2.5) 的极大值解通过在 E 步 (在给定当前估计值 (γ, β) 下估计 Z_i) 和 M 步 (在给定 Z_i 估计值下极大化 $L_c(\gamma, \beta; y, z)$) 间不断迭代直至收敛获得。

具体地，E 步在第 k 次估计值 $(\gamma^{(k)}, \beta^{(k)})$ 下计算

$$Z_i^{(k)} = P\left[零膨胀 \mid y_i, \gamma^{(k)}, \beta^{(k)}\right]$$

$$= \frac{P\left[y_i \mid 零膨胀\right] P[零膨胀]}{P\left[y_i \mid 零膨胀\right] P[零膨胀] + P\left[y_i \mid 泊松回归\right] P[泊松回归]} \tag{5.2.7}$$

$$= \begin{cases} \left(1 + \mathrm{e}^{-G_i \gamma^{(k)} - \exp(B_i \beta^{(k)})}\right)^{-1}, & y_i = 0 \\ 0, & y_i = 1, 2, \cdots \end{cases}$$

在 M 步中，分别通过极大化 $L_c(\beta; y, Z^{(k)})$ 和 $L_c(\gamma; y, Z^{(k)})$ 获得估计值 $\beta^{(k+1)}$ 和 $\gamma^{(k+1)}$。其中对 $\beta^{(k+1)}$ 的求解可以简单转化为一个权重为 $(1 - Z_i)$ 的加权泊松回归模型的对数似然函数求解。$\gamma^{(k+1)}$ 则通过最大化

$$L_c(\gamma; y, z^{(k)}) = \sum_{y_i=0} Z_i^{(k)} G_i \gamma - \sum_{y_i=0} Z_i^{(k)} \log \left(1 + \mathrm{e}^{G\gamma}\right) \\ - \sum_{i=1}^{n} \left(1 - Z_i^{(k)}\right) \log \left(1 + \mathrm{e}^{G\gamma}\right) \tag{5.2.8}$$

求得。

为了求解式 (5.2.8) 的极大值，假设 $y_i(i = 1, 2, \cdots, n)$ 中有 n_0 个观测值为 0，分别为 $y_{i1}, y_{i2}, \cdots, y_{in_0}$。定义 $y_*^{\mathrm{T}} = (y_1, \cdots, y_n, y_{i1}, \cdots, y_{in_0})$，$G_*^{\mathrm{T}} = (G_1^{\mathrm{T}}, \cdots, G_n^{\mathrm{T}}, G_{i1}^{\mathrm{T}}, \cdots, G_{in_0}^{\mathrm{T}})$ 和 $P_*^{\mathrm{T}} = (P_1^{\mathrm{T}}, \cdots, P_n^{\mathrm{T}}, P_{i1}^{\mathrm{T}}, \cdots, P_{in_0}^{\mathrm{T}})$。进一步定义对角阵 $W^{(k)}$，其中对角元素 $w^{(k)} = \left(1 - Z_1^{(k)}, \cdots, 1 - Z_n^{(k)}, Z_{i1}^{(k)}, \cdots, Z_{in_0}^{(k)}\right)$。在上述定义下，可得

$$L_c(\gamma; y, z^{(k)}) = \sum_{i=1}^{n+n_0} y_{*i} w_i^{(k)} G_{*i} \gamma - \sum_{i=1}^{n+n_0} w_i^{(k)} \log \left(1 + \mathrm{e}^{G\gamma}\right) \tag{5.2.9}$$

其梯度函数为 $G_*^{\mathrm{T}} W^{(k)} (y_* - P_*) = 0$，且其信息矩阵为 $G_*^{\mathrm{T}} W^{(k)} Q_* G_*$，其中 Q_* 是以 $P_*(1 - P_*)$ 为对角元素的对角阵。上述函数与响应变量为 y_*、协方差矩阵

为 G_*、权重为 $w^{(k)}$ 的加权逻辑回归模型等价。换言之，$\gamma^{(k)}$ 可以通过加权逻辑回归模型的极值求解方法求得。

下面对 EM 算法中参数 β 和 γ 的初值选取展开讨论。Lambert (1992) 指出，泊松对数似然函数的极大似然估计是参数 β 的一个很好的近似，可以选作初值。同时，参数 γ 的初始值对算法影响不大，一个常用的方法是将除截距项外的参数设为 0，并用样本的零膨胀概率的对数优势值作为截距项的初值，其中样本的零膨胀概率为

$$\hat{p}_o = \frac{\#(y_i = 0) - \mathrm{e}^{-\exp(B_i\beta)}}{n} \tag{5.2.10}$$

这里指出，当 $\#(y_i = 0)$ 与 $\mathrm{e}^{-\exp(B_i\beta)}$ 差值小于 0 (即观测到的零值小于泊松回归拟合的零值) 时，数据存在零膨胀的概率很低，不宜再拟合 ZIP 回归模型。

另外，假设 p 为 λ 的一个函数，由式 (5.2.5)，$\mathrm{ZIP}(\tau)$ 的对数似然函数为

$$\begin{aligned}
L(\beta, \tau; y) = &\sum_{y_i = 0} \log \left(\mathrm{e}^{-\tau B_i\beta} + \exp\left(-\mathrm{e}^{B_i\beta}\right) \right) \\
&+ \sum_{y_i > 0} \left(y_i B_i\beta - \mathrm{e}^{B\beta} \right) - \sum_{i=1}^{n} \log\left(1 + \mathrm{e}^{-\tau B_i\beta} \right)
\end{aligned} \tag{5.2.11}$$

此时，EM 算法不再适用，因为即使在隐变量 Z 已知的情况下也无法简单地估计参数 β 和 τ。因此，Lambert (1992) 提出使用牛顿迭代算法求解，定义初始值 $\beta^{(0)} = \hat{\beta}_u$，$\tau^{(0)} = -\mathrm{median}(\hat{\gamma}_u/\hat{\beta}_u)$，其中 $(\hat{\beta}_u, \hat{\gamma}_u)$ 为 ZIP 回归模型的极大似然估计，在求中位数时常去掉截距项以实现更优的估计。另一种初值确定方法需要首先确定一个待选的 τ_0 集合，并在给定的 τ_0 下最大化参数 β，选择具有最大对数似然值的参数组合 $(\hat{\beta}(\tau_0), \tau_0)$ 作为初始值。

5.2.3 中国教育追踪数据的实证分析

本节利用 ZIP 回归模型对中国教育追踪数据中学生病假的影响因素进行实证分析。这里考虑两种 ZIP 回归模型，分别为：① 全变量的 ZIP 回归模型，即认为 λ 和 p 均受全部变量影响，记为 ZIP；② 简化的 ZIP 回归模型，假定 $\mathrm{logit}(p)$ 为常数，记为 ZIP(c)。本节同时考虑了经典的泊松回归进行模型间比较，并进一步探究零膨胀现象对计数数据回归分析的影响。

表 5.2 给出不同模型的拟合结果。从表中可见，考虑了零膨胀现象的 ZIP 和 ZIP(c) 回归模型相较经典的泊松回归模型对数似然函数值明显增加，说明拟合结果更好。这种拟合效果的提升并没有很大程度地损害模型的简洁性。事实上，ZIP(c) 回归模型仅需要多拟合一个参数。为了进一步对不同模型的拟合优度提供

客观对比, 对模型进行 Vuong 检验 (AiT-Sahalia et al., 2015)。Vuong 检验基于两个非嵌套模型的预测概率来检验不同模型在同一数据集上的拟合优度差异。若检验统计量取较大正值, 说明模型 1 显著优于模型 2。相应地, 若检验统计量取较大负值, 说明模型 2 显著优于模型 1。原假设成立 (即两个待检模型的拟合效果没有显著差异) 时, 检验统计量服从渐近标准正态分布。为了削弱模型复杂度对拟合效果的影响, 这里同时考虑两种基于有限样本下模型复杂度修正的 Vuong 检验, 分别是基于 AIC 及 BIC 的修正检验统计量。表 5.3 给出了相应的检验统计量及 p 值。从表中可见, 考虑零膨胀现象的 ZIP 和 ZIP(c) 回归模型在不同检验中表现均优于经典的泊松回归模型。这进一步验证了零膨胀模型在具有膨胀现象回归问题中的重要意义。其拟合模型可以更贴近真实的数据, 为进一步的影响因素分析提供了可行性保障。

表 5.2   模型拟合结果

模型	对数似然函数值	残差自由度
泊松回归	-24830.530	8837
ZIP	-17779.100	8829
ZIP(c)	-17829.900	8836

表 5.3   Vuong 检验结果

统计量	ZIP vs 泊松回归	ZIP(c) vs 泊松回归	ZIP vs ZIP(c)
原始	$27.700(<2.22\times10^{-16})$	$27.458(<2.22\times10^{-16})$	$5.023(2.54\times10^{-7})$
AIC-修正	$27.669(<2.22\times10^{-16})$	$27.454(<2.22\times10^{-16})$	$4.331(7.42\times10^{-6})$
BIC-修正	$27.557(<2.22\times10^{-16})$	$27.440(<2.22\times10^{-16})$	$1.878(0.0302)$

注: 括号中的是检验的 p 值。

图 5.4 给出了响应变量 (即病假次数) 的频率分布图及泊松回归、ZIP 和 ZIP(c) 回归模型的拟合曲线。由图可见, 经典的泊松回归模型由于未考虑数据的零膨胀特点, 拟合结果与真实数据的频率分布相差较大。事实上, 其拟合数据中 0 和 1 的频率分别为 0.212 和 0.310, 与真实频率 0.596 和 0.136 相差较大, 可见其对于存在膨胀点数据的拟合效果不佳。另外, 考虑零膨胀现象的 ZIP 及 ZIP(c) 回归模型的拟合效果相较泊松回归模型有明显的提升, 各个数据点上的预测频率都与真实频率接近, 两个模型的拟合数据中 0 的频率分别为 0.597 和 0.588, 非常接近真实数据。

三种模型的参数估计结果如表 5.4 所示。由表中参数估计结果可见, 考虑了零膨胀的 ZIP 及 ZIP(c) 回归模型在泊松部分的参数估计中给出了较为接近的结果, 而二者与泊松回归模型的参数估计值在绝对值大小上有所不同。基于上述对模型拟合优度的比较, 有理由认为考虑零膨胀因素能够更为准确地量化影响因素对病假次数的影响, 为后续学生身心健康的全面提高政策实施提供可行性指导。计数数据部分分析显示, 充足的睡眠时间及规律性的运动有助于提高学生身体素质, 体现在其对于受访者学年内病假次数有负向影响; 另外, BMI 较高 (较有可能存在肥胖问题)、同住家庭成员中有人吸烟、更高频率地饮用含糖或碳酸饮料的学生群体请病假的次数普遍更高。对于零膨胀部分的 ZIP 回归模型结果表明, 学生群体可能存在潜在的异质性, 具体表现为睡眠充足、运动规律、家庭成员无吸烟习惯、BMI 较低、更少饮用含糖或碳酸饮料的学生群体更有可能为健康群体, 体现在其病假次数总是表现为计数零, 而非服从泊松分布。基于上述分析结果, 为进一步促进学生身心健康全面提高, 教育部门应该逐步更新教育观念, 深入贯彻和落实素质教育, 为学生提供充足的体育锻炼时间,如设置多种选择的体育

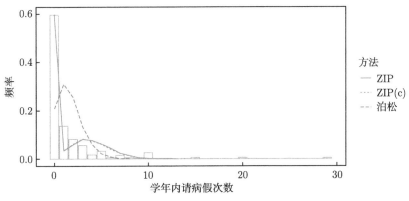

图 5.4 病假次数的频率分布图及不同方法的拟合曲线

表 5.4 参数估计结果

变量	泊松	ZIP		ZIP(c)	
		泊松部分	零膨胀部分	泊松部分	零膨胀部分
截距					
X_1	0.446	1.315	0.547	0.282	1.311
X_2	0.006	0.013	0.013	0.013	—
X_3	−0.045	−0.037	0.015	−0.038	—
X_4	−0.021	−0.012	0.014	−0.013	—
X_5	0.208	0.103	−0.189	0.108	—
参照	—	—	—	—	—
$X_5 = 1$	0.212	0.027	−0.305	0.037	—
$X_5 = 2$	0.491	0.201	−0.504	0.218	—
$X_5 = 3$	0.524	0.419	−0.191	0.427	—

课程、完善课间操制度规范等。同时尽可能避免"填鸭式"教育，为学生进行减负，在合理范围内布置家庭作业以保障学生的休息时间。特别地，还可通过多种形式的讲座普及过度食用垃圾食品、碳酸饮料等对学生健康的危害，说明饮食习惯对学生身心健康的影响，进一步提高学生及家长的健康饮食意识。

5.3 多点膨胀计数数据回归分析

SAFER 项目研究对象为 45 岁及以上的 HIV 感染者。总计 100 名参与者于 2009 年 12 月至 2010 年 3 月期间参与了这项研究。参与者分别在基线、三个月和六个月的随访中完成了规定的电话访谈以评估其人口学特征和风险性行为情况。基线访谈后，参与者被随机分配到一期 MI、四期 MI 及控制组。其中四期 MI 干预包括四次间隔一星期的动机访谈，四期的平均总干预时间为 163 分钟，而一期 MI 的平均干预时间为 48 分钟。为了达到控制混杂因素的目的，除一期及四期干预及相应的干预持续时间外，不同组别间的参与者无显著差别。

研究基于调查数据对 HIV 携带者无保护性行为次数的影响因素进行分析，探究电话干预对减少 HIV 携带者病毒传播风险行为的影响，进一步进行受试者特征对干预措施效果的影响分析。本节的实证分析聚焦 SAFER 项目数据，对受试者随访调查中自填报的风险性行为次数进行回归建模，并讨论多点膨胀对计数回归分析的影响。这里将首先提出一种基于数据驱动的膨胀点选择方法，用来规避人为膨胀点选择的诸多弊端，并利用多点膨胀泊松 (multiple inflated Poisson, MIP) 模型对 SAFER 项目数据进行实证分析。

5.3.1 问题描述

首先对 SAFER 项目数据进行简要说明。表 5.5 对模型中的协变量进行了描述，协变量包括人口统计学特征和试验条件。其中多值的分类变量转换为虚拟变量处理。由于两个连续变量的尺度不同，研究者对连续变量进行了标准化处理，

表 5.5 变量说明

变量	变量描述
X_1	采用一期电话访谈干预为 1，未采用为 0
X_2	采用四期电话访谈干预为 1，未采用为 0
X_3	性别为男性为 1，女性为 0
X_4	性取向双性恋为 1，其他为 0
X_5	受试者的年龄
X_6	受试者感染 HIV 的年限

以保证可比性和估计稳定性。因变量定义为六个月随访时受试者自填报的近三个月无保护性行为次数。

图 5.5 给出了不同试验组的受试者在基线、三个月及六个月随访中的无保护性行为次数箱线图。从图中可见，与控制组相比，接受电话访谈干预的受试者在随访中的无保护性行为次数有明显的下降，且四期 MI 的干预效果更为明显。

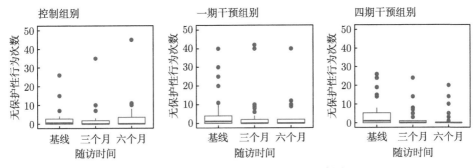

图 5.5　无保护性行为次数的分组箱线图

然而，如图 5.2 所示，数据中可能存在瞒报、少报的现象，受试者自填报的风险行为次数有很大一部分计数为零 (高达 73.0%)。该分布还在几个潜在的整数上呈现明显的多点膨胀现象。除零点膨胀外，通过直接观察频率分布可知膨胀值可能存在漏报或错选的问题。为了更好地选择潜在的膨胀点，本节将讨论一种数据驱动的计数数据膨胀点选择方法，并利用该方法对 SAFER 数据进行膨胀点选择及回归分析。

5.3.2　多点膨胀泊松模型

1. 模型定义

本节考虑具有多个膨胀点的泊松回归模型。假设响应变量 Y 具有 J 个膨胀点 $K = \{k_1, k_2, \cdots, k_J\}$。令 $\{(X_i, Y_i), i = 1, 2, \cdots, n\}$ 为总体 (X, Y) 中的 n 个独立且同分布的观测样本。对于第 i 个观测样本，$X_i = (X_{i1}, X_{i2}, \cdots, X_{ip})^{\mathrm{T}}$ 为 p 维协变量。给定 X_i，Y_i 服从

$$Y_i \sim \sum_{j=1}^{J} \omega_j k_j + \omega_{J+1} \mathrm{Poisson}\,(\mu_i) \tag{5.3.1}$$

其中，$\omega = (\omega_1, \omega_2, \cdots, \omega_{J+1})^{\mathrm{T}}$ 为混合模型中 $J+1$ 个组成部分的混合比例，满足 $0 \leqslant \omega_j \leqslant 1$ 且 $\sum_{j=1}^{J+1} \omega_j = 1$。泊松分布的均值记为 $\mu_i = \exp\left(X_i^{\mathrm{T}} \beta\right)$，其中 $\beta = (\beta_1, \beta_2, \cdots, \beta_p)^{\mathrm{T}}$ 为未知的 p 维回归系数。基于上述模型假定，给定 X_i，Y_i 的条件概率密度函数为

$$P\left(Y_i = r_i\right) = \sum_{j=1}^{J} \omega'_j + \omega_{J+1} g\left(r_i; \beta\right) \tag{5.3.2}$$

其中，$\omega'_j = \begin{cases} \omega_j, & r_i = k_j \\ 0, & r_i \neq k_j \end{cases}$，$j = 1, 2, \cdots, J$，且 $g\left(r_i; \beta\right) = \dfrac{\mathrm{e}^{-\mu_i} \cdot \mu_i^{r_i}}{r_i!}$。为了实现参数估计和膨胀点选择，给定带惩罚的目标函数如下所示

$$\begin{aligned} pl(\beta, \omega) &= l\left(\beta, \omega\right) - n \sum_{j=1}^{J} p_{\lambda_n}(\omega_j) + \delta \left(\sum_{j=1}^{J+1} \omega_j - 1\right) \\ &= \sum_{i=1}^{n} \ln \left\{ \sum_{j=1}^{J} \omega'_j + \omega_{J+1} g(Y_i; \beta) \right\} - n \sum_{j=1}^{J} p_{\lambda_n}(\omega_j) + \delta \left(\sum_{j=1}^{J+1} \omega_j - 1\right) \end{aligned}$$
$$\tag{5.3.3}$$

其中，$p_{\lambda_n}(\omega_j) = \lambda_n \rho_j |\omega_j|$，$\rho_j$ 和 λ_n 分别为自适应权重及调节参数。

MIP 模型利用基于自适应 LASSO 方法的正则化技术实现对膨胀点的选择。Zou (2006) 首次提出自适应 LASSO 方法用来进行正则化参数估计及变量选择，其被证明具有优越的理论性质及数值表现。现存的基于自适应 LASSO 方法的工作大多数集中在对回归系数的正则化处理以实现重要回归变量选择。与现存研究不同的是，本节的 MIP 模型创新地通过对混合模型中的膨胀比例加以惩罚，将该技术迁移到膨胀点的选择。为了有效规避人为筛选膨胀点带来的误差，所有的响应变量计数均被视为潜在的膨胀点纳入初始混合模型进行参数估计。由于惩罚估计的稀疏性，一些混合比例被压缩到 0。因此，那些具有非零混合比例的膨胀点被视为筛选出的可信膨胀点，其对应的混合比例即为其在最终模型中的比例。本章研究认为泊松回归部分总是包含在真实的模型中，因此对其相应的混合比例 ω_{J+1} 不施加惩罚。目标函数 (5.3.3) 的最后一项用以对混合比例的限制条件 $\sum_{j=1}^{J+1} \omega_j = 1$ 加以约束。同时，MIP 模型能够给出泊松回归的参数 β 的估计值。

需要说明的是，由于 MIP 模型基于数据驱动进行膨胀点选择，可视为 ZIP 回归模型的推广。当 MIP 模型仅选择出膨胀点 0 时，模型退化为具有零膨胀的泊松回归模型。若没有膨胀点被选择，最终模型即为经典的泊松回归模型。

2. 估计方法

为了对目标函数 (5.3.3) 进行估计，首先考虑牛顿方法。由于传统的牛顿迭代涉及对黑塞矩阵求逆，其在计算过程中在样本量较大时会导致额外的运算成本。因此，本节采用 BFGS (Broyden-Fletcher-Goldfarb-Shanno) 拟牛顿算法对目标

函数进行估计，其通过对黑塞矩阵进行近似能够显著减少运算量。另外，考虑到目标函数中的混合比例具有 $\sum_{j=1}^{J+1} \omega_j = 1$ 的限制条件，对 ω 的求解采用带有限制的极值求解方法以实现对约束条件的满足。

下面对算法中涉及的参数初值选择进行说明，初始值 β_{ini} 可以通过在样本上利用极大似然 (maximum likelihood estimation, MLE) 方法拟合经典的泊松回归进行计算。所有的响应变量计数均被视为潜在的膨胀点，其混合比例的初值由数据中的频率决定，并进一步令 $\rho_j = 1/\omega_j^{(0)}$ 为相应的自适应权重值。

借鉴松弛 LASSO 思想，本节使用一个两阶段的参数估计方法：第一阶段选择的膨胀值及估计得到的参数值作为第二阶段的初始值；第二阶段重新进行不带惩罚的参数估计以提高准确性。数值结果表明第二阶段能够有效地提高方法的表现。两阶段的算法如算法 5.1 所示。

算法 5.1　两阶段膨胀点选择算法

数据： 计数响应变量 Y_i 及泊松过程的协变量 $X_i, i = 1, 2, \cdots, n$。

输入： 一系列调节参数 λ：$\{\lambda_1, \lambda_2, \cdots, \lambda_{n_\lambda}\}$ 及潜在膨胀点的门限阈值 δ。

输出： 选出的可信膨胀点：$K_{\mathrm{sel}} = \{k_{i_1}, k_{i_2}, \cdots, k_{i_m}\}$，

　　　　相应的混合比例 $\hat{\omega} = \{\hat{\omega}_{i_1}, \hat{\omega}_{i_2}, \cdots, \hat{\omega}_{i_m}\}$，

　　　　泊松过程的回归系数 $\hat{\beta} = \left(\hat{\beta}_0, \hat{\beta}_1, \cdots, \hat{\beta}_p\right)$。

初始化： 根据响应变量初始频率获得 $\omega_0 = \{\omega_{01}, \omega_{02}, \cdots, \omega_{0J}\}$，拟合泊松回归得到

　　　　参数 $\beta_0 = \{\beta_{00}, \beta_{01}, \cdots, \beta_{0p}\}$。

阶段 1

for $i = 1, 2, \cdots, n_\lambda$, **do**

　　$\lambda = \lambda_i$

　　利用 BFGS 方法求解优化问题 $\min_{\beta, \omega} \left\{ -\log L(\beta, \omega) + \lambda \sum_{j=1}^{J} \hat{\rho}_j |\omega_j| \right\}$ 得到估

　　　　计量 $\left(\hat{\beta}_{\lambda_i}, \hat{\omega}_{\lambda_i}\right)$。

　　计算相应的 BIC 指标，记为 BIC_{λ_i}。

end

从待选的 $\left\{\mathrm{BIC}_{\lambda_1}, \mathrm{BIC}_{\lambda_2}, \cdots, \mathrm{BIC}_{\lambda_{n_\lambda}}\right\}$ 中选择 BIC 值最小的 BIC_{λ^*}，并获得相应

　　的回归系数估计值 $\left(\hat{\beta}_{\lambda^*}, \hat{\omega}_{\lambda^*}\right)$；

从 $\hat{\omega}_{\lambda^*} = \{\hat{\omega}_{\lambda^*1}, \hat{\omega}_{\lambda^*2}, \cdots, \hat{\omega}_{\lambda^*J}\}$ 中筛选大于 δ 的值，记为

$\hat{\omega}_1 = \{\hat{\omega}_{1i_1}, \hat{\omega}_{1i_2}, \cdots, \hat{\omega}_{1i_m}\}$，其相应的膨胀点记作 $K_{\mathrm{sel}} = \{k_{i_1}, k_{i_2}, \cdots,$

$k_{i_m}\}(m \leqslant J)$。记 $\hat{\beta}_1 = \hat{\beta}_{\lambda^*}$。

阶段 2

以 $\hat{\beta}_1$ 及 $\hat{\omega}_1$ 为初始值，利用 BFGS 方法最大化对数似然函数 $\log L(\beta, \omega)$，并获得

　　相应的参数估计值 $\hat{\beta}$ 和 $\hat{\omega}$；

更新膨胀点 $K_{\mathrm{sel}} = \{k_{i_1}, k_{i_2}, \cdots, k_{i_m}\}$ 及其混合比例 $\hat{\omega} = \{\hat{\omega}_{i_1}, \hat{\omega}_{i_2}, \cdots, \hat{\omega}_{i_m}\}$，泊松

　　回归的系数为 $\hat{\beta} = \left(\hat{\beta}_0, \hat{\beta}_1, \cdots, \hat{\beta}_p\right)$。

5.3.3　SAFER 项目数据的实证分析

本节利用 MIP 模型方法对 SAFER 项目调查数据中 HIV 携带者的无保护性行为次数的影响因素进行分析，探究电话访谈干预及受试者特征对治疗效果的影响。为了探究潜在的多点膨胀现象对不同回归模型的影响，这里同时考虑 ZIP 回归模型及传统泊松回归模型进行对比。其中 ZIP 回归模型仅考虑全部变量情形，即认为期望 λ 和零膨胀概率 p 均受全部变量的影响。

表 5.6 给出了不同模型的拟合结果。从表可知，与经典的泊松回归模型相比，将数据中的膨胀现象纳入建模过程后带来了模型拟合效果的显著提升，体现在 ZIP 回归和 MIP 的对数似然函数值 (-228.884 和 -117.894) 显著优于泊松回归 (-583.241)。进一步地，将 MIP 与 ZIP 回归及泊松回归间进行两两的 Vuong 检验，其检验统计量值分别为 2.294 和 3.953，对应的 p 值分别为 0.022 和 0.000。检验结果显示 MIP 模型的拟合效果更好。图 5.6 给出了响应变量的频率分布图及泊松回归、ZIP 回归和 MIP 模型的拟合曲线。由图可见，经典的泊松回归由于未考虑数据的膨胀特点，拟合结果与真实数据的频率分布相差较大。另外，MIP 模型及 ZIP 回归模型的拟合效果有明显提高，各点上的拟合频率都与真实频率接近，两个模型的拟合数据中 0 的频率分别为 0.74 和 0.77，与真实数据中的 0.73 非常接近。

表 5.6　模型拟合结果

模型	对数似然函数值	残差自由度
泊松回归	-583.241	93
ZIP 回归	-228.884	86
MIP	-117.894	83

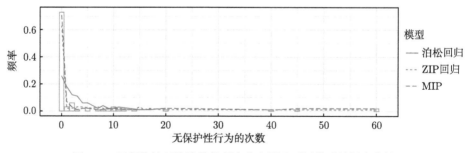

图 5.6　无保护性行为次数的频率分布图及不同模型的拟合曲线

表 5.7 给出了不同模型下的参数估计结果。由表可见，泊松回归和 ZIP 回归将一期电话访谈干预效应估计为正值，即认为相较于控制组，进行一期电话访谈

干预的受试者群体的泊松回归均值更大，即其无保护性行为次数可能更高，这与经验认知中电话干预的效果相悖，究其原因可能是缺少对模型中零点或多点膨胀的有效处理使得回归系数的估计产生了偏差。相反，MIP 模型对潜在膨胀点进行识别，在此基础上给出了合理的模型估计，一期及四期干预的估计均为负值，且四期干预的绝对值更大，证明其对减少 HIV 携带者无保护性行为的效果更为显著，这与图 5.5 中不同试验处理条件下的响应变量箱线图是相一致的。

表 5.7　参数估计结果

变量	泊松	ZIP		MIP		
		泊松部分	零膨胀部分	泊松部分	膨胀点	混合比例
截距	1.409	1.757	0.227	1.911	0	0.643
X_1	0.242	0.614	0.053	−1.532	2	0.038
X_2	−1.165	−0.656	0.746	−3.281	5	0.013
X_3	−0.371	1.027	1.119	0.029	10	0.022
X_4	−0.425	−1.517	−0.717	−0.332	20	0.010
X_5	−0.743	0.027	0.214	0.134	40	0.010
X_6	0.052	0.036	−0.504	−1.169	60	0.020

MIP 模型选出的膨胀点为 0、2、5、10、20、40 及 60，其中膨胀的小值 0 和 2 代表着接受电话访谈干预的受试者的无保护性行为次数存在着大幅度的减少，与控制组受试者存在着一定的异质性；另外，考虑响应变量定义的敏感性，存在受试者瞒报或少报导致膨胀的可能。整数值 5、10、20、40 的膨胀可能是由于受试者在调查中倾向于填报 5 或 10 的整倍数。

5.4　小结与评述

计数数据在医学、社会、教育、经济等领域的调查分析中存在广泛应用。本章就计数数据的膨胀特点讨论了两种混合计数回归模型，分别针对数据中的零膨胀及多点膨胀问题进行了分析和讨论。进一步地，利用两种模型分别对 CEPS 调查和 SAFER 项目数据进行了实证分析。

ZIP 回归模型对计数数据中由异质性或瞒报漏报行为导致的膨胀零值进行分析，建立含有零膨胀的泊松回归模型用以对数据中多余的零观测样本建模。其假定模型为泊松回归和退化零分布的混合模型。MIP 模型作为 ZIP 回归模型的推广，用以解决数据中存在多个潜在膨胀点的问题。针对多膨胀点的选择，本章讨论了一种基于惩罚约束的选择方法。不同于传统的膨胀点选择方法，MIP 模型能够基于数据驱动进行膨胀点的选择和参数估计，有效规避了人为选择所带来的不确定性和重复计算负担。

对于计数数据的膨胀分析存在许多可行的未来研究方向。首先，本章讨论的两种混合模型均未考虑对重要协变量的选择问题。在实际研究中，众多协变量中可能只存在一小部分变量真正起作用。基于简洁性和解释性的考量，很自然地需要在含有膨胀的计数回归模型中对变量选择问题展开讨论。其次，在 MIP 模型中，本章假设数据中的膨胀点不受协变量影响，即将其假设为一个仅依赖于样本总体而不受个体差异影响的简化模型。在后续的研究中可以考虑全变量的 MIP 模型，即认为泊松回归的均值和膨胀点及其比例均依赖于个体差异，受回归变量的影响。最后，本章对计数回归部分仅考虑了泊松模型。事实上，泊松回归假设数据的均值和方差相等，在实际数据中常常存在着过离散，即方差大于均值的现象。负二项回归作为泊松回归的推广，引入一个额外的离散参数对数据中的过离散现象进行建模，对数据具有更强的泛化能力，在实际数据建模中具有更好的表现。因此，可以将本章介绍的 ZIP 及 MIP 模型中计数回归部分的泊松回归推广至负二项回归，以增强模型的泛化能力及回归表现。

5.5　附　录

5.5.1　附录 1：ZIP 回归模型的模拟结果

本节利用模拟试验探究在不同场景下考虑零膨胀的 ZIP 回归模型与经典的泊松回归模型的对比表现。

1. 模拟设定及评价指标

为了评估 ZIP 回归模型在不同的模拟设定下的表现，本节分别考虑具有不同零膨胀概率及不含膨胀的泊松回归模拟场景。值得说明的是，这里仅考虑简化的 ZIP(c) 回归模型，即零膨胀为常数的情况。对于每种场景分别设置样本量 $n = 500$ 和 1000，并考虑含截距在内的四个协变量，除截距外均通过标准正态分布 $N(0,1)$ 产生。

具体地，泊松回归的系数均设定为 $\beta = (-2, 3, 1, 0.5)^{\mathrm{T}}$。情形 1 和情形 2 为 ZIP 回归模型场景，其中零膨胀概率 $\mathrm{logit}(p)$ 分别为 0.2 和 0.6，代表着数据呈现较低和较高的零膨胀。情形 3 则为经典的泊松回归模型，在真实模型中未设置膨胀，以考察 ZIP 回归模型在经典计数回归模型下的推广性表现。

针对上述的每种场景，分别在前述两种不同的样本量下进行了 100 次重复试验，采用均值、标准差 (standard error, SE) 及均方误差 (MSE) 三项指标对参数估计的表现进行量化评价。

2. 模拟结果

图 5.7~ 图 5.10 给出了 ZIP(c) 与经典的泊松回归模型对不同协变量的估计结果，其中每个横向条代表参数估计的 MSE。零点左侧的浅色部分为偏差的平方，右侧的深色部分为方差。

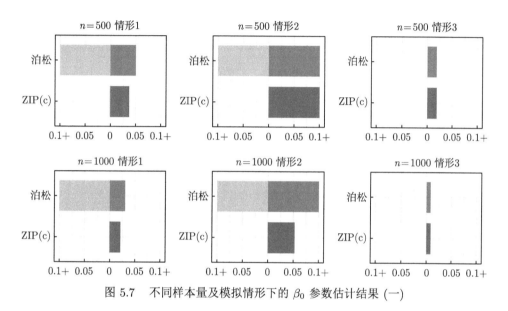

图 5.7　不同样本量及模拟情形下的 β_0 参数估计结果 (一)

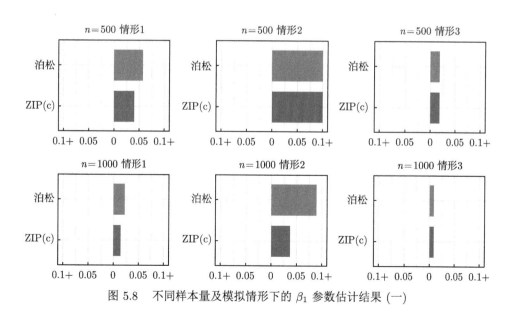

图 5.8　不同样本量及模拟情形下的 β_1 参数估计结果 (一)

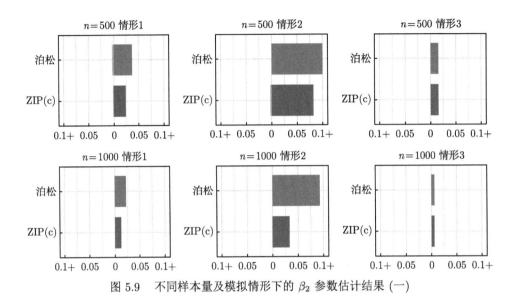

图 5.9   不同样本量及模拟情形下的 β_2 参数估计结果 (一)

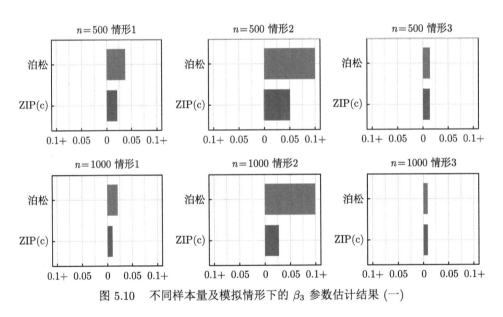

图 5.10   不同样本量及模拟情形下的 β_3 参数估计结果 (一)

由图可见, 当数据中存在零点膨胀现象 (情形 1 和情形 2), ZIP(c) 回归模型在参数估计的准确性和稳定性上均表现出显著优势, 体现在图中深浅两部分条形长度均小于泊松回归模型。可以观察到, ZIP(c) 回归模型的优势随着真实数据中零膨胀率的增加而进一步凸显。同时, 伴随着数据中受到的膨胀影响加剧, 参数估计的难度进一步提升, 两种方法的估计量方差均有所增加, 其中 ZIP(c) 方差明显地随着样本量的增加而减少。

在不存在膨胀的情形 3 设定下, ZIP(c) 回归模型也能够提供与泊松回归可比的参数估计表现。其在传统回归模型下的推广性得到了进一步的证实。

5.5.2　附录 2: MIP 模型的模拟结果

本节探究在不同模拟情形下 MIP 模型及其他对比方法的表现。对比方法包括: 考虑堆积效应的 Heaping ZIP 模型 (Wang and Heitjan, 2008), 以及经典的泊松回归模型。

1. 模拟设定及评价指标

为了评估 MIP 模型在不同模拟设定下的表现, 本节设置三种不同的模拟场景, 分别考虑具有多点膨胀、零点膨胀、不含膨胀的泊松回归场景。分别考虑样本量 $n = 500$ 和 1000, 考虑含截距在内的四个协变量, 除截距外均通过标准正态分布 $N(0,1)$ 产生。

情形 1 为具有多点膨胀的泊松回归模型场景, 其中泊松回归的系数 $\beta = (-2, 3, 1, 0.5)^{\mathrm{T}}$, 考虑膨胀点 $K = \{0, 1, 3\}$, 其相应的膨胀概率为 $(0.15, 0.20, 0.10)^{\mathrm{T}}$。情形 2 为具有零膨胀的泊松回归模型场景, 混合模型中仅存在零点膨胀。为保证数据中的整体膨胀比例不变, 将其膨胀概率设定为 0.45。情形 3 为经典的泊松回归模型, 在真实模型中未设置膨胀, 以考察 MIP 模型在经典计数回归模型下的推广性表现。情形 2 和情形 3 的回归系数设定与情形 1 相同。

针对上述每种场景, 分别在两种不同的样本量下进行了 100 次重复试验, 采用 5 种指标对参数估计、膨胀点选择及估计结果进行评价。其中, 真阳性率 (TPR) 和假阳性率 (FPR) 用来评估 MIP 模型在膨胀点选择上的表现, 均值、标准差 (SE) 及均方误差 (MSE) 用来对参数估计的结果进行评价。

2. 模拟结果

表 5.8 展示了不同样本量及模拟设定下 MIP 模型在膨胀点选择及参数估计上的表现。由表可见, 针对膨胀点的选择: 情形 1 (数据中存在多点膨胀时) 中 MIP 模型能够准确选择出真实的膨胀点, 在样本量为 500 时, 其 TPR 的均值及标准差分别为 1.00 和 0.00, FPR 的均值和标准差为 0.01 和 0.04; 同时, 在不满足模型假定的情形 2 (数据中仅存在零膨胀) 及情形 3 (数据中不存在膨胀) 中, MIP 模型仍能够提供令人满意的膨胀点选择结果, 表明其在零点膨胀及不含膨胀的经典计数回归中也具有很好的推广性。在膨胀点混合比例的估计上, MIP 模型在三种情形下均能够实现对参数的精准估计, 其估计的均值与真实值之间的差异

均在 0.01 附近。另外，随着样本量的增加，MIP 模型在膨胀点选择和参数估计的性能上表现出进一步提升，其标准差有所下降，估计结果更加稳定。

表 5.8   三种不同模拟情形下 MIP 模型的膨胀点选择及估计结果

样本量	参数	情形 1		情形 2		情形 3	
		真值	估计结果	真值	估计结果	真值	估计结果
$n=500$	ω_0	0.15	0.14(0.03)	0.45	0.44(0.03)	0.00	0.00(0.00)
	ω_1	0.20	0.20(0.03)	0.00	0.00(0.01)	0.00	0.01(0.01)
	ω_2	0.00	0.00(0.00)	0.00	0.00(0.01)	0.00	0.01(0.01)
	ω_3	0.10	0.11(0.02)	0.00	0.00(0.00)	0.00	0.00(0.00)
	ω_4	0.00	0.00(0.00)	0.00	0.00(0.00)	0.00	0.00(0.00)
	TPR	—	1.00(0.00)	—	1.00(0.00)	—	—
	FPR	—	0.01(0.04)	—	0.03(0.03)	—	0.03(0.03)
$n=1000$	ω_0	0.15	0.14(0.02)	0.45	0.45(0.02)	0.00	0.00(0.00)
	ω_1	0.20	0.20(0.02)	0.00	0.00(0.00)	0.00	0.01(0.01)
	ω_2	0.00	0.00(0.00)	0.00	0.00(0.00)	0.00	0.00(0.00)
	ω_3	0.10	0.10(0.01)	0.00	0.00(0.00)	0.00	0.00(0.00)
	ω_4	0.00	0.00(0.00)	0.00	0.00(0.00)	0.00	0.00(0.00)
	TPR	—	1.00(0.00)	—	1.00(0.00)	—	—
	FPR	—	0.00(0.02)	—	0.01(0.03)	—	0.01(0.02)

注：估计结果为基于 100 次重复试验的均值 (标准差)

在回归系数的估计上，图 5.11～ 图 5.14 给出了 MIP 模型及两种对比方法对不同协变量参数的估计结果，其中每个横向条代表参数估计的 MSE，零点左侧的浅色部分为偏差的平方，右侧的深色部分为方差。

由图可见，当数据中存在多点膨胀现象时，未考虑多点膨胀的对比方法在回归系数的估计上存在很大的偏差，体现在其浅色条的长度远远高于 MIP 模型，且其偏差并未随着样本量的增加而降低。在估计的方差上，由于 MIP 模型考虑了多个膨胀点的混合模型，其整体估计的参数数目大大增加，模型更为复杂，其估计值的方差在某些场景下可能略高于对比方法。但整体来看，其 MSE 值远远小于对比方法，且随着样本量的增加，估计方差有所下降。

在仅存在零点膨胀 (情形 2) 和不存在膨胀 (情形 3) 的情况下，MIP 模型也能提供优于或至少与对比方法可比的表现，其在零膨胀和传统回归模型下的推广性得到了进一步的证实。

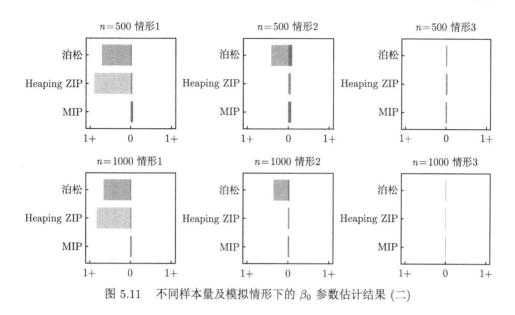

图 5.11　不同样本量及模拟情形下的 β_0 参数估计结果 (二)

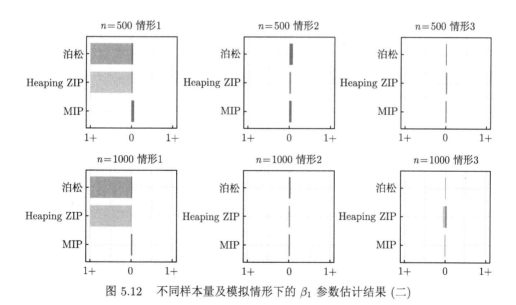

图 5.12　不同样本量及模拟情形下的 β_1 参数估计结果 (二)

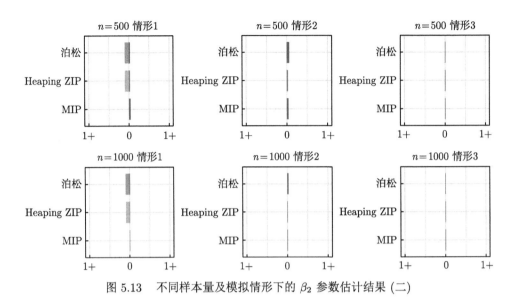

图 5.13　不同样本量及模拟情形下的 β_2 参数估计结果 (二)

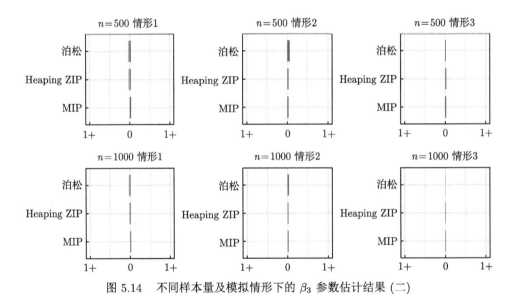

图 5.14　不同样本量及模拟情形下的 β_3 参数估计结果 (二)

第 6 章　混合数据的稀疏区隔分析

区隔分析 (segmentation analysis) 是根据个人信息、行为模式、心理状态等特征因素将消费者划分为不同潜在群体的过程。市场区隔概念的提出者 Smith (1956) 认为：准确的区隔划分可以让商品在大众市场中发挥最大的销售潜能。每个潜在客户群体中的个体具有同质性。这意味着他/她们在兴趣、需求和消费习惯方面相似。不同潜在客户群体间存在异质性，说明不同群体的成员都在某个方面或某些方面与其他群体中的客户有所不同。鉴于此，每个群体的消费者对细分市场的营销、广告和产品有相似的认知与反应。区隔分析可以帮助公司准确地划分和了解具有相似兴趣、需求和习惯的特定消费者群体。公司根据每个群体的特点分别制定相应策略，可以极大地提高营销工作的产出效率。现实生活中随处可见市场区隔分析的范例。例如，苹果公司 (Apple) 从电子产品市场中划分出喜欢追求新鲜事物的消费者以及富裕阶层两个群体并分别制定相应的产品生产销售策略，借此取得巨大成功；维多利亚的秘密 (Victoria's Secret) 主要针对年轻女性，而将子品牌 PINK 定位于青春期女生。

区隔分析的首要步骤是调查和收集客户数据。伴随测量技术的发展，企业可以从许多维度刻画客户的消费特征和消费习惯。数据维度的增多既为调查人员提供了丰富的信息，也给数据分析带来新的挑战。例如，某电商平台为划分客户群体形成品牌区隔，进行了一项用于企业区隔战略分析的问卷调查。调查人员希望基于调查数据进行客户群体的划分，同时选择出对区隔划分起重要作用的变量，为后续的新用户区隔识别奠定基础。问卷包含客户背景、消费行为习惯、消费理念等 125 个变量，其中 74 个变量为连续型，51 个变量为类别型。问卷包含的内容如图 6.1 所示。由于调查数据中包含两种不同类型的变量，这种情况称为混合数据。相较于只包含单一变量类型的数据，混合数据在现代调查中更为普遍，但是为分析处理过程带来新的挑战。传统方法通常只针对含有一种变量类型的数据，如果将不同类型的变量分别使用传统方法建模，无法形成统一的区隔划分结果。

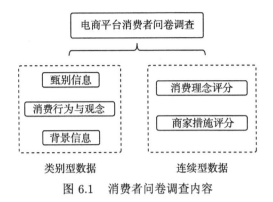

图 6.1   消费者问卷调查内容

6.1   研 究 背 景

6.1.1   混合数据的聚类分析

混合数据中同时包含连续型变量和类别型变量。连续型变量是在科学调查和试验研究中可以使用连续数字记录的变量,类别型变量是不能用连续数值度量、只能用数字编码记录的变量。伴随数据量和数据维度的日益丰富,混合数据广泛存在。例如,在市场调查中,企业不仅可以搜集客户的身高、收入、月消费额等连续型数据,还可以收集性别、购买渠道、地理位置等类别型数据;在医学研究中,研究者既可以掌握患者的血压、体温、激素水平等连续型数据,也可以通过调查获得感染方式、吸烟与否等类别型数据。

区隔分析的核心目标是划分客户群体,可以通过聚类分析实现。聚类分析是一种重要的探索性数据分析工具,可以根据相似性度量将不同对象分类,同一类内个体间具有一定的同质性,不同类别个体间具有异质性。它在人类学、生物医学、经济学以及商业分析中有着广泛的应用 (Anderberg, 1973; Dunham, 2008; Friedman et al., 2007)。直观上,基于聚类的区隔分析与客户人群划分类似,但研究者不只关注单个维度或变量,而是综合关注许多方面。通过聚类手段揭示不同类别人群的细微差别,使营销人员能够在其客户群中识别出高度相似的群体。

如何针对混合数据进行基于聚类的区隔分析是一个重要问题。聚类需要基于一定的相似性度量方法,从而将相似性高的样本归集到一类,将相似性低的样本划分到不同类。相似性的度量通常借助各类距离函数,如闵氏距离 (Minkowski metrics)。常见的欧氏距离 (Euclidean distance) 和曼哈顿距离 (Manhattan distance) 是其特例 (Kantardzic, 2003)。对于不同类型的变量,应该使用不同的度量方式,而传统的聚类方法往往只基于单一的度量方法,因此只能处理一种类型的变量。比如，闵氏距离只适用于数值型变量，不能够直接处理类别型变量。相应的，基于闵氏距离构建的聚类方法，不能处理类别型变量，也就不宜应用于混合数据的情况。考虑针对混合数据的相似性度量，目前广泛采取的主要有两种思路。

第一，研究者可以先进行数据预处理，再使用闵氏距离等连续型变量距离衡量方法。一种典型的预处理方式是对类别型变量进行二进制编码 (binary encoding)，将每一个类别型变量转化为一组哑变量。通过这种处理，所有的属性都为数值型，可以计算闵氏距离。同时，一些传统的匹配方法也可以用来分析处理过后的二进制编码变量，如简单匹配相似系数 (the simple matching coefficient)、Jaccard 相似系数以及 Rao's 相似系数等 (Kantardzic，2003)。

第二，研究者可以通过匹配法对类别型变量进行处理，典型的例子有 k-modes 算法和 k-prototypes 算法 (Carreira-Perpiñán and Wang, 2013)。这类方法的思想是直接比较类别型变量的取值，如果相同记距离为 0，不相同则记为 1。根据 Huang (1997) 的引理，基于简单匹配法得到的样本聚类结果中，每类样本的类中心在类别型变量维度上为该类样本在各类别型变量上取值的众数。特别的，k-prototypes 算法作为 k-means 和 k-modes 算法的延伸，是一种处理混合数据的聚类方法。

由于距离计算先于聚类过程，距离度量方法的选择对最终聚类结果的影响非常大，会很大程度上影响最终簇分割的位置与形状。上述两种思路的侧重点不同：第一种思路是在连续型变量的基础上对类别型变量加以处理，使得二者可以同时分析，但是本质上还是采用了有利于连续型变量的分析框架，所以在处理连续型变量占主导、类比型变量较少的混合数据时比较合理；第二种思路是对类别型变量设置了不同于连续型变量的距离衡量方法，所以适用于类别型变量占比较大的混合数据。

6.1.2 混合数据的变量选择

除了想要得到准确的聚类结果，研究人员还关心哪些变量是用于区分不同类别的重要变量。只有选择重要的区分变量，才能解释客户群体划分的内在机制，从而有针对性地制定经营策略。所以在聚类分析的同时，变量选择也是不可或缺的重要环节。变量选择与聚类分析的效果相辅相成。好的变量选择结果会导致较为精确的聚类结果，反过来聚类准确可以帮助选择出更多有意义的变量。随着技术的不断发展，数据的维度不断增长，数据的高维性成为各类调查中的常见现象。在面对高维数据时，如果不配合变量选择方法，直接聚类会遇到诸多问题。第一，聚类方法大部分需要大量的计算，计算时间随数据的维度呈指数增长，如果不进行变量选择，需要承担巨大的计算成本。第二，当数据的维度很高时，数据中往往存在大量的噪声变量，这些噪声变量没有区分样本的能力，如果直接使用全部的变量进行聚类分析，大量噪声变量的存在会影响信号变量正常的分类能力，过高的噪声变量的维度会造成聚类需要用的距离计算变得无意义，使得聚类非常混乱，得到的结果也毫无意义。第三，在使用基于模型的聚类方法时，如果数据的维度高于样本量，模型参数的可识别性会受到影响。

同样，对于混合数据，变量选择的方法相较于处理只有一种变量类型的数据的方法也会更加复杂。变量选择旨在选择出对模型贡献较大的信号变量 (signal variable)，将对模型贡献较小的噪声变量 (noise variable) 筛除。但对于不同类型的变量来说，"贡献"的衡量方式往往是不相同的。比如，在聚类分析中，往往使用类内离散程度或者类间距离等距离相关的指标来衡量一个变量对于聚类是否有贡献，但对于类别型变量和连续型变量，二者的距离衡量方式不同，衡量两种类型变量贡献的指标也就不可比。如果简单地用现有的针对单一类型变量建立的变量选择方法对混合数据进行处理，往往会导致失衡现象：某一种类型的变量占主导，主导类型变量中的噪声变量甚至比其他类型变量中的信号变量更容易被选入模型。这个问题并不能通过简单的对数据进行标准化来解决 (Foss et al., 2016)。

同时，变量分组也是混合数据变量选择时需要注意的问题。对于类别型变量，分析人员往往将其转化为哑变量 (dummy variable) 进行后续处理。例如，对于某一个有 3 个取值 $\{0,1,2\}$ 的分类变量 V，通常会用两个哑变量 v_1, v_2 代替：$V = 0$ 时，$v_1 = 0, v_2 = 0$；$V = 1$ 时，$v_1 = 1, v_2 = 0$；$V = 2$ 时，$v_1 = 0, v_2 = 1$。通过这种方式，一个分类变量就可以由一组哑变量代替。一组哑变量必须共同作用才具有实际意义，所以在后续的变量选择过程中，哑变量往往是以组为单位被选择出来，而不是独立出现。对于连续型变量，变量分组也同样有重要的意义和价值。在调查过程中，某一些变量往往是为了衡量同一个指标而成组出现，如在消费调查中，问卷同时记录了消费者的月消费额以及其父母、配偶和子女的月消费额，由于被调查者家属的消费水平往往和被调查者的消费水平有着紧密的联系，所以将这些变量编为同一组，共同衡量其消费能力。但与类别型变量不同之处在于，连续型变量的分组往往是主观划分的，组内的每一个变量不一定全部是重要变量，所以在变量选择时，除了对变量组进行选择，往往还会对被选出的变量组中的变量再进行一层筛选，实现更深层次的模型解读。

总结而言，对于混合数据，如果要实现聚类分析与变量选择，都需要特殊的处理，其中相似度度量方式的选择是关键。接下来将从基于参数模型和非参数模型两种不同的思路出发，分别对混合数据进行处理。

6.2　基于参数模型的思路

基于模型的聚类方法 (model-based clustering) 假设不同类的样本服从不同的分布,采集到的样本数据来自一个混合的概率分布。对于只包含连续型变量的数据,常用的模型是高斯混合模型 (Gaussian mixture model, GMM)。对于一个来自未知总体的样本数据,假设该样本可以分为 K 个类别,高斯混合模型用下列概率密度函数对样本进行近似:

$$
\begin{aligned}
f(x;\Theta) &= \sum_{k=1}^{K} \pi_k f_k(x;\Theta_k) \\
&= \sum_{k=1}^{K} \pi_k (2\pi)^{-p/2} |\Sigma_k|^{-1/2} \exp\left\{ -\frac{1}{2}(x-\mu_k)^{\mathrm{T}} \Sigma_k^{-1} (x-\mu_k) \right\}
\end{aligned}
\tag{6.2.1}
$$

其中, $x_{1\times p}$ 为一个 p 维样本数据, π_k 为第 k 类样本数据对应的高斯分布所占的比例, $f_k(x;\Theta_k)$ 为第 k 类样本数据所服从的高斯分布密度函数,参数 $\Theta_k = (\mu_k, \Sigma_k)$ 为分布的均值和协方差阵参数。对于混合数据,除假设连续型变量服从的分布外,还需要对其他类型的变量也进行相似的概率密度假设。对于计数型数据,往往假设其服从一个泊松分布 (Poisson distribution)。对于类别型数据,最常见的分布假设为多项式分布 (multinomial distribution)。

基于上述模型假设,若某个变量的一维边际分布在各个类别中都相同,那么称该变量为无关变量 (irrelevant variable),否则称为相关变量 (relevant variable)。用指示变量 ω 表示变量是否为无关变量,若第 j 个变量为无关变量,即 $\Theta_{1j} = \cdots = \Theta_{Kj}$,则 $\omega_j = 1$,反之为 0。因此,混合数据的混合模型除了由基础的分布形式假设决定,还由类别数量 K (混合模型中分布的数量) 以及二元向量 ω 决定,用 $m = (K, \omega)$ 表示一个模型。

对于混合数据,基于模型的聚类方法的优势在于:整体思路使用概率测度替代距离,虽然不同类型的变量基于不同的分布假设,但是概率测度优于其他测度的地方是概率之和必须为 1。这使得不同类型的变量在衡量尺度上是一致的,于是在概率测度下不会有因变量类型带来的差异,也就解决了平衡不同类型的变量贡献的问题。

高斯混合模型的模型参数可由 EM 算法进行迭代估计。EM 算法给出混合模型各个参数的极大似然估计。但在聚类问题中,研究者关心的重点往往并不是分布的参数大小,而是聚类和变量选择的结果。

6.2.1 方法介绍

本章提出一个基于模型的变量选择与聚类方法：对于混合数据，使用最大化综合完全数据似然 (maximum integrated complete-data likelihood，MICL) 准则来进行变量的选择。

假设数据 X 中有 n 个样本，其中 $x_i = (x_{i1}, x_{i2}, \cdots, x_{i(p+q)}), i = 1, 2, \cdots, n$ 是定义在空间 $\mathcal{X}_1 \times \cdots \times \mathcal{X}_{p+q}$ 上的向量。每一个样本有 p 个连续型变量和 q 个类别型变量。空间 $\mathcal{X}_j, j = 1, 2, \cdots, p+q$ 取决于变量 j 的类型。如果变量为连续型变量，则 $\mathcal{X}_j = \mathbb{R}$；如果变量为类别型变量，则 $\mathcal{X}_j = \{1, 2, \cdots, m_j\}$，正整数 m_j 表示第 j 个变量的取值个数。基于模型的聚类方法假定样本从一个由 K 个成分组成的混合总体中独立地抽取出来，其概率分布函数为

$$f(x_i|K, \theta) = \sum_{k=1}^{K} \pi_k f_k(x_i|\alpha_k), \quad f_k(x_i|\alpha_k) = \prod_{j=1}^{p+q} f_{kj}(x_{ij}|\alpha_{kj}) \tag{6.2.2}$$

其中，$\theta = \{\pi_k, \alpha_k; k = 1, 2, \cdots, K\}$ 为模型中所有参数的集合，比例参数 π_k 为第 k 个组成成分所占总体的比例，因此 $0 \leqslant \pi_k \leqslant 1$ 且 $\sum_{k=1}^{K} \pi_k = 1$，概率分布函数 f_k 描述了第 k 个组成成分服从的分布情况，分布参数为 $\alpha_k = (\alpha_{k1}, \alpha_{k2}, \cdots, \alpha_{k(p+q)})$，相对应的，概率分布函数 f_{kj} 描述了第 k 个组成成分中第 j 个变量服从的分布情况，分布参数 α_{kj}。变量 j 的一元边际分布由变量的类型决定：若变量 j 为连续型，则 f_{kj} 是高斯分布的概率分布函数 $\mathcal{N}(\mu_{kj}, \sigma_{kj}^2)$；若变量 j 为分类型，则 f_{kj} 为多项式分布的概率分布函数 $\mathcal{M}(\alpha_{kj1}, \alpha_{kj2}, \cdots, \alpha_{kjm_j})$。

在聚类中，如果一个变量的边际分布在所有 K 个成分中均相同，即 $\alpha_{1j} = \alpha_{2j} = \cdots = \alpha_{Kj}$，说明这个变量对于聚类没有影响，称为无关变量。反之，则说明变量对于区分样本有一定的作用，称为相关变量。引入一个二元向量 $\omega_{(p+q)\times 1}$，若第 j 个变量为无关变量，则 $\omega_j = 1$，反之取 0。因此，对于以上定义的混合模型，在分布假设的基础上，不同的混合模型只在 K 和 ω 上取值不同。为了方便对比不同的混合模型，用 $m = (K, \omega)$ 的二元组来确定一个混合模型。由此，对于模型 m，样本 x_i 的概率分布函数为

$$f(x_i|m, \theta) = \prod_{j \in \Omega^c} f_{1j}(x_{ij}|\alpha_{1j}) \sum_{k=1}^{K} \pi_k \prod_{j \in \Omega} f_{kj}(x_{ij}|\alpha_{kj}) \tag{6.2.3}$$

其中，集合 $\Omega = \{j : \omega_j = 1\}$ 为相关变量的集合，其补集 $\Omega^c = \{1, 2, \cdots, (p+q)\} \backslash \Omega$。

虽然 BIC 准则具有良好的性质, 但其关注点并不在聚类结果上, 而更多的是参数的估计。但对于大多数研究来说, 混合模型中各个成分的参数估计并不是研究者关注的重点, 准确的聚类和变量选择的结果才是追求的目标。因此, 使用 MICL 准则而不是 BIC 准则来解决聚类问题。首先定义综合完全数据似然 (integrated complete-data likelihood, ICL):

$$p(x, z|m) = \int_{\Theta_m} p(x, z|m, \theta) p(\theta|m) \mathrm{d}\theta \tag{6.2.4}$$

其中, 二元矩阵 $z = (z_1, z_2, \cdots, z_n)$ 由二元向量 $z_i = (z_{i1}, z_{i2}, \cdots, z_{iK})$ 组成。如果样本 i 是来自第 k 个组成成分, 则 $z_{ik} = 1$, 否则为 0。参数空间 Θ_m 包含了模型 m 的参数。函数 $p(x, z|m, \theta) = \prod_{i=1}^{n} \prod_{k=1}^{K} [\pi_k f_k(x_i|\alpha_k)]^{z_{ik}}$ 是完全数据似然函数, 函数 $p(\theta|m)$ 是参数的先验分布函数。当使用共轭先验分布时, ICL 有以下的解析形式。假定先验分布之间独立, 则

$$p(\theta|m) = p(\pi|m) \prod_{j=1}^{p+q} p(\alpha_{\cdot j}|K, \omega_j) \tag{6.2.5}$$

其中

$$p(\alpha_{\cdot j}|K, \omega_j) = \begin{cases} \prod_{k=1}^{K} p(\alpha_{kj}), & \omega_j = 1 \\ p(\alpha_{1j}z) \prod_{k=1}^{K} \not\Vdash_{\{\alpha_{kj} = \alpha_{1j}\}}, & \omega_j = 0 \end{cases}$$

其中, $\alpha_{\cdot j} = (\alpha_{1j}, \alpha_{2j}, \cdots, \alpha_{Kj})$。如果变量 j 是连续型, 则 $p(\alpha_{kj}) = p(\sigma_{kj}^2) p(\mu_{kj}|\sigma_{kj}^2)$, 方差 σ_{kj}^2 服从逆高斯分布 $\mathcal{IG}(a_j/2, b_j^2/2)$, 条件均值 $\mu_{kj}|m, \sigma_{kj}^2$ 服从高斯分布 $\mathcal{N}(c_j, \sigma_{kj}^2/d_j)$。如果变量 j 是类别型, 有 m_j 个不同的取值, 则 α_{kj} 服从狄利克雷分布 $\mathcal{D}_{m_j}(a_j, a_j, \cdots, a_j)$。

由共轭先验分布可以推出, ICL 有下列解析形式:

$$p(x, z|m) = \frac{\Gamma\left(\dfrac{K}{2}\right)}{\Gamma\left(\dfrac{1}{2}\right)^K} \frac{\prod_{k=1}^{K} \Gamma\left(n_k + \dfrac{1}{2}\right)}{\Gamma\left(n + \dfrac{K}{2}\right)} \prod_{j=1}^{p+q} p(x_{\cdot j}|K, \omega_j, z) \tag{6.2.6}$$

其中, $x_{\cdot j} = (x_{ij}; i = 1, 2, \cdots, n)$, 每一类的样本数量 $n_k = \sum_{i=1}^{n} z_{ik}$ 并且

$$p(x_{\cdot j}|K, \omega_j, z) = \int p(\alpha_{\cdot j}|K, \omega_j) \prod_{k=1}^{K} \prod_{i=1}^{n} f_{kj}(x_{ij}|\alpha_{kj})^{z_{ik}} \mathrm{d}\alpha_{\cdot j} \tag{6.2.7}$$

由方程 (6.2.7) 定义的积分是显式的, 所以 ICL 准则有解析解。

MICL 对应于 ICL 在所有可能的分类结果下的最大值。因此 MICL 准则定义为

$$\text{MICL}(m) = \ln p(x, z_m^*|m), \quad z_m^* = \arg\max_z \ln p(x, z|m) \tag{6.2.8}$$

显然, MICL 准则由 ICL 准则而来, 所以继承了 ICL 准则的优良性质。特别的, 这个准则对于模型的错误设定较 BIC 准则不敏感, 所以更加稳健。与 ICL 准则和 BIC 准则不同的是, MICL 准则不需要极大似然估计的结果, 所以不需要多次执行 EM 算法来求解, 因此计算速度更快。因为 ω 不影响 z 的维度, 在组成成分数量 K 确定的情况下, 可以关于 (ω, z) 最大化 ICL 准则, 因此最好的模型可以通过 MICL 准则获得。

6.2.2 算法

本节通过一个迭代的算法求解最大化 MICL 准则的模型。对于固定的 K, 初始值设置为 $(z^{[0]}, m^{[0]})$, 其中 $m^{[0]} = (K, \omega^{[0]})$, 二元向量 $\omega^{[0]}$ 随机生成, 分类标签 $z^{[0]}$ 根据后验概率得到。算法通过迭代不断优化 ICL 准则: ① 在给定 (x, m) 的情况下优化 z; ② 在给定 x, z 的情况下优化 ω。则算法迭代的第 $[r]$ 步可以写成如下形式。

更新类别标签: 求解 $z^{[r]}$ 使得

$$\ln p(x, z^{[r]}|m^{[r]}) \geqslant \ln p(x, z^{[r-1]}|m^{[r]})$$

更新模型信息: 给定 $z^{[r]}$ 找到最优模型 $m^{[r+1]}$

$$m^{[r+1]} = (K, \omega^{[r+1]})$$

$$\omega_j^{[r+1]} = \begin{cases} 1, & p(x_{.j}|K, \omega_j = 1, z^{[r]}) > p(x_{.j}|K, \omega_j = 0, z^{[r]}) \\ 0, & p(x_{.j}|K, \omega_j = 1, z^{[r]}) \leqslant p(x_{.j}|K, \omega_j = 0, z^{[r]}) \end{cases}$$

在更新过程中, 由于类内独立性假定的存在, 参数 ω_j 可以独立地进行更新。每一次迭代都会对使得 ICL 最大的组成成分 k (即类别 k) 进行均匀抽样而保持其他类别的样本不动来更新类别标签。与 EM 算法类似, 本算法可能收敛到局部最优解, 因此需要选定不同初始值多次求解。

6.2.3 实证数据分析

本节以中国教育追踪调查 (CEPS) 问卷数据为例。该调查是由中国人民大学中国调查与数据中心设计并实施的具有全国代表性的大型追踪调查项目, 旨在揭

示家庭、学校、社区以及宏观社会结构对于个人教育产出的影响。中国教育追踪调查 (CEPS) 以 2013～2014 学年为基线，以初中一年级 (7 年级) 和初中三年级 (9 年级) 两个同期群为调查起点，以人口平均受教育水平和流动人口比例为分层变量从全国随机抽取了 28 个县级单位 (县、区、市) 作为调查点。调查的执行以学校为基础，在入选的县级单位随机抽取了 112 所学校、438 个班级进行调查，被抽中班级的学生全体入样。本章以调查中的学生问卷数据为例，使用前面所述方法进行分析，对所调查学生进行聚类分析，同时选择出参与类别划分的重要变量，寻找个人教育产出的重要影响因素。

经过数据清洗与整理，最终数据集中共记录 10750 个样本的 308 个变量，其中包含学生的身高、体重、班级同学数量等 45 个连续型变量，以及是否为独生子女、父母是否离异、户口类型等 263 个类别型变量。本例希望对这 10750 个学生进行分类并且找到影响学生学习成绩以及身心发展的重要变量。学生的身高、体重等连续型变量可假设服从正态分布，符合参数模型方法的模型假定。

使用 R 程序包 VarSelLCM 对数据进行分析，尝试将样本分为 2～20 类，最终模型得到的最优类别数为 5 类，每类分别有 2698、1884、2465、2231 和 1472 个样本。共选择出近视度数等 20 个连续型变量和父母是否离异等 54 个类别型变量。

通过图 6.2 可以看出，分出的 5 类样本中，第 2 类多为学习成绩较好的学生，

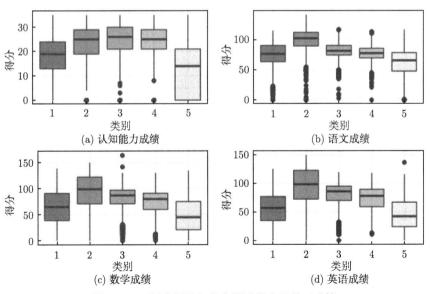

图 6.2　不同类别认知能力测试得分及学习成绩

而第 5 类多为学习成绩较差的学生。通过分析其他重要变量可以得出以下结论：
① 如图 6.3 所示，第 1 类多为非独生子女，第 1 类样本中非独生子女占第 1 类总数的 85.6%。这一类学生多为农业户口，比例为 84.1%。这一类样本中仅有 45% 的学生在家有独立的书桌。这一类样本的"父母严格程度"评分在 5 类样本中较高，但是各方面教育资源较匮乏，与父母有关学习的交流最少。② 第 2 类样本是 5 类样本中非农业户口比例最高，且"父母严格程度"评分第二低的集合，其与课业无关兴趣辅导班的平均数量在 5 类样本中最高，与课业有关的兴趣辅导班的平均数量在 5 类样本中最低。这一类与父母有关个人学习、生活的交流较多，与父母外出游玩的频率最高。③ 第 3 类样本是 5 类样本中独生子女比例最高，"父母严格程度"评分最高的集合。这一类学生对于和父母关系的评分最低，和父母外出游玩等频率最低。这一类样本对于老师的表扬最为重视。④ 第 4 类样本是 5 类样本中生病记录最多、身体健康评分最低的一类样本。⑤ 第 5 类样本中父母离异比例最高，父亲酗酒比例最高，对学校最有敌意。

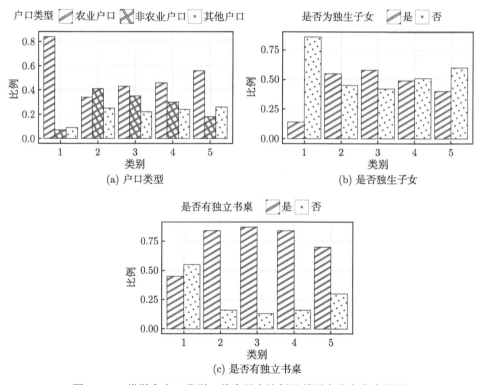

图 6.3 5 类样本户口类型、独生子女比例及是否有独立书桌比例

6.3　基于非参数模型的思路

6.2 节讨论的方法虽然在数据符合模型假设的情况下效果优良，但是在数据真实分布与假定分布存在偏差时，其聚类和变量选择的精准度可能大大降低。为克服参数模型的弊端，本节提出一个基于非参数思路的变量选择与聚类模型。

需要注意的是，在没有参数模型假定情况下，研究者很难借助概率测度来处理混合数据，常规的距离度量方式也很难将不同类型的变量放到同一尺度下比较。Davies-Bouldin 指数 (DBI) 是一种衡量分类效果的指标，它有诸多优良的数学性质，如计算相对简单，取值范围从 0 到 1 等。这些特性使得该指标可以用作测度，在同一尺度上衡量不同类型的变量在聚类时的贡献。因此，本节以 DBI 为基础，改进 Witten 和 Tibshirani (2010) 提出的针对连续型数据的变量选择与聚类的方法框架，得到能够处理混合数据的非参数模型方法。

在 Witten 和 Tibshirani (2010) 提出的针对连续型数据的变量选择与聚类的方法框架中，假设数据 X 中有 n 个样本 p 个连续型变量。当数据中只有连续型变量时，可以使用 K-means 聚类方法。K-means 聚类通过最小化类内距离平方和 (within-cluster sum of squares, WCSS) 实现将 n 个样本分成 K 个类。类内距离平方和 (WCSS) 为

$$\text{WCSS} = \sum_{k=1}^{K} \frac{1}{n_k} \sum_{i,i' \in C_k} \sum_{j=1}^{p} d_{i,i',j} \tag{6.3.1}$$

其中，n_k 是第 k 个类中的样本数量，i 和 i' 为样本的编号，C_k 是第 k 个类中样本编号的集合。$d_{i,i',j}$ 是样本 i 和样本 i' 在第 j 个变量上的距离。在 K-means 算法中一般采用差的平方，即 $d_{i,i',j} = (X_{ij} - X_{i'j})^2$。

如果定义类间距离平方和 (between-cluster sum of squares, BCSS) 为

$$\text{BCSS} = \sum_{j=1}^{p} \left(\frac{1}{n} \sum_{i=1}^{n} \sum_{i'=1}^{n} d_{i,i',j} - \sum_{k=1}^{K} \sum_{i,i' \in C_k} d_{i,i',j} \right) \tag{6.3.2}$$

则最小化 WCSS 就相当于最大化 BCSS。

稀疏 K-means 聚类 (sparse K-means clustering) 就是在 BCSS 的基础上加入权重项，然后最大化目标函数：

$$\max_{C_1, C_2, \cdots, C_k, w} \left\{ \sum_{j=1}^{p} w_j \left(\frac{1}{n} \sum_{i=1}^{n} \sum_{i'=1}^{n} d_{i,i',j} - \sum_{k=1}^{K} \sum_{i,i' \in C_k} d_{i,i',j} \right) \right\}$$

$$\text{subject to } \|w\|^2 \leqslant 1, \quad \|w\|_1 \leqslant s, \quad w_j \geqslant 0 \quad \forall j \tag{6.3.3}$$

其中, s 是控制权重的参数, w_j 是第 j 个变量的权重, 当 s 较小时就可以得到稀疏的权重向量 w。基于每个变量计算出的类间距离平方和 (BCSS) 的大小, 目标函数 (6.3.3) 给予每个变量一定的权重。

但是对于混合数据, 类间距离不能像在只有连续型变量的数据中那样使用欧氏距离等度量方式简单地得到。因此, 本节基于上述稀疏聚类框架, 加入 DBI 的构造思想, 用基于每个变量计算得到的 DBI 来充当类间距离, 使得不同类型的变量可以在一个统一的衡量指标上进行权重的分配, 从而实现对混合数据进行联合的聚类与变量选择分析。

为了能够使用 DBI 处理混合数据, 还需要进行变量分组。变量分组对于变量选择是必要的。对于类别型变量, 分析人员往往将其转化为哑变量 (dummy variable) 进行后续处理。例如, 对于某一个有 3 个取值 $\{0,1,2\}$ 的分类变量 V, 通常会用两个哑变量 v_1, v_2 代替: $V = 0$ 时, $v_1 = 0, v_2 = 0$; $V = 1$ 时, $v_1 = 1, v_2 = 0$; $V = 2$ 时, $v_1 = 0, v_2 = 1$。通过这种方式, 一个类别型变量就可以由一组哑变量代替。一组哑变量必须共同作用才具有实际意义, 所以在后续的变量选择过程中, 哑变量往往是以组为单位被选择出来, 而不是独立出现。对于连续型变量, 变量分组也同样有重要的意义和价值。在调查过程中, 某一些变量往往为了衡量同一个指标而成组出现, 如在消费调查中, 问卷同时记录了消费者的月消费额以及其父母、配偶和子女的月消费额, 由于被调查者家属的消费水平往往和被调查者的消费水平有着紧密的联系, 所以将这些变量编为同一组, 共同衡量其消费能力。但与类别型变量不同之处在于, 连续型变量的分组往往是主观划分的, 组内的每一个变量不一定全部是重要变量, 所以在变量选择时, 除了对变量组进行选择, 往往还会对被选出的变量组中的变量再进行一层筛选, 实现更深层次的模型解读。

不同类型的变量的距离度量方式是不同的, 用作聚类分析时, 不同的距离度量方式是不可比的, 所以在处理混合数据的时候, 需要对距离度量方式进行特殊的处理。要保证两种类型的变量的距离度量方式可比, 需要对度量方式进行"归一化"处理, 也就是说, 将不同距离度量方式的绝对值控制在 $[0,1]$ 之间, 这样在聚类的过程中, 就不会出现某一类型变量占据主导的情况。特殊地, 对于分类型变量, 由于一组哑变量实际中替代了一个类别型变量, 所以在处理时以组为单位对哑变量进行处理, 保证原始变量在数据中所占的初始比重是均衡的。DBI 是聚类分析中的一种相似度度量准则, 其主要的构造思想是使用类间距离与类内离散度的比值代替距离。这种构造使得该准则从一定程度上达到了距离度量"归一

化"的目的, 并且其不对变量类型有使用的限制。借助 DBI 的构造思想, 就可以
实现连续型变量和类别型变量的联合聚类分析。

6.3.1　方法介绍

假设 X 中有 n 个样本。对于第 i 个样本数据, 定义 $x_i = (x_{i1}, x_{i2}, \cdots, x_{i(p+q)})$,
$i = 1, 2, \cdots, n$ 是包含 $p + q$ 个特征的向量。这些变量定义在空间 $\mathcal{X}_1 \times \mathcal{X}_2 \times \cdots \times \mathcal{X}_{p+q}$ 上, 其中 p 是连续型变量的数量, q 是类别型变量的数量。因此, 空
间 $\mathcal{X}_j, j = 1, 2, \cdots, p+q$ 取决于变量的类型 (对于连续型变量来说 $\mathcal{X}_j = \mathbb{R}$, 而对
于类别型变量而言 $\mathcal{X}_j = \{1, 2, \cdots, m_j\}$, 其中 m_j 是第 j 个变量的取值个数)。将
每一个类别型变量转化为一组哑变量。如果某个类别型变量有 m_j 个不同的取值,
则会有 $m_j - 1$ 个 0-1 取值的哑变量在相应的变量组中。用 M 表示转化后总的哑
变量的个数。总的变量组的个数用 J 表示。一般地, 考虑某些连续型变量由于解
释性考虑也会成组分析, 这里有 $p + q \geqslant J \geqslant q$。

假设总体可以分成 K 个类别, 对于混合数据定义:

$$d(x_i, x_{i'}) := \frac{\sum\limits_{j=1}^{J} \delta_{ii'}^{(j)} \|x_{ij}, x_{i'j}\|_2}{\sum\limits_{j=1}^{J} \|x_{ij}, x_{i'j}\|_2}$$

其中, x_{ij} 和 $x_{i'j}$ 分别为第 i 个和第 i' 个样本在第 j 组变量维度上的取值向量,
符号 $\|\cdot\|_2$ 表示欧氏距离。$\delta_{ii'}^{(j)}$ 为一个指示变量, 即当 x_i 和 $x_{i'}$ 在第 j 组变量维
度上取值相同时 $\delta_{ii'}^{(j)} = 0$, 否则 $\delta_{ii'}^{(j)} = 1$。因此第 k 类中在第 j 组变量维度上每
个样本与样本中心的类内平均距离为

$$\sigma_{kj} := \frac{1}{\text{card}(C_k)} \sum_{i \in C_k} d(x_{ij}, c_{kj})$$

其中, $\text{card}(\cdot)$ 是第 k 类中包含的样本个数而 C_k 表示第 k 类中所包含样本的编
号的集合。第 k 类在第 j 组变量维度上的类中心向量表示为 c_{kj}。

基于上述定义, 本节结合 DBI 统计量提出一个结合稀疏成组 LASSO 惩罚的
模型, 用于处理混合数据的聚类与特征选择。模型的目标函数如下:

$$\max \frac{1}{K} \sum_{k=1}^{K} \left\{ \sum_{j_1=1}^{J} w_{j_1} \min_{k \neq k'} \frac{d(c_{kj_1}, c_{k'j_1})}{\sigma_{kj_1} + \sigma_{k'j_1}} + \sum_{j_2=1}^{p} v_{j_2} \min_{k \neq k'} \frac{d(c_{kj_2}, c_{k'j_2})}{\sigma_{kj_2} + \sigma_{k'j_2}} \right\}$$

subject to $\|w\|^2 \leqslant 1, \ \|w\|_1 \leqslant s_w, \ \|v\|_1 \leqslant s_v, \ w_{j_1}, v_{j_2} \geqslant 0, \ \forall j_1, j_2$ \hfill (6.3.4)

其中，w_{j_1} 为第 j_1 组变量所对应的权重，v_{j_2} 是第 j_2 个连续型变量所对应的权重。s_w 是变量组整体权重的调节参数，s_v 是连续型变量组内变量权重的调节参数。该目标函数首先对整体的变量组进行筛选，调节参数 s_w 越小，选择出的变量组的个数就越少。同时，对于连续型变量，每个变量组内部再进行一遍筛选，调节参数 s_v 越小，每个连续型变量组内的变量个数就越少。

模型中有 s_w 和 s_v 两个调节参数，分别控制权重向量 w 和 v。两个调节参数均会影响聚类和变量选择的结果，选择时需要挑选出最优的参数组合。DBI 除了可以衡量类间距离，还可以用作调节模型参数。由于目标函数值与 DBI 有相关关系，所以可以直接用 DBI 作为参数调节的准则。DBI 的计算如下：

$$\text{DBI} = \frac{1}{K} \sum_{k=1}^{K} \left\{ \frac{1}{J} \sum_{j_1=1}^{J} w_{j_1} \max_{k \neq k'} \frac{\sigma_{kj_1} + \sigma_{k'j_1}}{d(c_{kj_1}, c_{k'j_1})} + \frac{1}{p} \sum_{j_2=1}^{p} v_{j_2} \max_{k \neq k'} \frac{\sigma_{kj_2} + \sigma_{k'j_2}}{d(c_{kj_2}, c_{k'j_2})} \right.$$

$$\tag{6.3.5}$$

DBI 衡量了类间相似度，DBI 越小，说明分类效果越好。综上，最终使用使 DBI 最小的参数组合作为调节参数。选择调节参数的过程如下：首先，对于任意一个参数组合，最优化式 (6.3.4) 得到聚类结果和权重向量；然后使用该结果根据公式 (6.3.5) 计算出相应的 DBI 值；固定 w，找出使 DBI 变化剧烈的 v 的值；固定 v，选择出使 DBI 最小的 w 的值。

6.3.2 算法

本节给出最优化上述目标函数的算法。算法结构与稀疏成组 LASSO 的结构相似，使用坐标下降算法思想。在迭代的过程中，算法按照固定类别标签 z_i 最优化权重 w_j 以及 v_j，再固定权重 w_j 和 v_j 更新类别标签的步骤循环往复，直至收敛抑或是达到最大迭代次数。具体过程如算法 6.1 所示。

为了得到最优解，需要对惩罚参数 s_w 和 s_v 进行选择，选择思路为：如果将 w 设为固定值，DBI 将首先非常小，然后突然上升，并随 v 从相对较低的值变化到适当的值而波动。这是因为使用一个小的调优参数，可以选择的功能更少，从而导致 DBI 中的值更小。因此，当组权重的调整参数固定时，选择导致 DBI 急剧上升的调整参数组合。另一方面，当 v 固定时，DBI 随着 w 的变化先下降后逐渐上升。因为 DBI 度量集群之间的相似性，所以选择调整参数的组合，当组内权重的调整参数固定时，会导致 DBI 的最小值或 DBI 的显著下降。

算法 6.1　DBI-SGLC

输入: 数据集 X。

输出: 变量权重 w 与 v 以及聚类标签 z。

初始化: $w_1^{(0)} = w_2^{(0)} = \cdots = w_J^{(0)} = \dfrac{1}{\sqrt{J}}$, $v_{m+1} = v_{m+2} = \cdots = v_p = \dfrac{1}{\sqrt{J \cdot p}}$。

使用标准的 K-means 算法得到初始的聚类结果和类中心。

循环

更新 w:

$$w = \frac{S(a_+, \Delta)}{\|S(a_+, \Delta)\|_2}$$

其中 a 为每组变量的 DBI; 如果 $\|w\|_1 = s_w$, 则 $\Delta > 0$; 如果 $\|w\|_1 < s_w$, 则 $\Delta = 0$。$S(\cdot)$ 为软阈值函数, 定义为 $S(x, c) = \mathrm{sign}(x)(|x| - c)$

更新 v:

固定 w, 对 v 进行与上一步相同的优化。如果 $w_j = 0$, 则对应的 $v = 0$, 对剩余的权重项进行优化。

固定 w 和 v, 更新聚类结果。

直到

$$\frac{\sum\limits_{j_1=1}^{J} |w_{j_1}^{(b)} - w_{j_1}^{(b-1)}|}{\sum\limits_{j_1=1}^{J} |w_{j_1}^{(b-1)}|} < 10^{-4}$$

6.3.3　实证数据分析

本节以某网约车公司代驾服务需求的问卷调查数据为例。数据共包括 4776 个样本以及 23 个变量, 包含 9 个连续型变量、14 个类别型变量。使用本节提出的方法对数据进行分析, 所有样本被分为五个区隔类别。其中第 1、2 类是用过代驾服务的样本, 第 3、4、5 类是没有用过代驾服务的样本。5 个类别的样本数分别为 1537、1039、334、913 和 953。

一线城市中青年快节奏上班族: 第 1 类人群的特点是每次使用代驾服务的平均花费少, 但是近期使用代驾服务的次数多。这类人群的年龄主要在 26~40 岁, 工作时间较长、收入水平较高、受教育水平较高, 属于较为年轻的上班族。这类人群开的车价位较高, 饮酒地点和住所之间的距离较短, 但是饮酒频率较高。这类人对于代驾服务的要求不高, 非常遵守法律法规, 不介意将自己的汽车停在很远的地方或者别人开自己的车。这种人主要在大城市生活, 常去场所为 KTV/酒吧/健身馆/会所等, KTV 等娱乐场所、车载广播以及网络上的广告给这部分人很大影响。这类人平时驾车出行的目的较单一, 主要是上班下班以及聚餐。这类人会经常使用出租车, 叫代驾的时候不会用电话而是主要用 APP。

二三线城市中老年上有老下有小爱车族: 第 2 类人群近期使用代驾服务的次

数很少，但是平均花费很多。这一类人的年龄较大，主要在 35 岁以上，主要生活在二三线城市，收入、工作时间、受教育水平都较低。这类人一般不外出饮酒，但是一旦外出饮酒，离家距离会比较远。这类人对于代驾的要求非常高，包括着装、态度、车内洁净程度等。这类人开的车价位较低，但是对于自己的车辆非常爱惜，所以一般不会将车整晚停到很远的地方或者让别人开车。这类人开车前往的娱乐场所主要是购物中心，其他娱乐场所较少。这类人很少自己驾车去饮酒，主要用公共交通工具。这类人开车的目的主要是非娱乐活动如照顾老人孩子、洗车维护汽车等。这类人非常少使用出租车，叫代驾主要是打电话而不使用 APP。

一线城市刚踏入社会年轻人：第 3 类人群从来没有用过代驾服务，但是这类人的属性特征与第 1 类人十分相似，都是生活在北上广深等一线城市的上班族。区别在于这一类人更加年轻，刚刚开始工作，收入较低，饮酒多前往离住所较近的地方。所以第 3 类人群在未来几年后大概率会发展成第 1 类人。值得注意的是，这类人对于代驾的了解大多来自网络，如微信以及微博等。

三四线城市佛系中老年人群：第 4 类人群从没有使用过代驾服务，收入水平较低且无饮酒行为，主要的娱乐场所为公园、游乐园、博物馆等，成为客户的概率较小。

一二线城市享乐族：第 5 类人群与第 1 类人群也十分相似，收入较高，但与第 1 类人群不同，这类人主要分布于除北上广深以外的一二线城市，主要是国企或者私企的中低层员工，平时外出饮酒的距离也较远，饮酒频率也很高，但对于法律法规的意识比较淡薄，主要以男性为主。这类人群的娱乐生活最为丰富。

选出的较为重要的变量有年龄、生活的城市、工作、法律意识、对于自己汽车的态度、饮酒行为、娱乐活动。如图 6.4 所示，在代驾服务上花费较多的第 2

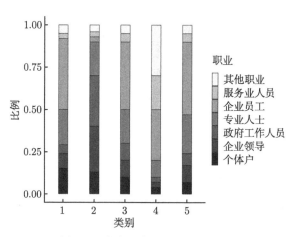

图 6.4　代驾服务需求分职业调查

类人群有着和其他类别的人群不同的职业组成结构，其中个体户、企业领导、政府工作人员占比比其他 4 类明显更大，而工薪阶层的占比较小。在法律意识评分选出的变量中，第 2 类人群的大部分评分都大于第 1 类人群，只有在'我身边的朋友从来没有酒后开车的情况'这个选项中评分低于第 1 类人群，说明第 2 类人群更倾向于请代驾。主要人群：国有/外资/私营企业单位中层管理者及一般职员、专业人士 (律师、会计、教师等)、私营企业主/个体户、公务员。

6.4　小结与评述

伴随数据采集手段和采集渠道的与时俱进，调查数据中仅仅存在单一变量类型的情况已不多见。面对海量的调查数据和多样的变量类型，研究者需要有效的手段对所获数据进行探索性的聚类分析，同时找到重要的影响因素。本章从聚类分析和变量选择的目标出发，分别讨论了基于参数模型和非参数模型的方法。两种方法的共同点在于都可以处理混合数据变量选择与聚类分析，具有较好的聚类精度和计算速度，能够有效选择出重要的变量集合。不同之处在于，基于参数模型的方法需要数据中的连续型变量总体服从正态分布，在模型假设满足的情况下，具有很高的精确度。基于非参数模型的方法不需要模型假设，可以稳健地处理总体分布未知的数据集。总体来说，这两种方法适用性较为广泛，可以处理当下绝大部分的调查数据。但在后续研究中，两种方法可以进一步优化。

首先，调查数据是研究总体的一个样本，基于样本的分析必然带有模型不确定性。如果能在数据分析中融合相关调查研究结论作为先验信息，可以一定程度解决模型不确定性的干扰。目前，整合先验信息的有监督学习方法已有广泛讨论，但针对区隔分析等无监督学习还处于发展阶段。因此，在聚类分析及变量选择中有效融合先验信息，探索数据驱动的最优化方法，是未来研究的一个方向。另外，在聚类的过程中，变量选择结果对于最终的聚类结果具有关键性的作用。如果模型正确地选择出了差异变量，筛除了无差异的噪声变量，那么聚类的结果便会较为精确，模型结果的解释性也会更强。然而，实际数据中没有已知的标签信息或者差异变量信息时，无法判断聚类以及变量选择结果的优劣。因此，如何衡量实际数据中的模型效果尤其是变量选择效果就尤为重要，是亟待解决的一个关键问题。

6.5　附　　录

6.5.1　基于参数模型的模拟结果

为了验证方法在假定成立的情况下的模型效果, 本章设计了一系列模拟试验。模拟主要对比了在混合数据下四种不同方法的效果 (表 6.1): ① 稀疏 K-means 聚类; ② SAS 方法; ③ 本章构建的基于参数模型的 VarSelLCM 方法; ④ 6.5.2 节提出的基于非参数模型的方法。模拟数据的具体设定如下。

(1) 总体分为两类, 即 $K = 2$;

(2) 总样本量 $n = 100$, 每一类有 50 个样本;

(3) 信号变量共 10 个, 其中 5 个为连续型, 5 个为类别型;

(4) 总维度分三种情境 $\{200, 400, 600\}$, 每一种情境下连续型变量和类别型变量的数量相同, 即 $(p, q) = \{(100, 100), (200, 200), (300, 300)\}$;

(5) 类别型噪声变量服从多项式分布 $\mathcal{M}(1/m_j, \cdots, 1/m_j)$, 其中 m_j 为该类别型变量不同取值的个数;

(6) 类别型信号变量在两个类别中服从的分布如下所示:

① $m_j = 2$,　　$\mathcal{M}(0.9, 0.1)$　　$\mathcal{M}(0.1, 0.9)$,

② $m_j = 3$,　　$\mathcal{M}(0.45, 0.45, 0.1)$　　$\mathcal{M}(0.05, 0.05, 0.9)$;

(7) 连续型变量服从多元正态分布, 其中在两个类别中对于信号变量 $\mu_{1,1} = \cdots = \mu_{1,5} = 2$ 而 $\mu_{2,1} = \cdots = \mu_{2,5} = 0$, 对于噪声变量 $\mu_{1,6} = \cdots = \mu_{1,p} = \mu_{2,6} = \cdots = \mu_{2,p} = 0$;

(8) 两个类别的协方差矩阵均为 Σ, 协方差矩阵的特征值取值分三种情况: $\{1, [1, 2], [2, 3]\}$。

表 6.1　四种不同的方法在不同的维度 p 以及协方差矩阵特征值下的模拟结果

模拟设置	方法	CER	连续型变量		类别型变量	
			TPR	TNR	TPR	TNR
scenario 1:	Sparse K-means	0.031(0.026)	1.000(0.000)	0.927(0.048)	0.581(0.106)	0.999(0.001)
$n = 100(50, 50)$	SAS	0.061(0.106)	0.966(0.153)	0.786(0.147)	0.115(0.020)	0.784(0.154)
$p = 200(100, 100)$	VarSelLCM	0.018(0.082)	1.000(0.000)	0.989(0.011)	1.000(0.000)	0.982(0.014)
eigen value = 1.0	Proposed Method	0.010(0.015)	1.000(0.000)	0.999(0.001)	0.998(0.020)	0.989(0.093)
scenario 2:	Sparse K-means	0.028(0.025)	1.000(0.000)	0.954(0.025)	0.519(0.094)	0.999(0.001)
$n = 100(50, 50)$	SAS	0.177(0.168)	0.916(0.246)	0.851(0.102)	0.056(0.015)	0.816(0.132)
$p = 400(200, 200)$	VarSelLCM	0.039(0.128)	0.990(0.100)	0.988(0.008)	0.990(0.100)	0.983(0.010)

续表

模拟设置	方法	CER	连续型变量		类别型变量	
			TPR	TNR	TPR	TNR
eigen value = 1.0	Proposed Method	0.009(0.013)	1.000(0.000)	1.000(0.000)	0.994(0.034)	0.995(0.005)
scenario 3:	Sparse K-means	0.030(0.025)	1.000(0.000)	0.962(0.019)	0.492(0.075)	0.999(0.001)
$n = 100(50, 50)$	SAS	0.223(0.176)	0.870(0.311)	0.907(0.067)	0.034(0.013)	0.877(0.094)
$p = 600(300, 300)$	VarSelLCM	0.009(0.002)	1.000(0.000)	0.988(0.006)	1.000(0.000)	0.982(0.008)
eigen value = 1.0	Proposed Method	0.010(0.014)	1.000(0.000)	1.000(0.000)	0.996(0.028)	0.944(0.044)
scenario 4:	Sparse K-means	0.209(0.085)	0.998(0.020)	0.684(0.176)	0.524(0.187)	0.967(0.137)
$n = 100(50, 50)$	SAS	0.126(0.146)	0.928(0.210)	0.774(0.148)	0.931(0.141)	0.759(0.156)
$p = 200(100, 100)$	VarSelLCM	0.059(0.050)	0.998(0.001)	0.989(0.011)	0.998(0.020)	0.982(0.014)
eigen value = [1, 2]	Proposed Method	0.085(0.059)	0.996(0.041)	0.990(0.039)	0.994(0.035)	0.995(0.086)
scenario 5:	Sparse K-means	0.310(0.121)	0.890(0.247)	0.752(0.120)	0.295(0.201)	0.998(0.005)
$n = 100(50, 50)$	SAS	0.220(0.175)	0.830(0.321)	0.897(0.074)	0.795(0.289)	0.857(0.102)
$p = 400(200, 200)$	VarSelLCM	0.085(0.119)	0.990(0.100)	0.988(0.008)	0.980(0.087)	0.983(0.011)
eigen value = [1, 2]	Proposed Method	0.087(0.062)	0.997(0.005)	0.992(0.014)	0.977(0.065)	0.941(0.045)
scenario 6:	Sparse K-means	0.322(0.103)	0.698(0.160)	0.868(0.073)	0.339(0.125)	0.999(0.001)
$n = 100(50, 50)$	SAS	0.340(0.171)	0.638(0.417)	0.913(0.053)	0.025(0.016)	0.879(0.086)
$p = 600(300, 300)$	VarSelLCM	0.079(0.110)	0.998(0.002)	0.989(0.006)	0.999(0.001)	0.984(0.007)
eigen value = [1, 2]	Proposed Method	0.088(0.062)	0.993(0.013)	0.993(0.013)	0.971(0.083)	0.954(0.049)
scenario 7:	Sparse K-means	0.308(0.124)	0.894(0.225)	0.555(0.221)	0.470(0.310)	0.920(0.216)
$n = 100(50, 50)$	SAS	0.109(0.137)	0.942(0.187)	0.818(0.152)	0.113(0.020)	0.800(0.158)
$p = 200(100, 100)$	VarSelLCM	0.030(0.009)	1.000(0.000)	0.987(0.012)	0.998(0.020)	0.984(0.013)
eigen value = [2, 3]	Proposed Method	0.039(0.037)	0.985(0.053)	0.986(0.024)	0.985(0.053)	0.981(0.068)
scenario 8:	Sparse K-means	0.370(0.115)	0.730(0.359)	0.763(0.091)	0.196(0.201)	0.898(0.087)
$n = 100(50, 50)$	SAS	0.238(0.184)	0.780(0.357)	0.895(0.098)	0.048(0.022)	0.863(0.124)
$p = 400(200, 200)$	VarSelLCM	0.060(0.109)	1.000(0.000)	0.988(0.008)	1.000(0.000)	0.984(0.009)
eigen value = [2, 3]	Proposed Method	0.118(0.064)	0.990(0.044)	0.995(0.013)	0.971(0.072)	0.950(0.036)
scenario 9:	Sparse K-means	0.430(0.107)	0.534(0.398)	0.819(0.074)	0.076(0.142)	0.999(0.001)
$n = 100(50, 50)$	SAS	0.373(0.155)	0.548(0.416)	0.918(0.049)	0.024(0.015)	0.890(0.075)
$p = 600(300, 300)$	VarSelLCM	0.090(0.143)	0.980(0.141)	0.987(0.007)	0.982(0.127)	0.982(0.008)
eigen value = [2, 3]	Proposed Method	0.148(0.063)	0.984(0.055)	0.989(0.015)	0.944(0.108)	0.973(0.018)

注：每种情境模拟 100 次。表格中的数字为 100 次模拟的平均值 (标准差)。

从模拟结果中可以清楚地看到，此方法在正态分布的假定成立的条件下，可以准确地对数据进行聚类，并且选择出正确的信号变量，无论类别型还是连续型。并且由于使用了 MICL 准则而不是 BIC 准则，面对高维问题时该方法依然保持良好的计算效率。

6.5.2 基于非参数模型的模拟结果

为了验证方法在非正态分布的情况下的模型效果, 本章设计了一系列模拟试验. 为了验证本节提出的非参数模型在更一般的情形下的优势, 模拟采用 p-generalized 正态-多项式分布以及对数正态分布. 其中 p-generalized 正态-多项式分布的密度函数为

$$f(t) = \frac{p^{1-1/p}}{2\sigma\Gamma(1/p)} \exp\left[-\frac{\left|\frac{t-\mu}{\sigma}\right|^p}{p}\right], \quad t \in \mathbb{R} \tag{6.5.1}$$

其中, $\mu \in \mathbb{R}$ 以及 $\sigma \in \mathbb{R}^+$ 是位置和尺度参数, 参数 $p \in \mathbb{R}^+$ 是控制分布峰度的参数, 参数 $p = 1$ 时为拉普拉斯分布, 参数 $p = 2$ 时为正态分布, 当参数 $p \to \infty$ 时, 分布趋近于均匀分布. 使用这个分布, 通过控制参数 p, 可以得到峰度不同的非正态分布. 对于对数正态分布, 通过控制分布的对数标准差大小, 就可以得到偏度不同的非正态分布.

模拟主要对比了在混合数据下四种不同方法的效果 (表 6.2): ① 稀疏 K-means 聚类; ② SAS 方法; ③ 基于参数模型的 VarSelLCM 方法; ④ 本章提出的基于非参数模型的方法. 模拟数据的具体设定如下:

(1) 总体分为两类, 即 $K = 2$;

(2) 总样本量 $n = 100$, 每一类有 50 个样本;

(3) 信号变量共 10 个, 其中 5 个为连续型, 5 个为类别型;

(4) 总维度分三种情境 $\{200, 400, 600\}$, 每一种情境下连续型变量和类别型变量的数量相同, 即 $(p, q) = \{(100, 100), (200, 200), (300, 300)\}$;

(5) 类别型噪声变量服从多项式分布 $\mathcal{M}(1/m_j, \cdots, 1/m_j)$, 其中 m_j 为该类别型变量不同取值的个数;

(6) 类别型信号变量在两个类别中服从的分布如下所示:

① $m_j = 2$, $\quad \mathcal{M}(0.9, 0.1) \quad \mathcal{M}(0.1, 0.9)$,

② $m_j = 3$, $\quad \mathcal{M}(0.45, 0.45, 0.1) \quad \mathcal{M}(0.05, 0.05, 0.9)$;

(7) 连续型变量服从 p-generalized 正态-多项式分布或对数正态分布, 其中在两个类别中对于信号变量 $\mu_{1,1} = \cdots = \mu_{1,5} = 2$ 而 $\mu_{2,1} = \cdots = \mu_{2,5} = 0$, 对于噪声变量 $\mu_{1,6} = \cdots = \mu_{1,p} = \mu_{2,6} = \cdots = \mu_{2,p} = 0$;

(8) 当连续型变量服从 p-generalized 正态-多项式分布时, 其参数 p 分别取 0.7019, 0.7363 和 0.7785 分别对应于峰度 κ 为 8.0, 7.0 和 6.0, 两个类别的协方差矩阵均为单位矩阵;

(9) 当连续型变量服从对数正态分布时，分布的对数标准差分别取 0.3143，0.6409 和 1.1310 以获得偏度为 1.0，2.5 和 5.0 的分布，如表 6.3 所示。

表 6.2　四种不同的方法在不同的维度 p 以及峰度 κ 下的模拟结果

模拟设置	方法	CER	连续型变量		类别型变量	
			TPR	TNR	TPR	TNR
scenario 1:	Sparse K-means	0.222(0.081)	0.992(0.063)	0.809(0.083)	0.520(0.239)	0.969(0.112)
$n = 100(50, 50)$	SAS	0.215(0.147)	0.844(0.327)	0.859(0.123)	0.832(0.248)	0.810(0.146)
$p = 200(100, 100)$	VarSelLCM	0.456(0.111)	0.262(0.315)	0.736(0.053)	0.166(0.335)	0.975(0.016)
$\kappa = 6.0$	Proposed Method	0.148(0.051)	1.000(0.000)	0.996(0.012)	1.000(0.000)	0.933(0.048)
scenario 2:	Sparse K-means	0.308(0.138)	0.862(0.295)	0.765(0.145)	0.201(0.196)	0.986(0.103)
$n = 100(50, 50)$	SAS	0.345(0.152)	0.652(0.367)	0.924(0.056)	0.457(0.231)	0.869(0.082)
$p = 400(200, 200)$	VarSelLCM	0.494(0.036)	0.116(0.176)	0.766(0.024)	0.046(0.147)	0.977(0.011)
$\kappa = 6.0$	Proposed Method	0.153(0.035)	0.996(0.028)	0.950(0.052)	0.996(0.025)	0.966(0.096)
scenario 3:	Sparse K-means	0.335(0.143)	0.734(0.395)	0.862(0.074)	0.081(0.118)	0.969(0.032)
$n = 100(50, 50)$	SAS	0.441(0.092)	0.380(0.360)	0.935(0.040)	0.370(0.293)	0.888(0.068)
$p = 600(300, 300)$	VarSelLCM	0.497(0.011)	0.126(0.160)	0.790(0.020)	0.136(0.082)	0.931(0.014)
$\kappa = 6.0$	Proposed Method	0.167(0.060)	0.977(0.081)	0.999(0.002)	0.936(0.106)	0.974(0.014)
scenario 4:	Sparse K-means	0.269(0.109)	0.916(0.230)	0.794(0.204)	0.150(0.242)	0.968(0.171)
$n = 100(50, 50)$	SAS	0.228(0.157)	0.838(0.304)	0.846(0.151)	0.801(0.271)	0.799(0.167)
$p = 200(100, 100)$	VarSelLCM	0.474(0.082)	0.210(0.267)	0.705(0.039)	0.122(0.273)	0.976(0.015)
$\kappa = 7.0$	Proposed Method	0.152(0.061)	0.973(0.052)	0.998(0.007)	0.960(0.096)	0.937(0.046)
scenario 5:	Sparse K-means	0.332(0.128)	0.762(0.349)	0.884(0.094)	0.115(0.047)	0.989(0.011)
$n = 100(50, 50)$	SAS	0.339(0.158)	0.602(0.113)	0.932(0.051)	0.577(0.156)	0.881(0.086)
$p = 400(200, 200)$	VarSelLCM	0.497(0.016)	0.172(0.201)	0.746(0.022)	0.034(0.103)	0.978(0.009)
$\kappa = 7.0$	Proposed Method	0.150(0.059)	0.899(0.099)	0.998(0.005)	0.955(0.106)	0.964(0.020)
scenario 6:	Sparse K-means	0.406(0.132)	0.496(0.207)	0.895(0.063)	0.044(0.026)	0.876(0.145)
$n = 100(50, 50)$	SAS	0.431(0.105)	0.318(0.363)	0.940(0.039)	0.344(0.330)	0.894(0.064)
$p = 600(300, 300)$	VarSelLCM	0.499(0.009)	0.104(0.122)	0.775(0.018)	0.038(0.093)	0.979(0.007)
$\kappa = 7.0$	Proposed Method	0.155(0.072)	0.865(0.105)	0.998(0.004)	0.925(0.133)	0.975(0.018)
scenario 7:	Sparse K-means	0.245(0.095)	0.976(0.100)	0.828(0.202)	0.152(0.216)	0.975(0.143)
$n = 100(50, 50)$	SAS	0.205(0.153)	0.872(0.282)	0.845(0.137)	0.850(0.211)	0.802(0.161)
$p = 200(100, 100)$	VarSelLCM	0.442(0.137)	0.240(0.352)	0.735(0.039)	0.182(0.357)	0.975(0.017)
$\kappa = 8.0$	Proposed Method	0.147(0.058)	0.985(0.045)	0.998(0.005)	0.972(0.081)	0.930(0.056)
scenario 8:	Sparse K-means	0.293(0.126)	0.846(0.309)	0.898(0.099)	0.028(0.073)	0.999(0.008)
$n = 100(50, 50)$	SAS	0.327(0.160)	0.658(0.407)	0.920(0.054)	0.632(0.339)	0.868(0.085)
$p = 400(200, 200)$	VarSelLCM	0.493(0.028)	0.162(0.206)	0.763(0.025)	0.070(0.185)	0.977(0.011)
$\kappa = 8.0$	Proposed Method	0.149(0.062)	0.860(0.107)	0.998(0.007)	0.958(0.094)	0.965(0.027)
scenario 9:	Sparse K-means	0.364(0.138)	0.612(0.421)	0.910(0.070)	0.007(0.034)	0.950(0.070)
$n = 100(50, 50)$	SAS	0.406(0.129)	0.438(0.388)	0.938(0.046)	0.421(0.346)	0.901(0.066)
$p = 600(300, 300)$	VarSelLCM	0.498(0.012)	0.096(0.143)	0.792(0.018)	0.052(0.116)	0.878(0.107)

模拟设置	方法	CER	连续型变量		类别型变量	
			TPR	TNR	TPR	TNR
$\kappa = 8.0$	Proposed Method	0.179(0.051)	0.845(0.104)	0.998(0.004)	0.900(0.164)	0.974(0.013)

注：每种情境模拟 100 次。表格中的数字为 100 次模拟的平均值 (标准差)。

表 6.3   四种不同的方法在不同的维度 p 以及偏度 skewness 下的模拟结果

模拟设置	方法	CER	连续型变量		类别型变量	
			TPR	TNR	TPR	TNR
scenario 1:	Sparse K-means	0.009(0.014)	0.903(0.093)	1.000(0.000)	0.000(0.000)	1.000(0.000)
$n = 100(50, 50)$	SAS	0.124(0.175)	0.896(0.252)	0.758(0.151)	0.902(0.185)	0.729(0.169)
$p = 200(100, 100)$	VarSelLCM	0.002(0.007)	0.930(0.115)	0.948(0.024)	0.990(0.005)	0.981(0.014)
skewness $= 1.0$	Proposed Method	0.002(0.007)	0.928(0.096)	1.000(0.000)	0.996(0.028)	0.925(0.055)
scenario 2:	Sparse K-means	0.013(0.016)	0.896(0.101)	0.990(0.015)	0.000(0.000)	0.989(0.013)
$n = 100(50, 50)$	SAS	0.147(0.167)	0.848(0.212)	0.900(0.082)	0.876(0.214)	0.872(0.114)
$p = 400(200, 200)$	VarSelLCM	0.009(0.042)	0.915(0.144)	0.947(0.014)	0.990(0.037)	0.983(0.008)
skewness $= 1.0$	Proposed Method	0.002(0.007)	0.920(0.098)	1.000(0.000)	0.992(0.039)	0.957(0.026)
scenario 3:	Sparse K-means	0.013(0.020)	0.890(0.185)	0.978(0.084)	0.000(0.000)	0.973(0.035)
$n = 100(50, 50)$	SAS	0.228(0.182)	0.848(0.323)	0.936(0.046)	0.734(0.324)	0.912(0.065)
$p = 600(300, 300)$	VarSelLCM	0.003(0.008)	0.910(0.137)	0.937(0.144)	0.958(0.060)	0.964(0.015)
skewness $= 1.0$	Proposed Method	0.002(0.005)	0.920(0.098)	1.000(0.000)	0.988(0.048)	0.972(0.014)
scenario 4:	Sparse K-means	0.499(0.012)	0.148(0.174)	0.885(0.069)	0.121(0.104)	0.979(0.011)
$n = 100(50, 50)$	SAS	0.228(0.158)	0.862(0.291)	0.816(0.148)	0.819(0.262)	0.763(0.168)
$p = 200(100, 100)$	VarSelLCM	0.337(0.141)	0.764(0.320)	0.688(0.061)	0.596(0.436)	0.988(0.008)
skewness $= 2.5$	Proposed Method	0.183(0.064)	0.915(0.099)	0.997(0.020)	0.956(0.094)	0.937(0.050)
scenario 5:	Sparse K-means	0.499(0.014)	0.116(0.214)	0.804(0.091)	0.095(0.099)	0.899(0.058)
$n = 100(50, 50)$	SAS	0.331(0.165)	0.618(0.425)	0.928(0.058)	0.603(0.351)	0.873(0.084)
$p = 400(200, 200)$	VarSelLCM	0.488(0.039)	0.418(0.253)	0.692(0.030)	0.088(0.224)	0.980(0.011)
skewness $= 2.5$	Proposed Method	0.186(0.060)	0.908(0.100)	0.999(0.005)	0.920(0.124)	0.965(0.020)
scenario 6:	Sparse K-means	0.499(0.017)	0.142(0.176)	0.881(0.072)	0.035(0.025)	0.848(0.137)
$n = 100(50, 50)$	SAS	0.436(0.109)	0.330(0.373)	0.932(0.045)	0.335(0.312)	0.886(0.072)
$p = 600(300, 300)$	VarSelLCM	0.496(0.017)	0.374(0.232)	0.719(0.022)	0.036(0.111)	0.979(0.008)
skewness $= 2.5$	Proposed Method	0.190(0.066)	0.917(0.099)	0.999(0.002)	0.900(0.126)	0.978(0.014)
scenario 7:	Sparse K-means	0.498(0.011)	0.108(0.179)	0.890(0.86)	0.111(0.096)	0.930(0.090)
$n = 100(50, 50)$	SAS	0.253(0.169)	0.776(0.372)	0.850(0.145)	0.747(0.321)	0.792(0.158)
$p = 200(100, 100)$	VarSelLCM	0.470(0.045)	0.720(0.270)	0.618(0.048)	0.240(0.398)	0.980(0.015)
skewness $= 5.0$	Proposed Method	0.235(0.057)	0.990(0.011)	0.980(0.034)	0.975(0.071)	0.950(0.038)
scenario 8:	Sparse K-means	0.499(0.009)	0.106(0.212)	0.810(0.095)	0.044(0.069)	0.888(0.068)
$n = 100(50, 50)$	SAS	0.343(0.158)	0.609(0.267)	0.925(0.055)	0.580(0.274)	0.885(0.089)

续表

模拟设置	方法	CER	连续型变量		类别型变量	
			TPR	TNR	TPR	TNR
$p = 400(200, 200)$	VarSelLCM	0.485(0.059)	0.397(0.240)	0.603(0.054)	0.144(0.233)	0.975(0.020)
skewness $= 5.0$	Proposed Method	0.287(0.075)	0.870(0.132)	0.940(0.085)	0.891(0.128)	0.959(0.040)
scenario 9:	Sparse K-means	0.499(0.007)	0.098(0.183)	0.790(0.134)	0.033(0.035)	0.836(0.139)
$n = 100(50, 50)$	SAS	0.440(0.131)	0.301(0.299)	0.857(0.078)	0.298(0.306)	0.879(0.081)
$p = 600(300, 300)$	VarSelLCM	0.497(0.010)	0.243(0.190)	0.605(0.065)	0.087(0.123)	0.975(0.019)
skewness $= 5.0$	Proposed Method	0.343(0.085)	0.848(0.120)	0.929(0.092)	0.850(0.146)	0.965(0.015)

注：每种情境模拟 100 次。表格中的数字为 100 次模拟的平均值 (标准差)。

从表中可以清晰地看出，在分布的峰度和偏度与正态分布相差不大时，本章提出的方法与基于参数模型的方法效果差别不大。但是，在分布的峰度和偏度与正态分布相差较大时，非参数的方法具有较好的稳健性，基于参数的方法无论从聚类准确度还是变量选择准确度上，都远远落后于本章提出的方法。

第 7 章　非连续观测的潜变量建模

在实际问题研究中,有些变量可以直接观测,称为可测变量 (manifest variable),如身高、体重、气温、湿度等。但是有些变量无法直接观测,称为潜变量 (latent variable)。例如,研究者通过观测学生各科考试成绩来研究个体的学习能力 (高惠璇,2005),其中各科成绩可以直接观测,是可测变量,而学习能力无法直接观测,是潜变量。又如,在幸福感影响因素的讨论中 (孙凤,2007),研究者采集了样本人群的工作状况和个人收入,其中幸福感是潜变量,工作状况、个人收入是可测变量。

在心理学、社会学、管理学等领域研究中,由于研究对象的复杂性,潜变量常常还带有分层结构。以心理学中关于暗黑人格 (dark triad of personality,SD3) 特质的研究为例,其 SD3 问卷调查包含三个密切相关但又相互独立的具有某种暗黑信息的人格特质。这三个特质分别是马基雅维利主义 (Machiavellianism)、自恋 (narcissism) 和精神病态 (psychopathy)。其中,马基雅维利主义表示操纵性的显示态度,自恋是指过度自爱,存在精神病态的人缺乏同理心。该问卷调查由 Paulhus 等 (Paulhus and Williams,2002;Jones and Paulhus,2014;Paulhus and Jones,2015) 提出。区别于传统的将这三种暗黑人格特质分开独立分析,SD3 问卷针对一个总体定义 "暗黑特征" 潜变量来刻画暗黑人格特质。该问卷包含三个维度的子模块,分别收集马基雅维利主义、自恋和精神病态相关信息。"暗黑特征" 由这三个概念上不同但又重叠的特质共同解释。当给出暗黑人格时,这三个子量表在条件上独立。如此收集到的 SD3 数据是典型的分层结构数据,具有暗黑信息的三个人格特质分别由对应子模块的可测变量解释,总体且抽象的 "暗黑特征" 由这三个相关的暗黑人格特质解释。

SD3 采用取值为 1~5 的利克特类型量表,通过两个子模块共 27 个问题收集可测变量信息,每个特征包含 9 个问题。其评价准则如表 7.1 所示 (Paulhus and Williams,2002)。例如,"人们认为我是天生的领导者:1-完全反对,2-反对,3-既不同意也不反对,4-同意,5-完全同意"。图 7.1 展示了关于 SD3 数据结构的示意图,问卷的详细信息如表 7.2 所示。其中有五个问题 (标有 R 的项目) 与其他信息进行比较时以相反的方式收集分数。基于 Jones 和 Paulhus (2014) 的建议,需在进行分析前,对数据进行预处理使所有问题收集的分数方向保持一致。虽然根据利克特类型量表观测到的数据是 1 到 5 的数值，但将该类型量表视为连续变量并不合适 (Bryant and Jöreskog, 2016)，因为有序多分类变量的非连续性质很可能导致非正态分布。将序数变量视为连续型变量通常会导致低估因子载荷、不可信的参数估计值和标准误差、不可靠的分布拟合优度。因此，研究者把可测变量当作非连续变量进行估计和分析更为合理。

表 7.1　SD3 问卷评价准则

1	2	3	4	5
完全反对	反对	既不同意也不反对	同意	完全同意

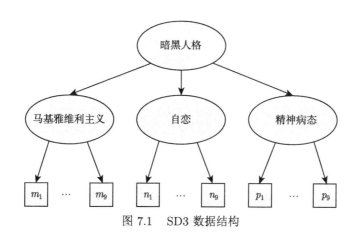

图 7.1　SD3 数据结构

表 7.2　Paulhus 和 Williams (2002) 的 SD3 问卷

分量表	问题
马基雅维利主义	告诉别人自己的秘密是不明智的。
	我喜欢巧妙地操纵别人达到自己的目的。
	无论如何，你都必须获得重要角色 (人物) 的支持。
	避免直接与他人发生冲突，因为这些人将来也许对你有用。
	保留那些以后可以用来对抗别人的信息，是明智的做法。
	报复别人须等待最佳时机。
	你应该隐瞒一些事情，来维护自己的声誉。
	确保你的计划使你受益，而不是别人。
	多数人是可以被操纵的。
自恋	人们认为我是天生的领导者。
	我讨厌成为别人关注的焦点。(R)
	没有我的参与，许多集体活动会很枯燥。
	我知道自己很特别，因为很多人一直都这么说。

续表

分量表	问题
自恋	我喜欢结识大人物。
	有人恭维我时,我会尴尬。(R)
	我会被拿来和名人比较。
	我是一个普通人。(R)
	我坚决要求得到应有的尊重。
精神病态	我总想去报复当权者。
	我会避免陷入危险处境。(R)
	报复别人要迅速且不择手段。
	人们常说我失控了。
	我对别人很刻薄。
	惹到我的人一定会后悔那样做的。
	我从未卷入过法律纠纷。(R)
	我乐于和不熟悉的人发生性关系。
	为了得到我想要的,我什么话都可以说。

7.1 带分层结构数据的分析问题

7.1.1 二阶因子模型

二阶因子 (second-ordered factor) 模型是一种特殊的潜变量模型,适用于分析具有分层结构的数据。其中,一阶因子直接与对应的可测变量关联,而二阶因子与一阶因子关联。这意味着,一阶因子作为二阶因子的测量,高阶结构可以解释所有的一阶潜在因素 (吴明隆,2010)。

在人文社会科学研究中,二阶因子结构普遍存在。例如,"暗黑性格"由三个不同暗黑人格特征解释,人的语言能力、推理能力、想象能力等都可以由一个综合能力进行解释。这些实例都可以看作存在一个潜在概念的高阶因子。同理,如果有若干个二阶因子,还可以考虑三阶因子等。因此,二阶因子模型只是这类模型中的一种特殊情形。由于二阶因子模型的方法可以推广到高阶因子模型,本章主要讨论二阶因子模型。这种模型也称为分层因子模型,由 Jöreskog (1971) 首次提出。

7.1.2 潜变量建模的意义

近年来,二阶因子模型被越来越多地应用于实际问题研究中 (Becker et al., 2012)。但是,作为潜变量模型,二阶因子模型具有潜变量模型的共同的问题,即如何利用可测变量信息对潜变量进行建模和测度。通过对实际问题的分析,研究者经常会遇到两类问题：一是如何进行一阶因子和二阶因子的得分估计；二是当可测变量的测量尺度非连续时，如何构建二阶因子模型。在很多时候，这两个问题会同时存在，目前还没有好的方法可以解决这样的问题。通过研究目前的应用文献，可以发现研究者通常把非连续变量直接视为连续变量，再利用已有的方法进行处理。这样的办法在可测变量为有序多分类情形时被广泛采用，在一些场合，可以取得良好的效果 (吴瑞林和祖霁云，2010)。但是，这样的办法不适用于一般的非连续可测变量情形，如二分类情形，以及连续、二分类、有序多分类一种或者几种类型的可测变量混合的情形。为了更好地解决实际问题，需要发展适用于存在更一般非连续可测变量的二阶因子模型，并能估计因子得分的方法。

7.2　二阶因子模型及其估计方法

7.2.1　连续可测变量的二阶因子模型和估计方法

1. 连续可测变量的二阶因子模型

经典的二阶因子模型由两部分组成，其一是刻画可测变量与一阶因子之间关系的测量模型 (measurement model)，在可测变量为连续变量的情形下，模型表达式为

$$X_j^{(q)} = \mu_j^{(q)} + \lambda_j^{(q)}\xi^{(q)} + \varepsilon_j^{(q)} \tag{7.2.1}$$

其中，$q = 1, 2, \cdots, Q$ 表示有 Q 个一阶因子，$X^{(q)} = \left(X_1^{(q)}, X_2^{(q)}, \cdots, X_{p_q}^{(q)}\right)$ 为第 q 个一阶因子对应的可测变量。$\mu_j^{(q)}$ 为截距项，$\lambda_j^{(q)}$ 为载荷，$\varepsilon_j^{(q)}$ 为随机误差项，并且假定

$$E\left(X_j^{(q)} \mid \xi^{(q)}\right) = \mu_j^{(q)} + \lambda_j^{(q)}\xi^{(q)}$$

模型 (7.2.1) 说明，在测量模型中，潜变量与可测变量是一种回归关系，其中潜变量是自变量，可测变量是因变量。

其二是刻画一阶因子和二阶因子之间关系的结构模型 (structural model)，其表达式为

$$\xi^{(q)} = \tau_q + \delta_q\eta + \zeta_q \tag{7.2.2}$$

其中，η 为二阶因子，τ_q 为截距项，δ_q 为载荷，ζ_q 为随机误差项。并且假定

$$E\left(\xi^{(q)} \mid \eta\right) = \tau_q + \delta_q\eta$$

在模型 (7.2.2) 中，二阶因子和一阶因子也是一种回归关系，其中二阶因子是自变量，一阶因子是因变量。二阶因子模型通过整合模型式 (7.2.1) 和式 (7.2.2)，

在已知可测变量信息的前提下,挖掘二阶因子结构的信息。通过分析经典模型的形式,可以看出可测变量非连续情形与连续情形的重要区别。

(1) 对于测量模型而言,由于一般情况下,都假定潜变量是连续的随机变量,故当可测变量也是连续变量时,两者的测量尺度相同,测量模型采用式 (7.2.1) 的形式是合理的。但是,当可测变量是有序多分类情形时,可测变量与潜变量的测量尺度不一样,采用模型 (7.2.1) 作为测量模型是不合适的。需要对测量模型进行改进。

(2) 对于结构模型而言,由于假定潜变量为连续随机变量,故模型 (7.2.2) 的形式在可测变量非连续时也是适用的,即结构模型可以继续采用模型 (7.2.2) 的形式。

2. 连续可测变量的偏最小二乘方法

偏最小二乘 (partial least squares,PLS) 方法 (Wold, 1982) 是经典的被用于二阶因子模型中的估计方法。PLS 将每组可测变量的信息归纳到一个潜变量,不同潜变量之间存在关系,通过迭代估计潜变量的得分和其他参数。这种方法的最大优势是可以直接进行潜变量得分的估计。因此在应用中有着独特优势。因二阶因子没有可测变量,需通过一阶因子对应的可测变量进行估计。对这个难点,不同的处理方法形成了不同的估计算法。目前已经出现三类方法:第一种为重复指标法 (repeated indicator approach) (Wold,1982;Lohmöller,2013);第二种为两步法 (two-stage approach) (Wetzels et al., 2009;Ringle et al., 2012);第三种为混合法 (hybrid approach) (Wilson and Henseler,2007)。

两步法的想法基于将一阶因子视为二阶因子的可测变量。第一步用 PLS 方法估计得到各一阶因子的得分,第二步将这些一阶因子得分视为二阶因子可测变量的实现,再用 PLS 方法估计二阶因子得分。

混合法的思想和重复指标法的思想一致,都是将二阶因子模型视为 PLS 结构方程模型的特例。但是为了避免重复使用可测变量,混合法将测量模型的可测变量进行分割,一部分留在一阶因子上,另一部分留在二阶因子上。然后利用 PLS 结构方程模型的迭代算法进行参数估计。

这三种方法究竟孰优孰劣,现在并无确定的结论。就方法比较的文献而言,目前没有学者从理论角度严格比较过这几类方法,而是采用蒙特卡罗方法,从模拟仿真角度比较这两类方法的好坏。例如,Ciavolino 和 Nitti (2013) 模拟比较了重复指标法和两步法,认为重复指标法能够更精确地估计潜变量得分,两步法能更好地估计载荷系数和路径系数,但是差别不大。

按照 Becker 等 (2012) 的总结, 三类方法的优缺点如下。重复指标法的优点在于能够同时利用二阶因子和一阶因子之间的因果关系信息实现因子得分和系数的估计。缺点是将可测变量利用了两次, 可能造成额外的误差 (artificially correlated residual)。混合法可以避免这样的误差, 但是因为各一阶因子只与部分可测变量相关联, 减少了信息量。两步法的缺点在于估计一阶因子时, 没有利用内部结构的信息, 一阶因子间的相关关系只能通过二阶因子刻画。但是从理论意义上而言, 三者的好坏现在并不清楚。

3. PLS 路径模型的估计思路

在 PLS 路径模型 (PLS path model, PLSPM) 的框架下, 需强调两点。首先, 在估算之前对一阶和二阶因子进行标准化 (每个因子的平均值为 0, 标准偏差为 1), 从而将结构模型 (7.2.2) 简化为

$$\xi^q = \delta^q \eta + \zeta^q, \quad q = 1, 2, \cdots, Q$$

其次, 可以将二阶因子 η 视为一阶因子的加权平均值 (Vinzi et al., 2010):

$$\eta = w_1 \xi_1 + w_2 \xi_2 + \cdots + w_Q \xi_Q, \quad w_1^2 + w_2^2 + \cdots + w_Q^2 = 1$$

表明 η 的 PLSPM 估计是权重的估计, 从而完成基于测量模型的对数似然估计。

基于 PLSPM 的基本思想, 其迭代过程包含两阶段的估计 (Vinzi et al., 2010)。阶段 1, 通过单次或多次线性回归分别求解测量模型计算潜变量得分; 阶段 2, 通过求解结构模型来估计参数。具体的估计步骤在 Vinzi 等 (2010) 的第 2 章可以找到。阶段 1 估计的潜变量得分将被当作阶段 2 的输入, 以计算最终的参数估计值 (Lohmöller, 2013), 因此最终估计出来的潜变量得分与阶段 1 估计的潜变量得分不同。

7.2.2　有序可测变量的广义线性二阶因子模型和估计方法

可测变量非连续情形时, 采用模型 (7.2.1) 作为测量模型需要进行改进, 称为有序可测变量的广义线性二阶因子模型 (generalized linear second-order latent variable models with ordinal manifest variables, GLSLVM-OMV)。当可测变量非连续时, 需要将观察到的有许多分类变量转换成连续的潜变量。这种转换已被广泛讨论, 主要有阈值设定和广义线性潜变量模型 (generalized linear latent models, GLLM) 两种方法 (Jöreskog, 1994; Gadermann et al., 2012; Demirtas et al., 2016; Hui et al., 2017; Zanella et al., 2013; Bartholomew et al., 2011; Ma and Genton, 2010; Moustaki, 2003)。阈值设定方法在处理包括二阶因子模型在内的潜变量模

型中的有序观测变量发挥了重要作用 (Jöreskog，1994；Gadermann et al., 2012；Demirtas et al., 2016)：设 y 为有 M 个类别的有序观测变量 $y = 1$，$y = 2$，$\cdots$，$y = M$，且按顺序排列，即 $y = 1 \prec y = 2 \prec \cdots \prec y = M$，因此，每个 y 可以被认为是连续潜变量 y^* 的一部分：

$$
y = \begin{cases}
1, & y^* \leqslant \tau_1 \\
2, & \tau_1 < y^* \leqslant \tau_2 \\
\vdots & \vdots \\
M, & \tau_{M-1} < y^*
\end{cases}
$$

其中，τ_i 为将 y^* 分为类别的潜在阈值参数。对于观察到的有序观测变量，使用阈值方法的想法是在假设存在连续变量 y^* 的情况下进行，该变量由阈值参数划分为有序的类别。GLLM 是分析有序可测变量的最常用方法之一。针对观察变量和未观察变量之间的关系进行建模。记 $g(\cdot)$ 为连接函数，改进后的测量模型的 GLLM 形式为

$$
g\left(E\left(X_j^q \big| \xi^q\right)\right) = \mu_j^q + \lambda_j^q \xi^q \tag{7.2.3}
$$

1. GLSLVM-OMV

为了连接有序多分类变量和其对应的一阶潜变量，需假设可测变量遵循指数分布。该函数涵盖了各种变量，包括二分类变量、有序变量等。这里使用指数族分布描述非连续观测变量。

GLSLVM-OMV 形式由两部分组成：测量模型 (7.2.3) 和结构模型 (7.2.2)。GLSLVM-OMV 假定观测变量为有序变量，测量模型为 GLLM，结构模型为线性模型。图 7.2 展示了 GLSLVM-OMV 的分析示意图以解释数据结构关系。

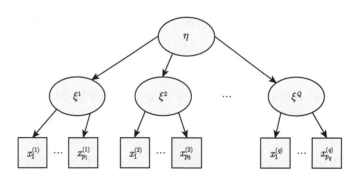

图 7.2   GLSLVM-OMV 示意图

X^q 为可测变量，$\xi^1, \xi^2, \cdots, \xi^Q$ 为一阶潜变量，η 为二阶潜变量

2. GLSLVM-OMV 方法

GLSLVM-OMV 方法有两个假定。对于 $q = 1, 2, \cdots, Q$，每一个 $X^q = (X_1^q, X_2^q, \cdots, X_{p_q}^q)$ 服从多项分布，其取值为 $0, 1, 2, \cdots, c - 1$ $(c \geqslant 3)$。

假定 1　给定 ξ^q 时，$X_1^q, X_2^q, \cdots, X_{p_q}^q$ 条件独立，即

$$f^q \left(X_1^q, X_2^q, \cdots, X_{p_q}^q \big| \xi^q \right) = \prod_{j=1}^{p_q} f_j^q \left(X_j^q \big| \xi^q \right) \tag{7.2.4}$$

其中，$f^q \left(\cdot | \xi^q \right)$ 为第 q 个子结构的条件联合分布，$f_j^q \left(X_j^q | \xi^q \right)$ 为在同一子结构中的 X_j^q 的条件边际分布。

假定 2　与假定 1 类似，一阶潜变量 $\xi^1, \xi^2, \cdots, \xi^Q$ 在给定二阶潜变量 η 时条件独立。

以上两个假定要求一阶和二阶潜变量是连续随机变量，均值为 0，方差为 1 (Moustaki, 2003; Tenenhaus et al., 2005)。

3. GLSLVM-OMV 的估计思路

GLSLVM-OMV 估计的基本思路是，首先通过最大化测量模型的对数似然函数来计算一阶因子得分，然后通过 PLSPM 获得高阶因子得分，最后基于这些得分估计参数。对数似然函数的具体形式详见 7.5 节，这里不作具体展开。具体算法详见算法 7.1。

GLSLVM-OMV 是针对有序多分类可测变量数据类型的扩展版二阶因子模型。该方法将 GLLM 用作多个多分类变量和一阶因子之间关系的度量模型，并使用 PLSPM 方法使用因子得分来估计结构模型中的参数。GLSLVM-OMV 在应用中更加灵活，因为它只需要存在潜变量分布的二阶矩，但是大多数现有方法都需假定数据集遵循某种分布。由于数据分布通常未知，指定错误分布将导致错误的估计结果。此功能使该方法适用于各种类型的数据集。其次，GLSLVM-OMV 中有序多分类变量的分布与数据有关，并且不需要任何假设。例如，当有序变量取值为 0 和 1 时遵循二项分布，当取值为一定数量的分类时遵循多项式分布。

GLSLVM-OMV 估计脱胎于 PLSPM 两阶段估计思想。阶段 1，使用最大似然估计得出一阶因子得分，然后采用 PLSPM 估计二阶因子得分。此阶段有三个约束用以获得唯一解：① 将每个一阶因子载荷的平方和设为 1，即 $\sum_{j=1}^{p_q} \left(\lambda_j^q \right)^2 = 1$；② 将二阶因子的权重之和设为 1，即 $w_1^2 + w_2^2 + \cdots + w_Q^2 = 1$；③ 二阶因子是一阶因子的加权平均和 $\eta = w_1 \xi_1 + w_2 \xi_2 + \cdots + w_Q \xi_Q$。阶段 2，使用阶段 1 估计

出的得分来估计一阶因子载荷, 以及其他参数。阶段 1 中应用的约束不再应用于阶段 2。阶段 1 估计的得分是阶段 2 的输入, 用以估计参数的最终值, 因此初始值会随着迭代被替换。这意味着应用于阶段 1 的约束①不再应用于载荷的最终估计。也就是说, 每个一阶因子的平方载荷之和 (最终估计值) 不等于 1。阶段 2 没有估计权重, 因此约束②仍然成立。

算法 7.1 GLSLVM-OMV 算法

阶段 1: 估计一阶和二阶潜变量得分。

对 $\mu^q, \lambda^q, \xi^q, W$ 设定随机初始值, 有 $q = 1, 2, \cdots, Q$ 且

$$\varphi(\xi_i^q) = \frac{\partial l^q}{\partial \xi_i^q}, H(\xi_i^q) = \frac{\partial^2 l^q}{\partial \xi_i^{q2}}, \varphi(\lambda_t^q) = \frac{\partial l^q}{\partial \lambda_t^q}, H(\lambda_t^q) = \frac{\partial^2 l^q}{\partial \lambda_t^{q2}},$$

其中 $i = 1, 2, \cdots, n, r = 1, 2, \cdots, R, R$ 为截距项的个数, $t = 1, 2, \cdots, T, T$ 为一阶潜变量载荷的个数

for $i = 1, 2, \cdots, n$,

更新一阶潜变量得分: $\xi_i^q \propto \xi_i^q - (H(\xi_i^q))^{-1} \varphi(\xi_i^q)$,

其中等式左边为等式右边标准化后的结果

更新二阶潜变量得分: $\eta_i \propto \sum_{q=1}^Q w^q \xi_i^q$。

for $t = 1, 2, \cdots, T$

由 $\lambda_t^q \leftarrow \lambda_t^q - (H(\lambda_t^q))^{-1} \varphi(\lambda_t^q)$ 更新 λ_t^q 有

$\lambda_t^q \leftarrow -\text{abs}(\lambda_t^q / \|\lambda_t^q\|)$

for $r = 1, 2, \cdots, R$

通过 $\mu_r^q \leftarrow \xi^q$ 的第 j 个分位数, 更新 μ_r^q, 其中 $j = 1, 2, \cdots, p_q$。

end

end

for $q = 1, 2, \cdots, Q$ **do**

> 通过 $w^q \leftarrow \text{cor}(\eta, \xi^q)$ 更新 $W = (w^1, w^2, \cdots, w^Q)^{\text{T}}$。

end

计算对数似然函数值。

重复直到其收敛 (即小于 1×10^{-4})。

阶段 2: 估计其他参数

通过使用在阶段 1 获得的 LV 得分来估计参数, 如载荷、截距和路径系数。

---

4. GLSLVM-OMV 模拟研究

本章通过设定不同模拟场景评估了 GLSLVM-OMV 的估计性能, 并在不同场景下对比 GLSLVM-OMV 与其他经典方法, 包括 WLS、PLSPM 和 NM-PLSPM。其中, WLS 使用 lavaan 软件包估计 (Rosseel, 2012), PLSPM 和 NM-PLSPM 使用 plspm 软件包估计 (Wehrens and Mevik, 2007)。

表 7.3 和表 7.4 展示了一阶潜变量载荷和二阶潜变量路径系数的真实值。由

表 7.3 两个测量模型为二分类可测变量，一阶潜变量载荷 λ 和二阶潜变量路径系数 δ 各方法的估计结果

		一阶潜变量 均值 (标准差) (均方根误差)										二阶潜变量 均值 (标准差) (均方根误差)	
n	方法	λ_1^1	λ_2^1	λ_3^1	λ_4^1	λ_5^1	λ_1^2	λ_2^2	λ_3^2	λ_4^2	λ_5^2	δ^1	δ^2
二分类可测变量 (2 个类别)													
	真值	2	1.9	1.8	1.7	0	1.8	2	1.7	1.8	0	1	1
200 GLSLVM-OMV		1.950	1.963	1.929	1.674	0.040	1.949	1.963	1.929	1.674	0.023	0.998	0.998
		(0.008)	(0.003)	(0.003)	(0.005)	(0.158)	(0.007)	(0.003)	(0.003)	(0.004)	(0.159)	(0.001)	(0.001)
		(0.051)	(0.064)	(0.129)	(0.027)	(0.163)	(0.149)	(0.037)	(0.229)	(0.126)	(0.161)	(0.002)	(0.002)
	WLS	1.000	1.119	1.238	1.305	0.015	1.000	1.115	1.234	1.289	−0.025	1.000	1.000
		(0.000)	(0.260)	(0.593)	(0.916)	(0.140)	(0.000)	(0.244)	(0.583)	(0.892)	(0.153)	(0.000)	(0.195)
		(1.000)	(0.823)	(0.816)	(0.998)	(0.141)	(0.800)	(0.918)	(0.746)	(1.028)	(0.155)	(0.000)	(0.195)
	PLSPM	0.775	0.880	0.898	0.784	−0.014	0.769	0.880	0.898	0.786	−0.018	0.504	0.503
		(0.014)	(0.007)	(0.007)	(0.012)	(0.112)	(0.014)	(0.008)	(0.007)	(0.012)	(0.108)	(0.007)	(0.007)
		(1.225)	(1.020)	(0.902)	(0.916)	(0.113)	(1.031)	(1.120)	(0.802)	(1.014)	(0.109)	(0.496)	(0.497)
	NM-PLSPM	0.818	0.904	0.897	0.783	0.087	0.818	0.904	0.897	0.783	0.076	0.501	0.501
		(0.002)	(0.001)	(0.001)	(0.002)	(0.062)	(0.002)	(0.001)	(0.001)	(0.002)	(0.058)	(0.001)	(0.001)
		(1.182)	(0.996)	(0.903)	(0.917)	(0.107)	(0.982)	(1.096)	(0.803)	(1.017)	(0.096)	(0.499)	(0.499)
500 GLSLVM-OMV		1.946	1.959	1.924	1.669	0.042	1.945	1.958	1.924	1.669	0.028	0.998	0.998
		(0.006)	(0.002)	(0.002)	(0.003)	(0.111)	(0.005)	(0.001)	(0.001)	(0.002)	(0.107)	(0.000)	(0.000)
		(0.054)	(0.059)	(0.124)	(0.031)	(0.118)	(0.145)	(0.042)	(0.224)	(0.131)	(0.111)	(0.002)	(0.002)
	WLS	1.000	1.202	1.412	1.556	−0.019	1.000	1.206	1.413	1.565	0.012	1.000	0.948
		(0.000)	(0.261)	(0.604)	(0.921)	(0.110)	(0.000)	(0.267)	(0.605)	(0.932)	(0.096)	(0.000)	(0.220)
		(1.000)	(0.745)	(0.717)	(0.932)	(0.112)	(0.800)	(0.838)	(0.669)	(0.961)	(0.097)	(0.000)	(0.226)
	PLSPM	0.774	0.879	0.898	0.783	0.009	0.772	0.880	0.900	0.783	−0.010	0.503	0.504
		(0.008)	(0.005)	(0.005)	(0.008)	(0.069)	(0.008)	(0.005)	(0.004)	(0.008)	(0.074)	(0.004)	(0.004)
		(1.226)	(1.021)	(0.902)	(0.917)	(0.069)	(1.028)	(1.120)	(0.801)	(1.017)	(0.075)	(0.497)	(0.496)
	NM-PLSPM	0.818	0.904	0.897	0.783	0.051	0.819	0.904	0.897	0.783	0.045	0.501	0.501
		(0.001)	(0.000)	(0.001)	(0.001)	(0.043)	(0.001)	(0.000)	(0.000)	(0.001)	(0.036)	(0.001)	(0.001)
		(1.182)	(0.996)	(0.903)	(0.917)	(0.067)	(0.981)	(1.096)	(0.803)	(1.017)	(0.058)	(0.499)	(0.499)

表 7.4　两个测量模型为四分类有序可测变量，一阶潜变量载荷 λ 和二阶潜变量路径系数 δ 各方法的估计结果

n	方法	一阶潜变量 均值 (标准差) (均方根误差)										二阶潜变量 均值 (标准差) (均方根误差)	
		λ_1^1	λ_2^1	λ_3^1	λ_4^1	λ_5^1	λ_1^2	λ_2^2	λ_3^2	λ_4^2	λ_5^2	δ^1	δ^2
有序多分类可测变量 (4 个类别)													
	真值	2.0	1.7	1.8	1.9	0	1.9	1.8	2.0	1.7	0	1	1
200	GLSLVM-OMV	1.792	1.792	1.810	1.810	0.084	1.810	1.810	1.792	1.792	0.081	1.000	1.000
		(0.038)	(0.035)	(0.033)	(0.034)	(0.064)	(0.034)	(0.034)	(0.038)	(0.035)	(0.068)	(0.000)	(0.000)
		(0.211)	(0.098)	(0.035)	(0.096)	(0.105)	(0.096)	(0.035)	(0.211)	(0.098)	(0.106)	(0.000)	(0.000)
	WLS	1.000	0.988	0.989	0.990	−0.004	1.000	0.990	0.990	0.992	−0.002	1.000	1.031
		(0.000)	(0.039)	(0.044)	(0.043)	(0.085)	(0.000)	(0.041)	(0.040)	(0.039)	(0.074)	(0.000)	(0.047)
		(1.000)	(0.713)	(0.812)	(0.911)	(0.086)	(0.900)	(0.811)	(1.011)	(0.710)	(0.074)	(0.000)	(0.003)
	PLSPM	0.988	0.987	0.992	0.992	−0.019	0.992	0.992	0.988	0.987	0.011	0.501	0.500
		(0.003)	(0.003)	(0.001)	(0.001)	(0.104)	(0.002)	(0.001)	(0.003)	(0.003)	(0.098)	(0.003)	(0.003)
		(1.012)	(0.713)	(0.808)	(0.908)	(0.105)	(0.908)	(0.808)	(1.012)	(0.713)	(0.098)	(0.249)	(0.250)
	NM-PLSPM	0.993	0.992	0.997	0.996	0.001	0.997	0.997	0.993	0.992	−0.005	0.500	0.500
		(0.003)	(0.004)	(0.002)	(0.002)	(0.145)	(0.002)	(0.002)	(0.003)	(0.004)	(0.129)	(0.001)	(0.001)
		(1.007)	(0.708)	(0.803)	(0.904)	(0.145)	(0.903)	(0.803)	(1.007)	(0.708)	(0.129)	(0.250)	(0.250)
500	GLSLVM-OMV	1.814	1.812	1.831	1.831	0.052	1.831	1.831	1.814	1.812	0.059	1.000	1.000
		(0.027)	(0.028)	(0.025)	(0.026)	(0.043)	(0.026)	(0.025)	(0.027)	(0.028)	(0.042)	(0.000)	(0.000)
		(0.188)	(0.116)	(0.040)	(0.074)	(0.068)	(0.074)	(0.040)	(0.188)	(0.115)	(0.073)	(0.000)	(0.000)
	WLS	1.000	1.000	1.001	1.001	0.010	1.000	1.000	1.000	0.999	0.000	1.000	1.051
		(0.000)	(0.008)	(0.008)	(0.007)	(0.050)	(0.000)	(0.007)	(0.007)	(0.008)	(0.048)	(0.000)	(0.040)
		(1.000)	(0.700)	(0.799)	(0.899)	(0.051)	(0.900)	(0.800)	(1.000)	(0.701)	(0.048)	(0.000)	(0.004)
	PLSPM	0.988	0.988	0.992	0.993	−0.003	0.993	0.992	0.988	0.988	−0.001	0.500	0.500
		(0.002)	(0.002)	(0.001)	(0.001)	(0.059)	(0.001)	(0.001)	(0.002)	(0.002)	(0.057)	(0.002)	(0.002)
		(1.012)	(0.712)	(0.808)	(0.907)	(0.059)	(0.907)	(0.808)	(1.012)	(0.712)	(0.057)	(0.250)	(0.250)
	NM-PLSPM	0.993	0.992	0.997	0.997	−0.004	0.997	0.997	0.993	0.992	−0.010	0.500	0.500
		(0.002)	(0.002)	(0.001)	(0.001)	(0.080)	(0.001)	(0.001)	(0.002)	(0.002)	(0.085)	(0.000)	(0.000)
		(1.007)	(0.708)	(0.803)	(0.903)	(0.081)	(0.903)	(0.803)	(1.007)	(0.708)	(0.086)	(0.250)	(0.250)

于在不同的方法中采用了不同的连接函数, 因此不建议将这四种方法相互比较, 这里建议将各方法与真实值进行比较。估计结果有如下发现。

(1) 四种方法都可识别无信息载荷。λ_5^1 和 λ_5^2 在 100 遍重复生成的数据中计算的平均值接近于 0, 证明了各方法识别无信息变量的良好能力。

(2) GLSLVM-OMV 在信号变量的估计上表现优于其他方法。在所有情况下, 该方法在 100 遍重复生成的数据中计算的平均值更接近真实值, 表明其估计偏差较低。

(3) 所有方法都有很小的均方根误差 (root mean squared error, RMSE), 其中 GLSLVM-OMV 方法相对优异。考虑到所有方法中的标准偏差的幅度都非常小, RMSE 值表明 GLSLVM-OMV 方法没有明显偏差。

7.3　SD3 实例分析

SD3 数据中的 "暗黑特征" 很难衡量, 但可以观察到相关的三种不同人格特征的问卷问题。换句话说, 与其衡量一个抽象的暗黑人格特征, 不如反方向工作。基于观察到的问题, 将序数值转换为连续值, 为每个暗黑特征导出一阶潜变量, 然后计算综合的暗黑特征指标。

SD3 数据集可从 Open-Source Psychometrics Project (http://openpsychometrics.org/) 下载, 该网站包含各种心理学研究的数据。该数据集是根据 Jones 和 Paulhus (2014) 的研究收集的。原始数据集包含 18192 个观测值和 27 个缩放项以及有关参与者所在国家/地区的信息。通过几个大小不同的随机样本 (即 600、900、1000 和 2000 个观测值) 发现估计结果一致, 因此本小节选择样本量为 600 的一个随机样本用于分析。

如 SD3 问卷中有五个问题标有 R, 表示该问题在与其他信息进行比较时以相反的方式收集答案。因此在用于分析前需要对数据进行预处理, 将方向调整以达到所有问题的数据取值方向统一。

1. 建立模型

在 SD3 问卷调查方法中, 无法直接观察到 "暗黑特征" 人格以及其三个分量。但可以收集的是 27 个利克特类型的问题, 为有序多分类变量。因此可以先评估观察到的问题, 然后估算相关的三个子量表 (一阶潜变量), 最后估算 "暗黑特征" (二阶潜变量)。

令马基雅维利主义、自恋和精神病态的一阶潜变量分别为 ξ^1, ξ^2, ξ^3, "暗黑特征" 的二阶潜变量为 η。令 $E(\xi^q) = E(\eta) = 0$ 以及 $\mathrm{Var}(\xi^q) = \mathrm{Var}(\eta) = 0$, 其中 $q = 1, 2, 3$。"暗黑特征" 及其三个子量表之间的结构模型为

$$\xi^1 = \delta^1\eta + \zeta^1$$

$$\xi^2 = \delta^2\eta + \zeta^2$$

$$\xi^3 = \delta^3\eta + \zeta^3$$

其中, $E(\xi^1) = E(\xi^2) = E(\xi^3) = 0$。

测量模型为

$$\log\left(\frac{P\left(X_j^q \leqslant k\right)}{1 - P\left(X_j^q \leqslant k\right)}\right) = \mu_{jk}^q - \lambda_j^q\xi^q$$

其中, X_j^q 为第 q 个一阶潜变量 ξ^q 的第 j 个问题, 有 $k = 1, 2, 3, 4, 5$, $q = 1, 2, 3$, $j = 1, 2, \cdots, 9$。

根据前面所述算法, 有以下过程。

(1) 估计一阶和二阶潜变量的得分。即估计马基雅维利主义、自恋、精神病态和 "暗黑特征" 的得分。

(2) 使用有序 Logit 模型从可测有序多分类变量估计一阶潜变量载荷 (即从 $m_1, m_2, \cdots, m_9$ 估计马基雅维利主义的载荷, 从 $n_1, n_2, \cdots, n_9$ 估计自恋的载荷, 从 $p_1, p_2, \cdots, p_9$ 估计精神病态的载荷)。MASS 软件包中的 polr 被用于分析有序 Logit 模型, 它提供了估算载荷的公式 ($\mathrm{logit}(Y \leqslant y) = \mu_k - \lambda x$)。

载荷的方向设置为负。然后使用线性回归模型估计路径系数 (即从 "暗黑特征" 到马基雅维利主义、自恋和精神病态的路径系数)。通常, 截距 (有时称为切点) 不用于解释结果。在数据分析中, 截距被视为冗余参数, 因此将不讨论其估计。

2. 分析结果

如上所述, 载荷的方向应设置为负, 以解决潜变量得分与可测变量取值间的方向性问题。载荷取值越高, 表明可测变量对相应一阶潜变量得分的影响越大。通过分析 SD3 数据, 需验证以下两个方面: 其一, 验证 3 个一阶潜变量是否可以解释其对应的 3 类子量表; 其二, 验证二阶潜变量是否可以解释其对应的 3 个一阶潜变量, 从而全面解释所有观察到的 27 个问题。表 7.5 显示了测量模型中每个子量表每个问题的载荷值。例如, 第一列显示了马基雅维利主义与相关的 9 个问

题之间的关系。每个问题对马基雅维利主义得分都有不同影响。根据 Paulhus 和 Williams (2002) 的 SD3 调查表，第五个问题"保留那些以后可以用来对抗别人的信息，是明智的做法"的载荷值最大 (3.049)，因此对一阶因子马基雅维利主义的影响最大。

表 7.5　各子量表对应问题的载荷

问题	马基雅维利主义	自恋	精神病态
1	1.338	1.889	2.149
2	2.720	0.613	0.554
3	1.883	2.107	2.059
4	0.987	1.935	1.509
5	3.049	1.753	2.111
6	2.518	0.430	2.426
7	1.701	1.898	0.287
8	1.871	0.626	0.909
9	2.179	1.826	2.314

表 7.6 给出了结构模型中每个子量表的路径系数 (即一阶潜变量的载荷)。它显示了 3 个子量表与"暗黑特征"之间的关系。每个一阶潜变量的路径系数代表了二阶潜变量可以解释的信息百分比。这意味着"暗黑特征"人格的 90.7%、78.5% 和 89.2% 的信息分别解释了马基雅维利主义、自恋和精神病态。有以下相关关系：马基雅维利主义 $= 0.907\times$ 暗黑特征，自恋 $= 0.785\times$ 暗黑特征，精神病态 $= 0.892\times$ 暗黑特征。

表 7.6　暗黑特征与马基雅维利主义、自恋和精神病态间的路径系数

暗黑特征	马基雅维利主义	自恋	精神病态
系数	0.907	0.785	0.892

根据表 7.5 和表 7.6 的结果，可以明显看出，GLSLVM-OMV 方法能够在带有分层结构的数据框架中找到暗黑特征人格高阶结构 (总结构)。三个不同但相关的人格特征被认为是低阶结构 (子结构)，暗黑特征则是对这三个低阶结构的总体概括。总结构的得分是三个子结构的线性组合。通过研究暗黑特征，研究人员可以评估人们在各种应用研究场景中的暗黑人格及其潜在行为 (Forsyth et al., 2012)。

7.4　小结与展望

本章以心理学研究中著名的暗黑人格特质研究为例，介绍了实际问题中经常出现的可测变量为分类变量且变量间存在多层级结构特征的数据问题。基于数据的多层级结构问题，本章介绍了二阶因子模型和潜变量建模的意义。并分别讨论了在二阶因子模型框架下，可测变量为连续和有序多分类变量时的模型形式与可用分析方法。本章主要针对可测变量为有序多分类的数据情况，介绍了 GLSLVM-OMV 方法及其参数估计原理，以及参数估计的大样本性质和迭代算法。再将其应用在 SD3 数据的分析中。通过实例分析，GLSLVM-OMV 方法能够识别观察到的显著变量与一阶 LV 之间的关系，并通过描述一阶和二阶 LV 之间的关系来解释暗黑特征与马基雅维利主义、自恋和精神病态间的关系。可以得出，GLSLVM-OMV 能够估计得到一个通用的二阶 LV 评估值来解释暗黑人格特质问卷中所收集到的所有问题的总体意义。

数据中往往存在复杂的结构关系，如何更好地考虑数据中的结构，并采用相应的模型来提高模型估计、识别和预测方面的性能，是研究者一直以来探索的方向。本章考虑数据中的两层级结构，基于问卷收集的三大分类 (马基雅维利主义、自恋和精神病态)，运用二阶因子模型，首先分别针对每个子问卷，估计得出一个虚拟的可以代表整个子问卷的一阶潜变量，再基于一阶潜变量估计得到更高阶的代表整个问卷的二阶潜变量。该类方法考虑了数据中的结构，相较于直接估计得到代表整个问卷的潜变量，更靠近实际的数据结构，可以得到更精准、可靠的估计量。本章还着重强调了当所收集的数据为有序可测变量时，针对该类数据的处理方法。通过广义线性潜变量模型 (GLLM) 考虑所测变量为非连续的情况，刻画每个子问卷中有序可测变量与其相关的一阶潜变量间的关系。

GLSLVM-OMV 在应用上比任何现有方法都更灵活，因为它只需要假设潜变量分布的二阶矩存在，而大多数现有方法都需假设潜变量遵循某种分布。通常研究者很难知道潜变量的具体分布，若分析中假设的分布不正确会导致估计结果不可信。因此，GLSLVM-OMV 方法的这一特性使其适用于更广泛的数据类别分析。GLSLVM-OMV 中可测变量的分布依赖于数据，不需要为此做任何假设。研究者可以根据所收集到的数据很容易判别数据是否为有序多分类。例如，如果可测变量取值为 0 和 1，则它遵循二项式分布；如果分类值为有序排列的多个数字，则它遵循多项式分布。

本章研究有以下扩展。其一，GLSLVM 的应用可扩展到具有各种数据类型的可测变量分析中，本章仅讨论了有序可测变量的 SLVM，但在其他应用研究中，对于给定的一阶潜变量，可能存在二元、有序和连续变量的混合情况。因此，关于如何将 GLSLVM 用于混合观察变量的数据中进行进一步讨论将是有趣的。其二，GLSLVM 的应用可扩展到多个二阶潜变量。在真实数据集中可能会出现两个或多个二阶潜变量，如何将该类情况考虑在 GLSLVM 中将十分重要。然而，在本章的实例研究中，因 SD3 的问卷设计具有三个子结构及一个高阶结构，本章分析中只涉及一个二阶因子结构。在一些其他实证研究中通常也是分析单个二阶潜变量 (Hodson et al., 2009；Jonason and Webster, 2010; Egan et al., 2014)。因此，虽然本章更适合采用一个二阶潜变量，但包括多个二阶潜变量的研究绝对是更为有趣的研究方向。其三，GLSLVM-OMV 可应用于更多实际研究问题。本章通过分析 SD3 获得了有意义的结果，是一个良好的开端。因此，如何将该方法应用于健康科学、社会科学和其他领域的其他主题是未来研究者可以继续探索的方向。其四，提供不同的估计框架也是一个有价值的研究领域。本章所提出的方法采用 Logit 链接函数将有序可测变量连接到测量模型中每个子结构的一阶潜变量。由于不同方法可使用不同的链接函数，因此各方法的估计结果往往不具备可比性。Schuberth 等 (2018) 讨论了一种基于协方差的方法——序数一致 PLS (ordinal consistent PLS, OrdPLSc)，通过采用多元相关作为 PLSPM 方法的输入解决该类问题。OrdPLSc 可以忽略有序可测变量的规模，从而使不同方法的估计结果具有可比性。其五，GLSLVM-OMV 的测量误差有待进一步讨论。测量误差在 SLVM 中很常见 (Chen et al., 2012)，因此，为了进一步扩展和理解所提出的 GLSLVM-OMV，可以进一步研究其测量误差。

7.5　附录：测量模型的对数似然函数

假设 $j = 1, 2, \cdots, p_q$, $i = 1, 2, \cdots, n$, 令 x_{ij}^q 表示 X_j^q 的第 i 个观测，其有序观测值记为 $0, 1, \cdots, c - 1 (c \geqslant 3)$。令 $\pi_{ijk}^q = P\left(x_{ij}^q = k\right)$, $k = 0, 1, 2, \cdots, c - 1$ 表示当 x_{ij}^q 属于第 k 个分类的概率，$\gamma_{ijk}^q = \pi_{ij0}^q + \cdots + \pi_{ijk}^q = P\left(x_{ij}^q \leqslant k\right)$ 表示 x_{ij}^q 属于 $0, 1, \cdots$ 或 k 的概率。于是有

$$\pi_{ijk}^q = \gamma_{ijk}^q - \gamma_{ij,k-1}^q, \quad \pi_{ij0}^q = \gamma_{ij0}^q, \quad \pi_{ij,c-1}^q = 1 - \gamma_{ij,c-2}^q \qquad (7.5.1)$$

因为 X_j^q 有许多分类变量，有 $i = 1, 2, \cdots, n$, $j = 1, 2, \cdots, p_q$, 记关于 x_{ij}^q 的联合模型为 A^q

$$
\begin{aligned}
A^q &= C^q \prod_{i=1}^{n} \prod_{j=1}^{p_q} \pi_{ij0}^{x_{ij0}^q} \pi_{ij1}^{x_{ij1}^q} \cdots \pi_{ij,c-1}^{x_{ij,c-1}^q} \\
&= C^q \prod_{i=1}^{n} \prod_{j=1}^{p_q} \gamma_{ij0}^{q^{x_{ij0}^q}} \left(\gamma_{ij1}^q - \gamma_{ij0}^q\right)^{x_{ij1}^q} \cdots \left(\gamma_{ij,c-1}^q - \gamma_{ij,c-2}^q\right)^{x_{ij,c-1}^q}
\end{aligned}
\tag{7.5.2}
$$

其中，C^q 为常数，$x_{ijk}^q = \begin{cases} 1, & x_{ij}^q = k \\ 0, & x_{ij}^q \neq k \end{cases}$。基于关于有序逻辑模型 (ordered logit model) 的定理 (Agresti, 2010)，令

$$
\log\left(\frac{\gamma_{ijk}^q}{1 - \gamma_{ijk}^q}\right) = \mu_{jk}^q - \lambda_j^q \xi_i^q
$$

其中，ξ_i^q 为 ξ^q 的第 i 个得分。有

$$
\gamma_{ijk}^q = \frac{\exp\left(\mu_{jk}^q - \lambda_j^q \xi_i^q\right)}{1 + \exp\left(\mu_{jk}^q - \lambda_j^q \xi_i^q\right)}
\tag{7.5.3}
$$

从而可以得出关于 $\left(\mu_j^q,\ \lambda_j^q,\ \xi_i^q\right) x_{ij}^q$ 的对数似然函数：

$$
\begin{aligned}
l^q = \sum_{i=1}^{n} \sum_{j=1}^{p_q} &\left(x_{ij0}^q \log\left(\frac{\exp\left(\mu_{j0}^q - \lambda_j^q \xi_i^q\right)}{1 + \exp\left(\mu_{j0}^q - \lambda_j^q \xi_i^q\right)}\right) \right. \\
&+ x_{ij1}^q \log\left(\frac{\exp\left(\mu_{j1}^q - \lambda_j^q \xi_i^q\right)}{1 + \exp\left(\mu_{j1}^q - \lambda_j^q \xi_i^q\right)} - \frac{\exp\left(\mu_{j0}^q - \lambda_j^q \xi_i^q\right)}{1 + \exp\left(\mu_{j0}^q - \lambda_j^q \xi_i^q\right)}\right) \\
&+ \cdots + x_{ij,c-2}^q \log\left(\frac{\exp\left(\mu_{j,c-2}^q - \lambda_j^q \xi_i^q\right)}{1 + \exp\left(\mu_{j,c-2}^q - \lambda_j^q \xi_i^q\right)} - \frac{\exp\left(\mu_{j,c-3}^q - \lambda_j^q \xi_i^q\right)}{1 + \exp\left(\mu_{j,c-3}^q - \lambda_j^q \xi_i^q\right)}\right) \\
&\left. + x_{ij,c-1}^q \log\left(1 - \frac{\exp\left(\mu_{j,c-2}^q - \lambda_j^q \xi_i^q\right)}{1 + \exp\left(\mu_{j,c-2}^q - \lambda_j^q \xi_i^q\right)}\right) \right)
\end{aligned}
\tag{7.5.4}
$$

研究者可通过最大化式 (7.5.4) 来估计一阶潜变量和相应参数，从而获得最大值，该对数似然函数是凸函数 (即它是一个峰值，而不是一个谷值)，因此可以计算得到最大值。

参 考 文 献

高惠璇. 2005. 应用多元统计分析. 北京: 北京大学出版社.

胡亚南, 田茂再. 2019. 零膨胀计数数据的联合建模及变量选择. 统计研究, 36(1): 104–114.

金勇进. 2001. 调查中的数据缺失及处理 (I): 缺失数据及其影响. 数理统计与管理, 20(1): 59–62.

刘妍岩, 王蕊, 赵燕, 等. 2019. 考虑基因与基因间的交互作用的基因组选择方法研究. 应用数据学报, 42(5): 684–700.

吕萍. 2009. 小域估计的理论和最新进展. 统计与信息论坛, 24(5): 7–13.

马双鸽, 王小燕, 方匡南. 2015. 大数据的整合分析方法. 统计研究, 32(11): 3–11.

孟生旺, 杨亮. 2015. 随机效应零膨胀索赔次数回归模型. 统计研究, 32(11): 97–102.

帅平, 李晓松, 周晓华, 等. 2013. 缺失数据统计处理方法的研究进展. 中国卫生统计, 30(1): 135–139.

孙凤. 2007. 主观幸福感的结构方程模型. 统计研究, 24(2): 27–32.

吴明隆. 2010. 结构方程模型: AMOS 的操作与应用. 2 版. 重庆: 重庆大学出版社.

吴瑞林, 祖霁云. 2010. 多分格相关系数的估计与应用. 统计与决策, (303): 25–28.

朱钰, 陈晓茹. 2014. 问卷分割设计的模拟研究: 小域估计的一种应用. 统计与信息论坛, 29(10): 14–18.

Adigüzel F, Wedel M. 2008. Split questionnaire design for massive surveys. Journal of Marketing Research, 45(5): 608–617.

Agresti A. 2010. Analysis of ordinal categorical data. New York: John Wiley & Sons.

AiT-Sahalia Y, Amengual D, Manresa E. 2015. Market-based estimation of stochastic volatility models. Journal of Econometrics, 187(2): 418–435.

Akaike H. 1998. Information theory and an extension of the maximum likelihood principle. In Selected Papers of Hirotugu Akaike: 199–213. Springer.

Anderberg M R. 1973. Cluster analysis for applications. New York: Academic Press.

Ando T, Li K C. 2014. A model averaging approach for high-dimensional regression. Journal of the American Statistical Association, 109(505): 254–265.

Andreadis I, Kartsounidou E. 2020. The impact of splitting a long online questionnaire on data quality. Survey Research Methods, 14(1): 31–42.

Bartholomew D J, Knott M, Moustaki I. 2011. Latent variable models and factor analysis: A unified approach. New York: John Wiley & Sons.

Becker J M, Klein K, Wetzels M. 2012. Hierarchical latent variable models in PLS-SEM: Guidelines for using reflective-formative type model. Long Range Planning, 45(5-6): 359–394.

Bien J, Simon N, Tibshirani R. 2013. A lasso for hierarchical testing of interactions. Annals of Statistics, 41(3): 1111–1141.

Breheny P, Huang J. 2009. Penalized methods for bi-level variable selection. Statistics and Its Interface, 2(3): 369–380.

Breheny P, Huang J. 2015. Group descent algorithms for nonconvex penalized linear and logistic regression models with grouped predictors. Statistics and Computing, 25(2): 173–187.

Bryant F B, Jöreskog K G. 2016. Confirmatory factor analysis of ordinal data using fullinformation adaptive quadrature. Australian & New Zealand Journal of Statistics, 58(2): 173–196.

Cai J F, Candès E J, Shen Z. 2010. A singular value thresholding algorithm for matrix completion. SIAM Journal on Optimization, 20(4): 1956–1982.

Carreira-Perpiñán M Á, Wang W. 2013. The k-modes algorithm for clustering. arXiv: 1304.6478v1.

Chalmers J D, Singanayagam A, Hill A T. 2008. C-reactive protein is an independent predictor of severity in community-acquired pneumonia. The American Journal of Medicine, 121(3): 219–225.

Chen Q X, Wang S J. 2013. Variable selection for multiply-imputed data with application to dioxin exposure study. Statistics in Medicine, 32(21): 3646–3659.

Chen S, Hsiao C, Wang L. 2012. Measurement errors and censored structural latent variables models. Econometric Theory, 28(3): 696–703.

Cheng Q L, Ding H, Sun Z, et al. 2015. Retrospective study of risk factors for mortality in human avian influenza A(H7N9) cases in Zhejiang province, China, March 2013 to June 2014. International Journal of Infectious Diseases, 39: 95–101.

Cheng Q L, Zhao G, Xie L, et al. 2018. Impacts of age and gender at the risk of underlying medical conditions and death in patients with avian influenza A (H7N9): a meta-analysis study. Therapeutics and Clinical Risk Management, 14: 1615–1626.

Chipperfield J O, Steel D G. 2009. Design and estimation for split questionnaire surveys. Journal of Official Statistics, 25(2): 227–244.

Chipperfield J O, Steel D G. 2011. Efficiency of split questionnaire surveys. Journal of Statistical Planning and Inference, 141(5): 1925–1932.

Choi N H, Li W, Zhu J. 2010. Variable selection with the strong heredity constraint and its oracle property. Journal of the American Statistical Association, 105(489): 354–364.

Ciavolino E, Nitti M. 2013. Simulation study for pls path modelling with high-order construct: A job satisfaction model evidence. In Advanced Dynamic Modeling of Economic and Social Systems.

Demirtas H, Ahmadian R, Atis S, et al. 2016. A nonnormal look at polychoric correlations: Modeling the change in correlations before and after discretization. Computational Statistics, 31(4): 1385–1401.

Dunham M. 2008. Data mining: Introductory and advanced topics. India: Pearson.

Egan V, Chan S, Shorter G W. 2014. The dark triad, happiness and subjective well-being. Personality and Individual Differences, 67: 17–22.

Fan J, Li R. 2001. Variable selection via nonconcave penalized likelihood and its oracle properties. Journal of the American Statistical Association, 96(456): 1348–1360.

Fang E X, Ning Y, Li R Z. 2020. Test of significance for high-dimensional longitudinal data. The Annals of Statistics, 48(5): 2622–2645.

Fang F, Lan W, Tong J, et al. 2017. Model averaging for prediction with fragmentary data. Journal of Business & Economic Statistics, 37(3): 517–527.

Fang S Y, Wang Y L, Sui D W, et al. 2015. C-reactive protein as a marker of melanoma progression. Journal of Clinical Oncology, 33(12): 1389–1396.

Fay R E. 1996. Alternative paradigms for the analysis of imputed survey data. Journal of the American Statistical Association, 91(434): 490–498.

Forsyth D R, Banks G C, McDaniel M A. 2012. A meta-analysis of the Dark Triad and work behavior: A social exchange perspective. Journal of Applied Psychology, 97(3): 557–579.

Foss A, Markatou M, Ray B, et al. 2016. A semiparametric method for clustering mixed data. Machine Learning, 105(3): 419–458.

Friedman J H, Popescu B E. 2003. Gradient directed regularization for linear regression and classification. Technical report, Stanford University.

Friedman M, Last M, Makover Y, et al. 2007. Anomaly detection in web documents using crisp and fuzzy-based cosine clustering methodology. Information Sciences, 177(2): 467–475.

Fu W J. 2005. Nonlinear GCV and quasi-GCV for shrinkage models. Journal of Statistical Planning and Inference, 131(2): 333–347.

Gadermann A M, Guhn M, Zumbo B D. 2012. Estimating ordinal reliability for likert-type and ordinal item response data: A conceptual, empirical, and practical guide. Practical Assessment, Research & Evaluation, 17(3): 1–13.

Ganassali S. 2008. The influence of the design of web survey questionnaires on the quality of responses. Survey Research Methods, 2(1): 21–32.

Gelman A, King G, Liu C. 1998. Not asked and not answered: multiple imputation for multiple surveys. Journal of the American Statistical Association, 93(443): 846–857.

Giles D. 2007. Modeling inflated count data. In MODSIM 2007 International Congress on Modelling and Simulation, Modelling and Simulation Society of Australia and New Zealand: 919–925.

Giles D. 2010. Hermite regression analysis of multi-modal count data. Economics Bulletin, 30(4): 2936–2945.

Gonzalez J M, Eltinge J L. 2007. Multiple matrix sampling: A review. In Proceedings of the Section on Survey Research Methods, American Statistical Association: 3069–3075.

Han C P, Li Y. 2011. Regression analysis with block missing values and variables selection. Pakistan Journal of Statistics & Operation Research, 7(2): 678–679.

Hansen B E. 2007. Least square model averaging. Econometrica, 75(4): 1175–1189.

Hansen B E, Racine J S. 2012. Jackknife model averaging. Journal of Econometrics, 167(1): 38–46.

Ho K M, Lee K Y, Dobb G J, et al. 2008. C-reactive protein concentration as a predictor of in-hospital mortality after ICU discharge: A prospective cohort study. Intensive Care Medicine, 34(3): 481–487.

Hodson G, Hogg S M, MacInnis C C. 2009. The role of "dark personalities" (narcissism, machiavellianism, psychopathy), Big Five personality factors, and ideology in explaining prejudice. Journal of Research in Personality, 43(4): 686–690.

Huang J, Ma S G. 2010. Variable selection in the accelerated failure time model via the bridge method. Lifetime Data Analysis, 16(2): 176–195.

Huang Y, Liu J, Yi H, et al. 2017. Promoting similarity of model sparsity structures in integrative analysis of cancer genetic data. Statistics in Medicine, 36(3): 509–559.

Huang Z. 1997. Clustering large data sets with mixed numeric and categorical values. In Proceedings of the 1st Aacific-asia Conference on Knowledge Discovery and Data Mining: 21–34.

Hui F K C, Warton D I, Ormerod J T, et al. 2017. Variational approximations for generalized linear latent variable models. Journal of Computational and Graphical Statistics, 26(1): 35–43.

Ibrahim J G, Lipsitz S R, Chen M H. 1999. Missing covariates in generalized linear models when the missing data mechanism is non-ignorable. Journal of the Royal Statistical Society: Series B, 61(1): 173–190.

Ioannidis E, Merkouris T, Zhang L C, et al. 2016. On a modular approach to the design of integrated social surveys. Journal of Official Statistics, 32(2): 259-286.

Jiang Y, He Y, Zhang H. 2016. Variable selection with prior information for generalized linear models via the prior LASSO method. Journal of the American Statistical Association, 111(513): 355–376.

Jöreskog K G. 1971. Statistical analysis of sets of congeneric tests. Psychometrika, 36(2): 109–133.

Jöreskog K G. 1994. On the estimation of polychoric correlations and their asymptotic covariance matrix. Psychometrika, 59(3): 381–389.

Johnson B A, Lin D Y, Zeng D. 2008. Penalized estimating functions and variable selection in semiparametric regression models. Journal of the American Statistical Association, 103(482): 672–680.

Jonason P K, Webster G D. 2010. The dirty dozen: A concise measure of the dark triad. Psychological Assessment, 22(2): 420–432.

Jones D N, Paulhus D L. 2014. Introducing the short dark triad (SD3): A brief measure of dark personality traits. Assessment, 21(1): 28–41.

Kantardzic M. 2003. Data Mining: Concepts, Models, Methods, and Algorithms. Hoboken, NJ: Wiley.

Kao P C, Shiesh S C, Wu T J. 2006. Serum C-reactive protein as a marker for wellness assessment. Annals of Clinical & Laboratory Science, 36(2): 163–169.

Koen B, Loosveldt G, Vandenplas C, et al. 2018. Response rates in the European social survey: Increasing, decreasing, or a matter of fieldwork efforts? In Survey Methods: Insights from the Field: 1–12.

Krosnick J A. 1991. Response strategies for coping with the cognitive demands of attitude measures in surveys. Applied Cognitive Psychology, 5(3): 213–236.

Lambert D. 1992. Zero-inflated poisson regression, with an application to defects in manufacturing. Technometrics, 34(1): 1–14.

Ledoit O, Wolf M. 2004. A well-conditioned estimator for large-dimensional covariance matrices. Journal of Multivariate Analysis, 88(2): 365–411.

Li K C. 1987. Asymptotic optimality for Cp, Cl, cross-validation and generalized crossvalidation: Discrete index set. The Annals of Statistics, 15(3): 958–975.

Little R J A, Rubin D B. 2019. Statistical Analysis with Missing Data. Hoboken, NJ: John Wiley & Sons.

Little T D, Lang K M, Wu W, et al. 2016. Missing data. In Developmental Psychopathology: 1–37. Wiley Online Library.

Liu J, Huang J, Ma S G. 2014. Integrative analysis of cancer diagnosis studies with composite penalization. Scandinavian Journal of Statistics, Theory and Applications, 41(1): 87–103.

Liu S L, Sun J M, Cai J, et al. 2013. Epidemiological, clinical and viral characteristics of fatal cases of human avian influenza A (H7N9) virus in Zhejiang province, China. Journal of Infection, 67(6): 595–605.

Liu Y, Wang Y, Feng Y, et al. 2016. Variable selection and prediction with incomplete high-dimensional data. The Annals of Applied Statistics, 10(1): 418–450.

Lobo S M A, Lobo F R M, Bota D P, et al. 2003. C-reactive protein levels correlate with mortality and organ failure in critically ill patients. Chest, 123(6): 2043–2049.

Lohmöller J B. 2013. Latent variable path modeling with partial least squares. Hoboken, NJ: Springer Science & Business Media.

Long Q, Johnson B A. 2015. Variable selection in the presence of missing data: Resampling and imputation. Biostatistics, 16(3): 596–610.

Lv J, Yang H, Guo C. 2015. An efficient and robust variable selection method for longitudinal generalized linear models. Computational Statistics & Data Analysis, 82:

74–88.

Ma Y, Genton M G. 2010. Explicit estimating equations for semiparametric generalized linear latent variable models. Journal of the Royal Statistical Society: Series B, 72(4): 475–495.

Malhotra R, Marcelli D, von Gersdorff G, et al. 2015. Relationship of neutrophil-tolymphocyte ratio and serum albumin levels with C-reactive protein in hemodialysis patients: Results from 2 international cohort studies. Nephron, 130(4): 263–270.

Mallows C L. 2000. Some comments on C_p. Technometrics, 42(1): 87–94.

Martinez L, Cheng W, Wang X, et al. 2019. A risk classification model to predict mortality among laboratory-confirmed avian influenza A H7N9 patients: A population-based observational cohort study. The Journal of Infectious Diseases, 220(11): 1780–1789.

Mazumder R, Hastie T, Tibshirani R. 2010. Spectral regularization algorithms for learning large incomplete matrices. Journal of Machine Learning Research, 11: 2287–2322.

Merkouris T. 2004. Combining independent regression estimators from multiple surveys. Journal of the American Statistical Association, 99(468): 1131–1139.

Merkouris T. 2015. An efficient estimation method for matrix survey sampling. Survey Methodology, 41(1): 237–263.

Moayyedkazemi A, Rahimirad M H. 2018. Evaluating serum c-reactive protein level in patients with chronic obstructive pulmonary disease and its correlation with disease severity. Biomedical Research and Therapy, 5(11): 2784–2788.

Moore S C. 2006. The value of reducing fear: An analysis using the european social survey. Applied Economics, 38(1): 115–117.

Moustaki I. 2003. A general class of latent variable models for ordinal manifest variables with covariate effects on the manifest and latent variables. The British Journal of Mathematical and Statistical Psychology, 56(Pt2): 337–357.

Paulhus D L, Jones D N. 2015. Measures of dark personalities. In Measures of Personality and Social Psychological Constructs: 562–594. Academic Press.

Paulhus D L, Williams K M. 2002. The dark triad of personality: narcissism, machiavellianism, and psychopathy. Journal of Research in Personality, 36(6): 556–563.

Qu A, Lindsay B G, Li B. 2000. Improving generalised estimating equations using quadratic inference functions. Biometrika, 87(4): 823–836.

Raghunathan T E, Grizzle J E. 1995. A split questionnaire survey design. Journal of the American Statistical Association, 90(429): 54–63.

Rao J N K. 1996. On variance estimation with imputed survey data. Journal of the American Statistical Association, 91(434): 499–506.

Renssen R H, Nieuwenbroek N J. 1997. Aligning estimates for common variables in two or more sample surveys. Journal of the American Statistical Association, 92(437): 368–374.

Rhemtulla M, Hancock G R. 2016. Planned missing data designs in educational psychology research. Educational Psychologist, 51(3-4): 305–316.

Rhemtulla M, Little T D. 2012. Planned missing data designs for research in cognitive development. Journal of Cognition and Development, 13(4): 425–438.

Ringle C M, Marko S, Straub D W. 2012. A critical look at the use of pls-sem in mis quarterly. MIS Quarterly, 36(1): iii–xiv.

Rosseel Y. 2012. Lavaan: An R package for structural equation modeling. Journal of Statistical Software, 48(2): 1–36.

Rubin D B. 1976. Inference and missing data. Biometrika, 63(3): 581–592.

Rubin D B. 1996. Multiple imputation after 18+ years. Journal of the American Statistical Association, 91(434): 473–489.

Rubin D B. 2004. Multiple Imputation for Nonresponse in Surveys. Hoboken, NJ: John Wiley & Sons.

Schouten B, Calinescu M, Luiten A. 2013. Optimizing quality of response through adaptive survey designs. Survey Methodology, 39(1): 29–58.

Schuberth F, Henseler J, Dijkstra T K. 2018. Partial least squares path modeling using ordinal categorical indicators. Quality & Quantity, 52(1): 9–35.

Schwarz G. 1978. Estimating the dimension of a model. The Annals of Statistics, 6(2): 461–464.

Shao J, Sitter R R. 1996. Bootstrap for imputed survey data. Journal of the American Statistical Association, 91(435): 1278–1288.

Shoemaker D M. 1973. Principles and Procedures of Multiple Matrix Sampling. Cambridge, Massachu-Setts: Ballinger.

Smith W R. 1956. Product differentiation and market segmentation as alternative marketing strategies. Journal of Marketing, 21(1): 3–8.

Sterne J A C, White I R, Carlin J B, et al. 2009. Multiple imputation for missing data in epidemiological and clinical research: Potential and pitfalls. British Medical Journal, 339(7713): 157–160.

Stoop I, Billiet J, Koch A, et al. 2010. Response and nonresponse rates in the European Social Survey. In Improving Survey Response: 89–113. Hoboken, NJ: John Wiley and Sons.

Stuart M, Yu C. 2022. A computationally efficient method for selecting a split questionnaire design. Communications in Statistics - Simulation and Computation, 5(51): 2464–2486.

Tang Y, Fung E, Xu A, et al. 2017. C-reactive protein and ageing. Clinical and Experimental Pharmacology and Physiology, 44(S1): 9–14.

Tenenhaus M, Vinzi V E, Chatelin Y M, et al. 2005. PLS path modeling. Computational Statistics & Data Analysis, 48(1): 159–205.

Tibshirani R. 1996. Regression shrinkage and selection via the lasso. Journal of the Royal Statistical Society: Series B, 58(1): 267–288.

Toepoel V, Lugtig P. 2022. Modularization in an era of mobile web: Investigating the effects of cutting a survey into smaller pieces on data quality. Social Science Computer Review, 40(1): 150–164.

Vinzi V E, Chin W W, Henseler J, et al. 2010. Handbook of Partial Least Squares. Berlin: Springer.

Wan A T K, Zhang X, Zou G. 2010. Least squares model averaging by mallows criterion. Journal of Econometrics, 156(2): 277–283.

Wang H, Heitjan D F. 2008. Modeling heaping in self reported cigarette counts. Statistics in Medicine, 27(19): 3789–3804.

Wang L, Chen G, Li H. 2007. Group SCAD regression analysis for microarray time course gene expression data. Bioinformatics, 23(12): 1486–1494.

Wang L, Ma W. 2021. Improved empirical likelihood inference and variable selection for generalized linear models with longitudinal nonignorable dropouts. Annals of the Institute of Statistical Mathematics, 73(3): 623–647.

Wang X, Jiang H, Wu P, et al. 2017. Epidemiology of avian influenza A H7N9 virus in human beings across five epidemics in mainland China, 2013–2017: An epidemiological study of laboratory-confirmed case series. The Lancet Infectious Diseases, 17(8): 822–832.

Wang Z, Ma S G, Wang C Y. 2015. Variable selection for zero-inflated and overdispersed data with application to health care demand in germany. Biometrical Journal Biometriache Zeitschrift, 57(5): 867–884.

Wehrens R, Mevik B H. 2007. The PLS package: Principal component and partial least squares regression in R. Journal of Statistical Software, 18(2): 1–23.

Wetzels M, Odekerken-Schröder G, van Oppen C. 2009. Using PLS path modeling for assessing hierarchical construct models: Guidelines and empirical illustration. MIS Quarterly, 33(1): 177–195.

Wilson B, Henseler J. 2007. Modeling reflective higher-order constructs using three approaches with PLS path modeling: A monte carlo comparison. In Australia-New Zealand Marketing Academy Conference: 791–800.

Witten D M, Tibshirani R. 2010. A framework for feature selection in clustering. Journal of the American Statistical Association, 105(490): 713–726.

Wold H. 1982. Soft modeling: The basic design and some extensions. In Systems under Indirect Observation, Part II: 36–37.

Wood A M, White I R, Royston P. 2008. How should variable selection be performed with multiply imputed data? Statistics in Medicine, 27(17): 3227–3246.

Wu H, Leung S O. 2017. Can Likert scales be treated as interval scales? Journal of Social Service Research, 43(4): 527–532.

Xiang S, Yuan L, Fan W, et al. 2014. Bi-level multi-source learning for heterogeneous block-wise missing data. NeuroImage, 102(Pt1): 192–206.

Yang Y. 1999. Model selection for nonparametric regression. Statistica Sinica, 9(2): 475–499.

Yang Y, Li X, Birkhead G S, et al. 2019. Clinical indices and mortality of hospitalized avian influenza A (H7N9) patients in guangdong, China. Chinese Medical Journal, 132(3): 302–310.

Yuan M, Lin Y. 2006. Model selection and estimation in regression with grouped variables. Journal of the Royal Statistical Society: Series B, 68(1): 49–67.

Zanella A, Boari G, Bonanomi A, et al. 2013. A simplified latent variable structural equation model with observable variables assessed on ordinal scales. In Statistical Models for Data Analysis: 379–387. Heidelberg: Springer.

Zhang C H. 2010. Nearly unbiased variable selection under minimax concave penalty. The Annals of Statistics, 38(2): 894–942.

Zhang X. 2013. Model averaging with covariates that are missing completely at random. Economics Letters, 121(3): 360–363.

Zou H. 2006. The adaptive lasso and its oracle properties. Journal of the American Statistical Association, 101(476): 1418–1429.

Zou H, Hastie T. 2005. Regularization and variable selection via the elastic net. Journal of the Royal Statistical Society: Series B, 67(2): 301–320.

彩　　图

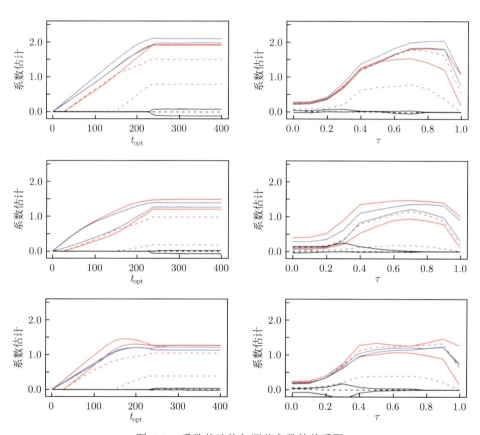

图 4.4　系数估计值与调节参数的关系图